高职高专土建类专业规划教材
GAOZHI GAOZHUAN TUJIANLEI ZHUANYE GUIHUA JIAOCAI

建设工程经济

主　编　褚菁晶
副主编　宋丽娟
参　编　尹晓静　池树峰
主　审　斯　庆

中国电力出版社
CHINA ELECTRIC POWER PRESS

内 容 提 要

本书共分为10章，分别是概论、现金流量的构成与资金等值计算、建设项目的资金筹措、建设项目的经济效果评价、建设项目的不确定性分析、建设项目技术方案的比较与选择、价值工程、建设项目的国民经济评价、设备更新的经济分析、建设项目的可行性研究。全书重点突出、特色鲜明，较好地将理论与实践结合在一起，实用性强。章末设置的思考题及练习题针对各章所学知识，便于学生自学和检验学习效果。

本书可作为应用型本科及高职高专土建类专业教材，也可作为建筑工程管理人员的参考用书，同时也可用于建筑工程管理专业执业资格考试培训教材。

图书在版编目（CIP）数据

建设工程经济/褚菁晶主编. —北京：中国电力出版社, 2014.6（2021.1重印）

高职高专土建类专业规划教材

ISBN 978-7-5123-5821-8

Ⅰ. ①建… Ⅱ. ①褚… Ⅲ. ①建筑经济—高等职业教育—教材 Ⅳ. ①F407.9

中国版本图书馆CIP数据核字（2014）第082946号

中国电力出版社出版发行

北京市东城区北京站西街19号　100005　http://www.cepp.sgcc.com.cn

责任编辑：王晓蕾　联系电话：010-63412610

责任印制：杨晓东　责任校对：马宁

三河市航远印刷有限公司印刷・各地新华书店经售

2014年6月第1版・2021年1月第4次印刷

787mm×1092mm　1/16・13.5印张・295千字

定价：36.00元

前　言

为适应职业技术教育的发展需要，结合高职高专土建类专业的培养目标，依据建设工程经济课程的教学大纲，编者在查阅大量文献和市场资料的基础上，以“理论知识适度、加强职业技能培养”为目标编写了本书。

本书较为系统地讲解了建设工程经济理论与方法，阐述了建设工程经济的概论、现金流量的构成与资金等值计算、建设项目的资金筹措、建设项目的经济效果评价、建设项目的不确定性分析、建设项目技术方案的比较与选择、价值工程、建设项目的国民经济评价、设备更新的经济分析、建设项目的可行性研究等理论与分析方法的应用，内容全面、完整，章节编排合理，引入大量教学案例，章末设置了思考题与练习题，理论与实践有机结合，从全新的角度培养学生掌握相应技能，操作性强。

本书特色如下：

（1）政策性较强。在写作本书的过程中，编者参照众多涉及建设项目经济评价的法律、法规、政策，从而保证了较强的政策性。

（2）内容构成新颖。本书的主要内容列出了学习要点、例题、阅读材料，章末设置了思考题和练习题，内容结构新颖，材料丰富，涉及面广。

（3）针对性强。本书适用对象主要为高等职业教育土建类专业学生，在内容组织上适应社会需求对该专业学生的要求，尽量做到完善、适用、适度，剔除较难理解和掌握的知识，语言尽量做到言简意赅，便于理解和掌握。

（4）实践性强。本书立足于实践，将理论教学内容与实践操作能力相结合。在写作上，注重理论知识与实践的结合，应用大量案例，体现了较为明显的实践性，适应现代高等职业教育的发展趋势。

本书由褚菁晶担任主编，宋丽娟担任副主编，池树峰、尹晓静参编。具体编写分工如下：第 1 章、第 7 章由尹晓静编写；第 2 章、第 4 章、第 10 章由褚菁晶编写；第 3 章、第 9 章由池树峰编写；第 5 章、第 6 章、第 8 章由宋丽娟编写。全书由褚菁晶负责统稿。

内蒙古建筑职业技术学院斯庆对本书进行了审读，并提出诸多宝贵意见，在此表示感谢！

在编写本书的过程中，编者参考和引用了大量国内外文献资料，在此谨向相关文献的作者表示衷心的感谢！

由于编者水平有限，书中难免存在不足之处，敬请各位读者批评指正。

作者联系方式：E-mail:cjj200128@126.com。

编　者

2014 年 7 月

目　　录

第1章 概 论

学习要点

通过本章的学习，学生应掌握工程与经济的关系；熟悉建设工程经济的特点、建设工程经济分析的基本原则和方法；了解工程、经济、技术的概念，建设工程经济研究的主要对象和内容、建设工程经济与相关学科的关系。

1.1 工程与经济的关系

1.1.1 工程与经济的概念

1. 工程的概念

工程，一般是指将自然科学的原理应用于工农业生产而形成的各学科的总称。这些学科是应用数学、物理学、化学等基础科学的原理，结合在生产实践中所积累的技术经验而发展出来的，如化学工程、冶金工程、机电工程、土木工程、水利工程、交通工程、纺织工程、食品工程等。其主要内容有生产工艺的设计与制订；生产设备的设计与制造、检测原理与设备的设计与制造、原材料的研究与选择、土木工程的勘测设计与施工设计、土木工程的施工建设等。此外，在习惯上人们将某个具体的工程项目简称为工程，如建设项目的三峡工程、青藏铁路工程、北京奥运会场馆建设工程、大型炼油厂工程、150 万吨乙烯工程、核电站工程、高速公路建设工程、城市自来水厂或污水处理厂工程、企业的技术改造及改扩建工程等，还有生产经营活动中的新产品开发项目、新药物研究项目、软件开发项目、新工艺及设备的研发项目等都具有工程的含义。建设工程经济中的工程既包括工程技术方案、技术措施，也包括工程项目。

一项能够被人们接受的工程必须具备两个条件：一是技术上的可行性；二是经济上的合理性。因为人们还没有掌握其客观规律，在技术上无法实现的项目是不可能存在的；而一项工程如果只讲技术的可行性而忽略经济的合理性，也同样是不能被接受的。因此，为了保证工程技术更好地服务于经济、最大限度地满足社会的需要，就必须研究、探寻技术与经济的最佳结合点，在具体目标和条件下获得投入产出的最大效益。

2. 经济的概念

“经济”是一个多义词，在建设工程经济中所讲的“经济”，属于经济学范畴。经济就是生产或生活上的节约、节俭，前者包括节约资金、物质资料和劳动等，归根结底是劳动时间的节约，即用尽可能少的劳动消耗生产出尽可能多的社会所需要的成果。后者指个人或家庭在生活消费上精打细算，用消耗较少的消费品来满足最大的需要。总之，经济就是用较少的人力、物力、财力、时间、空间，获取较大的成果或收益。

具体来讲，经济可以从以下 4 个方面进行理解：

（1）经济——生产关系。经济是人类社会发展到一定阶段的社会经济制度，是生产关系的总和，是政治和思想意识等上层建筑赖以建立的基础。

（2）经济——一个国家国民经济的总称，或指国民经济的各部门，如工业经济、农业经济、运输经济等。

（3）经济——人类的经济活动，即指物质资料的生产、分配、交换、消费的现象和过程。

（4）经济——节约或节省，即人们在日常工作与生活中的节约，既包括了对社会资源的合理利用与节省，也包括了个人家庭生活开支的节约。

3. 技术的概念

世界知识产权组织在 1977 年版的《供发展中国家使用的许可证贸易手册》中，给技术下的定义是：制造一种产品的系列知识，所采用的一种工艺或提供的一项服务，不论这种知识是否反映在一项发明、一项外形设计、一项实用新型或者一种植物的新品种，或者反映在技术情况或技术中，或者反映在专家为设计、安装、开办、维修、管理一个工商业企业而提供的服务或协助等方面。

在工程领域，技术是人类在认识自然和改造自然的反复实践中积累起来的有关生产劳动的经验、知识、技巧和设备等。

［**例 1-1**］一项工程能被人们所接受必须具备（ ）。

A. 技术上的可行性　　B. 法律上的许可性

C. 经济上的合理性　　D. 使用上的耐久性

E. 形态上的可移动性

［**解析**］一项能够被人们接受的工程必须具备两个条件：一是技术上的可行性；二是经济上的合理性。因为人们还没有掌握其客观规律，在技术上无法实现的项目是不可能存在的；而一项工程如果只讲技术的可行性而忽略经济的合理性，也同样是不能被接受的，因此，正确答案是 A 和 C。

1.1.2 工程与经济的关系

从推动人类社会进步与发展的角度来说，工程是实现人们理想的技术手段之一，经济是人们所追求、所期待的目标，它们是技术手段与目标的关系。人类社会的经济发展不可能脱离各种技术手段的运用，而任何技术手段的运用，都必须消耗或占用资源，如人力、物力、财力等资源，这就需要考虑资源的合理分配。所以，在人类社会进行的物质生产活动中，工程与经济不可分割，两者相互促进又相互制约。经济的发展为工程这一技术手段的进步提供动力和方向，而工程的技术进步又是推动经济发展、提高经济效益的重要条件和手段；也就是说，经济的发展离不开工程的进步。

1.1.3 工程经济学

工程经济学是工程与经济的交叉学科，是研究如何有效利用资源、提高经济效益的学科。

阅读材料

工程经济学的产生至今有 100 多年。其标志是 1887 年美国的土木工程师亚瑟·M·惠灵顿出版的著作《铁路布局的经济理论》。到了 1930 年，E·L·格兰特教授出版了《工程经济学原理》教科书，从而奠定了经典工程经济学的基础。1982 年，J·L·里格斯出版了《工程经济学》，把《工程经济学》的学科水平向前推进了一大步。近代工程经济学的发展侧重于用概率统计进行风险性、不确定性等新方法研究以及非经济因素的研究。我国对工程经济学的研究和应用起步于 20 世纪 70 年代后期。在项目投资决策分析、项目评估和管理中，已经广泛应用工程经济学的原理和方法。

有关工程经济学的定义有很多种，归纳起来主要有以下几种观点：

（1）工程经济学是研究技术方案、技术政策、技术规划、技术措施等经济效果的学科，通过经济效益的计算以求找到最好的技术方案。

（2）工程经济学是研究技术与经济的关系，以期达到技术与经济最佳结合的学科。

（3）工程经济学是研究生产、建设中各种技术经济问题的学科。

（4）工程经济学是研究技术因素与经济因素最佳结合的学科。

工程经济学是对工程技术问题进行经济分析的系统理论与方法。工程经济学是在资源有限的条件下，运用工程经济学的分析方法，对工程技术（项目）各种可行方案进行分析对比，选择并确定最佳方案的一门学科。

建设工程经济是工程经济学的范畴，是研究工程建设领域如何选择最佳工程技术、有效提升经济效益的一门学科。

1.2 建设工程经济研究对象与特点

1.2.1 建设工程经济研究的对象与内容

1. 建设工程经济研究的对象

20 世纪初，纽约电话公司总工程师约翰在审查提交给他的许多工程建议书时，总要问下面 3 个问题：

（1）究竟为什么要做这个工程？

（2）为什么要现在做这个工程？

（3）为什么要以这种方式做这个工程？

第一个问题可以延伸为：是否可以执行另一个新的工程建设方案？现在的项目是否应当扩大、缩小或报废？现行标准和生产流程是否要加以修改？

第二个问题可以延伸为：现在是按超过要求的更高生产能力来建设，还是仅用足够的生产能力来及时满足预期的需要？投资的费用及其他条件是否利于现在这个工程？

第三个问题可以延伸为：有没有其他可行的方式？这些方式哪种更经济合理？

约翰提到的问题是人们在工程技术活动中经常遇到的一些问题，建设工程经济研究的对象就是解决这类问题的方案和途径。

因此，建设工程经济的研究对象是工程项目的经济绩效，即以工程项目为主体，研究各种工程技术方案的经济效益，通过对经济效益的计算，最终找到最优的工程技术方案，作为决策部门进行工程技术决策的依据。

2. 建设工程经济研究的内容

建设工程经济的研究内容相当广泛，概括起来可以包括以下 4 个部分：

（1）研究技术创新的规律及经济发展的关系，探求如何建立和健全技术创新的机制，为制定有关的经济政策和技术政策提供理论依据。

（2）宏观、中观工程经济规划的论证。例如，全国的或某一地区的科技发展、经济发展规划的合理性和可行性论证，国家或某一地区某一种资源开采、合理利用的工程经济论证，以及行业发展规划的工程经济论证等。

（3）各级各类建设项目的论证。例如，新建项目、技术改造项目、技术引进项目等的工程经济论证。

（4）各种技术开发、产品开发与设计、工艺选择、设备更新等技术方案、技术措施的工程经济论证等。

本书围绕建设工程经济，主要的研究内容是：

（1）如何计算某方案的经济效果。

（2）几个相互竞争的方案应该选择哪一个。

（3）在资金有限的情况下应该选择哪一个方案。

（4）正在使用的机器是否应该更换成新的。

（5）公共工程项目的预期效益多大时，才能接受其建设费用。

（6）是遵从安全而保守的行动准则，还是从事能够带来较大潜在收益的高风险活动。

1.2.2 建设工程经济的特点

建设工程经济是工程技术和经济相结合的综合性边缘学科。因此，它具备边缘学科的特点，即具有综合性、系统性、可预测性和实践性等特点。建设工程经济必须以自然规律为基础，但既不同于技术科学研究自然规律本身，又不同于其他经济科学研究经济规律本身，而是将经济科学作为理论指导和方法论。

建设工程经济有以下特点：

（1）综合性。建设工程经济既包括工程技术内容，也包括经济的内容。从工程技术的角度考虑经济的问题，又从经济的角度考虑工程技术问题。

（2）实用性。建设工程经济产生于实践，是一门应用学科。它不仅研究工程经济的理论和原理，更重要的是研究经济效益的计算方法和评价方法，并具体运用这些方法，去选取技术上先进、经济上合理的最佳方法。

（3）系统性。建设工程经济系统是跨越工程技术领域和经济领域的复杂系统，面临的问题涉及技术、经济、社会、环境、资源等多个方面。研究一个技术方案不仅要从技术、经济两方面进行综合研究，还要把它置于社会环境系统中进行分析与论证，并以综合效益选优，因而是一项复杂的系统工程。

（4）定量性。建设工程经济的研究方法是定性分析和定量分析相结合，以定量分析为主。任何技术方案，首先要调查收集反映历史及现状的数据、资料，然后采用数学方法进行分析、计算，在计算过程中还要尽量将定性的指标量化，以定量结果提供决策依据。

（5）选择性。多方案比较选优是现代科学化、民主化决策的要求，也是建设工程经济最突出的特点。要对每个备选方案进行技术分析、经济分析，确定单个方案的可行性；然后，再通过多方案比较、分析、评价，选取综合效益最优的方案。

（6）预测性。建设工程经济主要是对未来实施的工程项目和技术政策、技术措施、技术方案进行事前分析论证。它是依据类似方案的历史统计资料及现状调查数据，通过各种预测方法，进行预测和估计。因此，它是建立在预测基础上的一门科学。

1.2.3　建设工程经济和各相关学科的关系

建设工程经济属工程经济学范畴，而工程经济学又与其他学科紧密联系。

1. 工程经济学与西方经济学

工程经济学是西方经济学的重要组成部分。它在很多方面与西方经济学一脉相承，如研究问题的出发点上、分析问题的方法上及主要指标内容等。西方经济学是工程经济学的理论基础，而工程经济学则是西方经济学的具体化和延伸。

2. 工程经济学与技术经济学

工程经济学与技术经济学既有许多共性又有所不同。工程经济学与技术经济学主要区别在于它们的研究对象和研究内容不同。

3. 工程经济学与投资项目评估学

工程经济学侧重于方法论科学，而投资项目评估学侧重于实质性科学。投资项目评估学具体研究投资项目应具备的条件，工程经济学为投资项目评估学提供分析方法和依据。

4. 工程经济学与投资效果学

投资效果学研究投资效益在宏观和微观上的不同表现形式和指标体系。

工程经济学与投资效果学采用的经济指标存在重大差别。前者均为一般经济指标，这些指标要么不含有对比关系，如果有对比关系，也只是一种绝对对比关系；而后者则必须在同一指标中包含投入与产出内容，反映投入与产出的相对对比关系。

5. 建设工程经济的发展及其重要性

从理论体系上看，其理论体系和方法论基础尚不够完善，许多工程技术与经济相互作用的规律性问题有待进一步认识和研究，需要形成各具特色的方法论基础。

从社会实践的角度看，科学技术的迅猛发展，科技成果的转化、创新、扩散将形成新的生产力和经济实力。技术创新、投资决策、投资方案的选择、评价等都是有关工程技术与经济的问题，也都是在经济条件下的重要研究问题。

从深度方面看，科技与经济的一体化、高新技术的创造应用及其产业化、技术创新活动在我国不同企业中的运行规律等，都需要在理论探讨和评价方法方面进行深入研究。特别是技术扩散的规律性和应用方法研究，对我国国民经济的发展来说，更具有特殊的意义。

1.3 建设工程经济分析的基本原则与方法

1.3.1 建设工程经济分析的基本原则

1. 资金的时间价值原则

建设工程经济将资金随着时间所产生的增值称为资金时间价值，因资金通常是以货币来衡量的，这种增值又被称为货币时间价值。投资项目的目标是为了增加财富，财富是在未来的一段时间获得的，能不能将不同时期获得的财富价值直接加总来表示方案的经济效果呢？当然不能。由于资金时间价值的存在，未来时期获得的财富价值现在看来没有那么高，需要打一个折扣，以反映其现在时刻的价值。如果不考虑资金的时间价值，就无法合理地评价项目的未来收益和成本。

（1）资金时间价值的产生原因。

1）资金时间价值是资源稀缺性的体现。经济和社会的发展要消耗社会资源，现有的社会资源构成现存社会财富，利用这些社会资源创造出来的将来物质和文化产品构成了将来的社会财富，由于社会资源具有稀缺性特征，又能够带来更多社会产品，所以现在物品的效用要高于未来物品的效用。在货币经济条件下，货币是商品的价值体现，现在的货币用于支配现在的商品，将来的货币用于支配将来的商品，所以现在货币的价值自然高于未来货币的价值。市场利息率是对平均经济增长和社会资源稀缺性的反映，也是衡量货币时间价值的标准。

2）资金时间价值是信用货币制度下，流通中货币的固有特征。在目前的信用货币制度下，流通中的货币是由中央银行基础货币和商业银行体系派生存款共同构成，由于信用货币有增加的趋势，所以货币贬值、通货膨胀成为一种普遍现象，现有货币也总是在价值上高于未来货币。市场利息率是可贷资金状况和通货膨胀水平的反映，反映了货币价值随时间的推移而不断降低的程度。

3）资金时间价值是人们认知心理的反映。由于人在认识上的局限性，人们总是对现存事物的感知能力较强，而对未来事物的认识较模糊，结果人们存在一种普遍的心理就是比较重视现在而忽视未来，现在的货币能够支配现在商品满足人们现实需要，而将来货币只能支配将来商品满足人们将来不确定需要，所以现在单位货币价值要高于未来单位货币的价值，为使人们放弃现在货币及其价值必须付出一定代价，利息率便是这一代价。

（2）资金时间价值的表示方法。

资金时间价值可以用绝对数表示，也可以用相对数表示，即以利息额或利息率来表示。但是在实际工作中对这两种表示方法并不做严格的区别，通常以利息率进行计量。利息率的实际内容是社会资金利润率。各种形式的利息率（贷款利率、债券利率等）的水平，就是根据社会资金利润率确定的。但是，一般的利息率除了包括资金时间价值因素以外，还要包括风险价值和通货膨胀因素。资金时间价值通常被认为是没有风险和没有通货膨胀条件下的社会平均利润率，这是利润平均化规律作用的结果。作为资金时间价值表现形态的利息率，应以社会平均资金利润率为基础，而又不应高于这种资金利润率。

本书第 2 章将详细论述资金时间价值的相关内容。

2. 现金流量原则

建设工程经济中，衡量投资收益用的是现金流量而不是会计利润。现金流量是项目发生的实际现金的净得，即现金流入与现金流出的差额（见本书第 2 章相关概念），而利润是会计账目数字，按权责发生制核算，并非手头可用的现金。

（1）对现金流量的理解。

1）初始现金流量，是指开始投资时发生的现金流量，一般包括以下几个部分：

① 固定资产上的投资，包括固定资产的购入或建造成本、运输成本和安装成本等。

② 流动资产上的投资，包括对材料、在产品、产成品和现金等流动资产上的投资。

③ 其他投资费用，指与长期投资有关的职工培训费、谈判费、注册费用等。

④ 原有固定资产的变价收入，主要是指固定资产更新时原有固定资产变卖所得的现金收入。

2）营业现金流量，是指投资项目投入使用后，在其寿命周期内由于生产经营所带来的现金流入和流出的数量。这种现金流量一般以年为单位进行计算。这里现金流入一般是指营业现金收入。现金流出是指营业现金支出和交纳的税金。如果一个投资项目的每年销售收入等于营业现金收入，付现成本（指不包括折旧等非付现的成本）等于营业现金支出，那么，年营业现金净流量（*NCF*）的计算公式为

$$每年净现金流量(NCF)=营业收入-付现成本-所得税$$

$$每年净现金流量(NCF)=净利+折旧$$

$$每年净现金流量(NCF)=营业收入\times(1-所得税率)-付现成本\times(1-所得税率)+折旧\times所得税率$$

3）终结现金流量，是指投资项目完结时所发生的现金流量，主要包括：

① 固定资产的残值收入或变价收入。

② 原有垫支在各种流动资产上的资金的收回。

③ 停止使用的土地的变价收入等。

（2）现金流量的分类。在现金流量表中，现金流量分为经营活动现金流量、投资活动现金流量和筹资活动现金流量三大类。

经营活动是指直接进行产品生产、商品销售或劳务提供的活动，它们是企业取得净收益的主要交易和事项。从经营活动的定义可以看出，经营活动的范围很广，它包括了除投资活动和筹资活动以外的所有交易和事项。对于工商企业而言，经营活动主要包括销售商品、提供劳务、购买商品、接受劳务、支付税费等。

投资活动是指长期资产的购建和不包括现金等价物范围内的投资及其处置活动。既包括实物资产投资，也包括金融资产投资。一般来说，投资活动产生的现金流入项目主要有收回投资所收到的现金，取得投资收益所收到的现金，处置固定资产、无形资产和其他长期资产所收回的现金净额，收到的其他与投资活动有关的现金；投资活动产生的现金流出项目主要有购建固定资产、无形资产和其他长期资产所支付的现金，投资所支付的现金，支付的其他与投资活动有关的现金。

筹资活动是指导致企业资本及债务规模和构成发生变化的活动。一般来说，筹资活动产生的现金流入项目主要有吸收投资所收到的现金、取得借款所收到的现金、收到的其他与筹资活动有关的现金；筹资活动产生的现金流出项目主要有偿还债务所支付的现金，分配股利、利润或偿付利息所支付的现金，支付的其他与筹资活动有关的现金。

3. 增量分析原则

增量分析符合人们对不同事物进行选择的思维逻辑。对不同方案进行选择和比较时，应从增量角度进行分析，即考察增加投资的方案是否值得，将两个方案的比较转化为单个方案的评价问题，使问题得到简化并容易进行。增量分析法，是指对被比较方案在成本、收益等方面的差额部分进行分析，进而对方案进行比较、选优的方法。增量分析法的具体分析过程所采用的方法是剔除法，即对所有备选方案分别两两进行比较，依次剔除次优方案，最终保留下来的方案就是备选方案中经济性最好的方案。

从理论上讲，增量分析法比其他方法更精确。增量分析法的基本前提：只要增加的销售人员所创造的利润（即边际销售利润）大于增加的销售成本（即边际销售成本），那么就应该继续扩大销售队伍的规模，直至两者相等。

4. 机会成本原则

企业投入一些自己拥有的资源，如厂房、设备等，因为是自有要素，故企业不允许未使用它们而发生任何实际支出，但这并不意味着自有要素的使用没有成本，将楼房出租或出售给其他企业就能够取得一定的收益，这种收益构成了企业使用自有要素的机会成本。沉没成本是决策前已支出的费用或已承诺将来必须支付的费用，这些成本不因决策而变化，是与决策无关的成本。

（1）利用机会成本概念的前提条件。利用机会成本概念进行经济分析的前提条件：资源是稀缺的；资源具有多种用途；资源已经得到充分利用；资源可以自由流动。

（2）概念要点。

1）机会是可选择的项目。机会成本所指的机会必须是决策者可选择的项目，若不是决策者可选择的项目便不属于决策者的机会。例如，某农民只会养猪和养鸡，那么养牛就不会是某农民的机会。

2）机会成本是收益。放弃的机会中收益最高的项目才是机会成本，即机会成本不是放弃项目的收益总和。例如某农民只能在养猪、养鸡和养牛中选择一件从事，若三者的收益关系为养牛＞养猪＞养鸡，则养猪和养鸡的机会成本皆为养牛，而养牛的机会成本仅为养猪。

3）机会成本与资源稀缺。在稀缺性的世界中选择一种东西意味着放弃其他东西。一项选择的机会成本，也就是所放弃的物品或劳务的价值。机会成本是指在资源有限条件下，当把一定资源用于某种产品生产时所放弃的用于其他可能得到的最大收益。

5. 有无对比原则

“有无对比法”将有这个项目和没有这个项目时候的现金流量情况进行对比；“前后对比法”将某一项目实现以前和实现以后所出现的各种效益费用情况进行对比。

“无项目”状态是指不对该项目进行投资时，在计算期内，与项目有关的资产、费用与收益的预计发展情况；“有项目”状态是指对该项目进行投资后，在计算期内，资产、费用与收益的预计情况。

通过“有无对比”求出项目的增量效益，排除了项目实施以前各种条件的影响，突出了项目活动的效果。

“现状”数据是指项目实施前企业的现金流量状况数据，又称为“原有”数据。“有无项目”数据是指在实施项目的情况下，计算期内各年企业的现金流量可能的变化趋势，经过预测得到的现金流量的有关数据。新增数据指计算期内各年“有项目”数据减去“现状”数据得到的差额。一般只估算新增投资。增量数据是指“有项目”数据与“无项目”数据的差额，即通过“有无对比”得到的数据。

6. 可比性原则

建设工程经济所比较的各方案在时间上、金额上必须可比。因此，项目的收益和费用必须有相同的货币单位，并在时间上匹配。

（1）会计主体（方案）所处环境的制约因素。

1）企业差异。不同行业、不同组织形式、不同规模和不同技术、管理条件的企业，以及适用不同产业政策、不同会计政策的企业，上述客观差异导致它们之间的会计核算难于千篇一律，其结果是妨碍会计信息的横向可比性。例如，我国的农业、采掘业、制造业、服务业，以及这些不同行业内部的民营企业、独资企业、股份制企业直至上市公司之间，不但是现在，即使将来若干年，也很难实现或基本实现会计信息的可比性，而只能是不断提高相互之间会计信息的可比程度。

2）政策变化。会计准则、会计制度及相应的会计政策，随经济乃至政治环境的变化所作的调整改革，妨碍了会计信息的纵向可比性，即妨碍会计核算的一贯性。为了保持会计信息的纵向可比性，准则规定会计制度修改、会计政策调整采用追溯调整法，但情况特殊或无法确定调整金额的，则采用未来适用法，也就是说“既往不咎”了。这样，就限制了前后时期的会计信息的可比性。

3）国际环境。国际间政治环境、经济环境乃至会计环境的差异，妨碍了会计信息的国际可比性。例如，美国小布什政府拒绝履行《京都议定书》，比其他工业化国家多排放温室气体，就使美国国内企业的产品成本低于条件相同但治污成本高、设在其他工业国的企业，削弱了美国国内企业与其他工业国的企业之间成本、利润的可比性。

（2）运用可比性原则的注意事项。

1）可比性原则必须以一致性原则为前提，以客观性原则为基础。只有同一会计主体的前后会计期间的会计信息一致，才能使不同会计主体之间的比较相关有用；只有各个会计主体的会计信息真实、可靠且具有可比性，它们之间的比较才会相关有用。

2）相关的或可靠的会计信息不一定就是可比的会计信息。为增加可比性，不同会计主体应尽可能采用统一的会计方法和程序，并以会计准则或会计制度为规范。但过分强调会计方法和程序统一追求可比性，则可能会削弱甚至破坏相关性和可靠性。如果统一性掩盖了各会计主体之间真正的差别，其可比性也将大大削弱。

3）可比性原则要求会计主体提示其所采用的会计方法和程序，并且在改变会计方法和程序时，要将变动情况、变动原因及其对财务状况和经营业绩的影响进行披露。

［**例 1-2**］下列各项关于可比性原则的说法中，正确的是（ ）。

A. 需比较选择的方案必须有相同的货币单位

B. 项目各方案必须是同一时间发生的，时间差不宜过大

C. 当项目方案货币单位不同时，可以利用汇率等数据进行换算

D. 必须使用相同的会计准则

E. 当各方案不具备可比性时，可以通过简单调整进行比较

［**解析**］建设工程经济所比较的各方案在时间上、金额上必须可比，项目的收益和费用必须有相同的货币单位，并在时间上匹配，在会计准则上尽量统一但不是绝对一致，因此，正确答案是 A、B、C。

7. 风险收益的权衡原则

投资任何项目都是存在风险的，因此必须考虑方案的风险和不确定性。不同项目的风险和收益是不同的，对风险和收益的权衡取决于人们对待风险的态度。但有一点是肯定的，选择高风险的项目必须有较高的收益。

1.3.2 建设工程经济分析的方法

1. 费用效益分析法

费用效益分析法是建设工程经济分析的基本方法。通过项目的投入与产出的对比分析，定量考察工程项目的费用、效益及经济效益状况，研究建设项目的经济性。具体包括静态分析、动态分析、确定性分析和不确定性分析等。

（1）费用效益分析法的由来及作用。费用效益分析是从 20 世纪 50 年代中期出现的费用效果分析发展而来。它的兴起，从经济实践看，与公共投资的增加、公共事业的发展分不开；从理论渊源看，同经济理论（福利经济学与资源有效分配理论）、工程经济学、运筹学的发展与融合相联系。费用效果分析只适用于性质或目标相同活动的经济选择问题，而费用效益分析不仅能表明每个项目或方案是否值得执行，而且还能计算与比较几种不同性质的活动相应

的效益与费用的差额。这是更有力的决策工具。但它对决策的作用，不单纯地表现在分析的结论上，重要的是在分析过程中所提供的有用信息和反映出来的详细内容上。

（2）特点。费用效益分析着重于费用与效益两方面的分别计量与相互比较。但它与财务会计核算不同，不是从企业观点而是从社会观点来计量的；不是只分析直接的效益与费用，而是分析包括间接的效益与费用在内的全部的效益与费用；不限于货币收支的比较，还包括不能用货币反映甚至较难数量化的一些效益与费用的比较；不是考虑过去实际发生的效益与费用，而是预期决策后与行动方案选择有关的未来的效益与费用。原则上，费用的计量应与稀缺资源的有效使用相符合，效益的计量应与政策的发展目标相符合。具体来说，一个方案或项目的费用包括基本费用（投资费用和经营费用）、辅助费用（为充分发挥效益而产生的有关费用）、无形费用（生态破坏、环境污染等引起的经济损失和社会代价）；一个方案或项目的效益相应地也包括基本效益（能直接提供的产品或服务的价值）、派生效益（有关派生活动所增加的收入）、无形效益（增进国家安全、减少生命死亡、美化风景等社会效益）。

2. 方案评价法

建设工程经济在研究问题时，要对各个方案的经济技术指标进行研究，判断方案是否可行；在多个方案的选择问题上，也要根据方案比较的结果选择最优方案。方案评价法是进行方案选择与否的根本性方法。

3. 价值工程法

价值工程是建设工程经济分析的专门方法，通过对价值工程功能对象的定义、功能分析、功能评价，全面系统地认识研究对象的功能结构及内在关系，是完善工程设计、降低费用和提高研究对象价值的途径。价值工程又称为价值分析，是一门新兴的管理技术，是降低成本、提高经济效益的有效方法。

4. 风险和不确定性分析方法

任何一项经济活动，受各种不确定性因素的影响，都会使期望的目标与实际状况发生差异，可能会造成经济损失。工程项目运营过程中的风险与不确定性分析，有助于合理规避风险，保证效益目标的实现。

本 章 小 结

本章首先阐述了工程与经济的关系。工程一般是指将自然科学的原理应用于工农业生产而形成的各学科的总称。

经济是指从有限的资源中获得最大的利益。工程技术的使用是为了产生经济效益，先进的工程技术并不一定具有经济合理性，不具有经济性的工程技术是不适用的，因此必须研究哪一种工程技术是适用的。

技术是指制造一种产品的系列知识，所采用的一种工艺或提供一项服务，不论这种知识是否反映在一项发明、一项外形设计、一项实用新型或者一种植物的新品种，或者反映在技术情况或技术中，或者反映在专家为设计、安装、开办、维修、管理一个工商业企业而提供的服务或协助等方面。

工程经济学利用经济学的理论和分析方法，研究经济规律在工程问题中的应用，具体就是研究工程项目的效益和费用，并对此进行统计量和评价。

建设工程经济的研究对象是工程项目的经济效益。

建设工程经济分析的基本原则有资金的时间价值原则、现金流量原则、增量分析原则、机会成本原则、有无对比原则、可比性原则、风险收益的权衡原则，这些原则将贯穿于以后的各章内容中，学生应仔细体会把握。

思考题

1. 如何理解工程与经济的关系？
2. 如何理解技术的含义？
3. 建设工程经济的研究内容有哪些？
4. 建设工程经济的特点是什么？
5. 简述建设工程经济分析的基本原则。

第 2 章　现金流量的构成与资金等值计算

学习要点

通过本章的学习，学生应掌握现金流量的含义与现金流量图的绘制方法、资金时间价值的内涵、资金等值计算；熟悉现金流量的构成、单利计息与复利计息的方法、名义利率与实际利率的换算、资金等值计算的应用；了解资金等值系数之间的关系。

2.1　现　金　流　量

2.1.1　现金流量的内涵

1. 现金流量的概念

现金流量是现金流入量与现金流出量的统称，又称为现金流动。它将一个项目作为一个独立系统，反映项目在计算期内实际发生的现金流入和现金流出活动情况及其流动数量。项目的计算期也称为项目寿命期，是指对拟建项目进行现金流量分析时应确定的项目存续年限(通常包括建设期、投产期、达产期和回收处理期，其中投产期和达产期统称为生产运营期)。

项目的现金流出量是指在某一时间内发生的能够导致现金存储量减少的现金流动，简称现金流出，用 CO_t 表示；现金流入量是指能够导致现金存储量增加的现金流动，简称现金流入，用 CI_t 表示。现金的流出包括项目在建设期内发生的土地征用费、规划费、勘察设计费、七通一平费、设备及材料购置费用、设备安装费、其他建设费用等，一个建设项目的建设投资、流动资金及经营税金及附加都属于现金流出。项目的现金流入包括项目在生产期内产生的销售收入、期末回收固定资产余值、回收流动资金等。

同一时间点上的现金流入和现金流出的代数和，称为净现金流量，用 $(CI-CO)_t$ 表示。

2. 现金流量的性质

现金流量中的“现金”，不是我们通常所理解的手持现金，而是指企业的库存现金和银行存款，还包括现金等价物，即企业持有的期限短、流动性强、容易转换为已知金额现金、价值变动风险很小的投资等，包括现金、可以随时用于支付的银行存款和其他货币资金。一项投资被确认为现金等价物必须同时具备 4 个条件：期限短、流动性强、易于转换为已知金额现金、价值改动风险小。

2.1.2 现金流量图

某一建设项目的实施需要持续相当长的一段时间，而在项目的整个计算期内，各种现金流量的数额和发生的时间不尽相同，为了便于分析不同时间点上的现金流入和现金流出，计算其净现金流量，通常采用现金流量表和现金流量图的形式来表示特定项目在一定时间内发生的现金流量。现金流量表的相关内容将在本书第 4 章进行介绍，此处不再赘述，本节着重介绍现金流量图。

1. 现金流量图的概念

现金流量图（Cash Flow Diagram）是指把项目（系统）的现金流量用时间坐标表示出来的一种示意图。一般来说，横坐标上时间可以年、半年、季度或者月等为单位，用现金流量图来表明在各个时间点上现金流量的流入、流出或者具体数量的大小。

2. 现金流量图的编制规则

绘制现金流量图的基本规则是：

（1）以横轴为时间轴，向右延伸表示时间的延续，轴上的每一刻度表示一个时间单位，两个刻度之间的长度表示时间周期，“0”点通常表示当前时点或者某一基准时刻，也可以表示资金运动的时间起始点。“1”表示第一个计息周期的期末，同时又是第 2 个计息周期的开始，以此类推。

（2）若现金流入或流出不是发生在计息周期内的期初或期末，而是发生在计息周期内的期间，为简化计算，通常将代数和看成在计算周期末发生。

（3）在时间坐标里的垂直箭线代表不同时点的现金流量。垂直箭线的长度根据现金流量的大小按比例画出。箭头向下表示现金流出；箭头向上表示现金流入。在各箭线的上方（或下方）注明现金流量的数值，如图 2-1 所示。

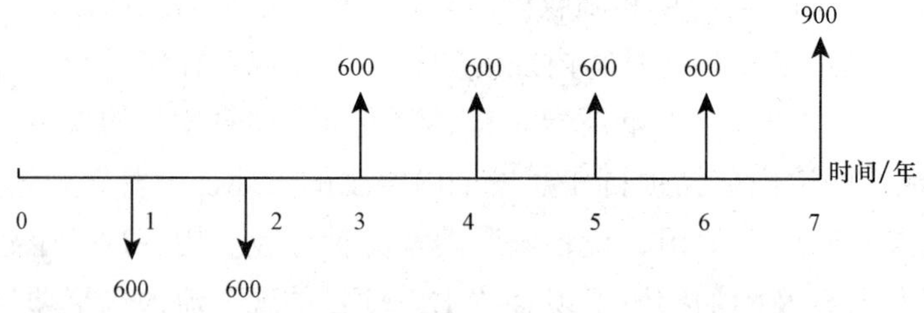

图 2-1 现金流量图

总之，要正确绘制现金流量图，必须把握好现金流量的三要素，即现金流量的大小（现金数额）、方向（现金流入或流出）和时点（现金流量发生的时间）。

2.1.3 现金流量的构成

从以上我们所介绍的现金流量的概念来看，可以将一项工程的建设活动分为物质形体和货币形态两个方面进行考察。从物质形态上看，工程建设表现为通过对土地的开发，使用各种工具、设备、建筑材料，消耗一定的能源，最终生产出可供人类生产或生活使用的建筑空间。从货币形态上看，工程建设表现为投入一定量的资金，花费一定量的成本，投产后生产一定量的产品，通过销售产品或将工程项目租售获得一定量的货币收入。对于有着经济效益的工程建设这样一个特定的经济系统而言，投入的资金、花费的成本和获取的收益，都可以看成是货币形式（包括货币和其他货币支付形式）体现的资金流出和流入。

衡量项目的现金流入和流出是为后期项目经济效果评价做准备，投资、经营成本、销售收入和税金等经济量本身既是评价指标，又是导出其他经济效果评价指标的依据，所以它们是构成经济系统财务现金流量的基本要素，也是进行工程经济分析最重要的基础数据。

1. 投资

投资是投资主体为了特定的目的，以达到预期收益的价值垫付行为。广义的投资是指人们的一种有目的的行为，即以一定的资源投入某项计划，以获取所期望的报酬。项目的投资收益率就是投资者所期望的报酬。建设项目总投资是建设投资、建设期利息和流动资金之和。

建设投资是指项目按拟定建设规模（分期建设项目为分期建设规模）、产品方案、建设内容进行建设所需的费用，它包括建筑工程费用、设备购置费、安装工程费、工程建设其他费用和预备费用。项目寿命期结束时，固定资产的残余价值（一般指当时市场上可实现的预测/或评估/价值）对于投资者来说，是一项在期末可回收的现金流入。

建设期利息指筹措债务资金时在建设期内发生并按规定允许在投产后计入固定资产原值的利息，即资本化利息。建设期利息包括银行借款和其他债务资金的利息，以及其他融资费用。其他融资费用指某些债务融资中发生的手续费、承诺费、管理费、信贷保险费等融资费用，一般情况下应将其单独计算并计入建设期利息。

流动资金是指为维持生产所占用的全部周转资金，它是流动资产与流动负债的差额。在项目寿命期结束时，应予以回收。

2. 成本与费用

成本与费用是现金的重要流出，主要以经营成本的方式来体现。经营成本是从投资方案本身考察的，在一定期间（通常为一年或一个生产周期）内由于生产和销售产品及提供服务而实际发生的现金支出。其计算公式为

$$\text{经营成本} = \text{总成本费用} - \text{折旧费} - \text{摊销费} - \text{利息支出} \tag{2-1}$$

式中

$$\text{总成本费用} = \text{生产成本} + \text{销售费用} + \text{管理费用} + \text{财务费用} \tag{2-2}$$

或

$$\begin{aligned}\text{总成本费用} = & \text{外购原材料、燃料及动力费} + \text{工资及福利费} + \text{修理费} + \text{折旧费} \\ & + \text{摊销费} + \text{财务费用（利息支出）} + \text{其他费用}\end{aligned} \tag{2-3}$$

$$\text{经营成本} = \text{外购原材料、燃料及动力费} + \text{工资及福利费} + \text{修理费} + \text{其他费用} \tag{2-4}$$

3. 税金及附加

税金是国家凭借政治权力参与国民收入分配和再分配的一种货币形式。它有着强制性、无偿性和固定性的特征。在工程经济分析中，税金及附加是重要的现金流出，涉及的税费主

要有从营业收入中扣除的增值税、营业税、消费税、城市维护建设税及教育费附加和资源税；计入总成本费用的房产税、土地使用税、车船使用税和印花税等；从利润中扣除的所得税等。

税金及附加的计算要根据税种、计税依据、计税方式、税率等基本要素进行测算。

4. 营业收入

产品营业收入是指项目建成投产后各年销售产品（或提供服务）取得的收入。其计算公式为

$$产品营业收入 = 产品销售量(或服务量) \times 产品单价(或服务单价) \tag{2-5}$$

主副产品（或不同等级产品）的销售收入应全部计入营业收入；所提供的不同类型服务收入也应同时计入营业收入。营业收入是经济效果分析的重要数据，其估算的准确性极大地影响着技术方案经济效果的评价。因此，营业收入的计算既需要正确估计在各年生产能力利用率（或称生产负荷或开工率）基础之上的年产品销售量（或服务量），也需要合理确定产品（或服务）的价格。

对生产多种产品和提供多项服务的，应分别计算各种产品及服务的营业收入。对不便按详细的品种分类计算营业收入的，可采取折算为标准产品的方法计算营业收入。对于建成后出售的项目，以销售价格计算营业收入；对于建成后出租的项目，以租金收入计算营业收入。

2.2 资金时间价值

2.2.1 资金时间价值的概念

1. 资金时间价值的含义

资金时间价值是指资金随着时间推移所具有的增值能力，或者是同一笔资金在不同的时间点上所具有的数量差额。资金时间价值如何产生？从社会再生产角度来看，投资者利用资金是为了获取投资回报，即让自己的资金发生增值，得到投资报偿，从而产生了“利润”；从流通领域来看，消费者如果推迟消费，也就是暂时不消费自己的资金，而把资金的使用权暂时让出来，得到“利息”作为补偿。因此，利润或利息就成了资金时间价值的绝对表现形式。换句话说，资金时间价值的相对表现形式就成为了利润率或利息率，即在一定时期内所付利润或利息额与资金之比，简称为利率。

资金时间价值是建设工程经济分析的重要概念，由于资金具有时间价值，因此同一笔资金在不同的时间，其价值是不同的。计算资金的时间价值，其实质就是不同时点上资金价值的换算。这种进行了资金换算的分析方法被称为动态分析法，即考虑了资金时间价值；而不考虑资金时间价值，即不进行资金时间价值换算的分析方法，被称为静态分析法。

通常情况下，只有当所获得的投资收益大于或等于银行利息收入时，即投资利润率等于同期银行利息率时，投资者才进行投资活动；否则，宁愿把资金存在银行中，而不愿进行有一定风险的投资活动。由此可见，资金的时间价值从价值量上看，是在没有风险和没有通货膨胀条件下的社会平均资金利润率，资金的时间价值是企业（投资者）资金利润率

的最低限度。

2. 利息与利率

从计算上来看，利息是指货币的所有者付出的资金所获得的资金占用报酬。它代表了资金所有者向资金使用者索取的一种价值补偿，表现为一定数量的资金。当资金所有者同时也是资金使用者时，此价值的增量就成为投资者的投资报酬，即利润。

利率是指在一定时期内所获得的利息额与初始资金额（本金）的比值，表示单位投资所增加的资金比例。它代表了资金所有者向资金使用者索取的价值补偿与实际借出资金比率。当资金投资者同时也是资金使用者时，此价值增量也就成为投资者的投资报酬率，即利润率。

利率是各国发展国民经济的重要杠杆之一。利率的高低取决于社会平均利润率、金融市场上借贷资本的供求情况、市场风险、通货膨胀、借出资本的期限等因素。

利率是资金时间价值的相对表现，而利息则是资金时间价值的绝对表现。

2.2.2　利息的计算方法

利息的计算有两种方法：一是只就本金计算利息的单利法；二是不仅本金计算利息，利息也能生利，也就是“本上加利”的复利法。相比较而言，复利法更能确切地反映本金及其增值部分的时间价值。

1. 单利计息法

单利计息法是每期的利息均按照原始本金计算的计息方式，即不论计息期数为多少，只有本金计息，利息不再计利息。其计算公式为

$$I = P \times n \times i \tag{2-6}$$

式中　I——利息总额；

i——利率；

P——现值（初始资金总额）；

n——计息期数。

n 个计息期结束后的本利和为

$$F = P + I = P \times (1 + i \times n) \tag{2-7}$$

式中　F——终值（本利和）。

［**例 2-1**］某建筑企业存入银行一笔 10 万元的资金，年利率为 2.98%，存款期限为 3 年，按单利计息。存款到期后的利息和本利和各为多少？

解：

$$I = P \times n \times i = 10 \times 3 \times 2.98\% = 0.894(\text{万元})$$

$$F = P + I = 10 + 0.894 = 10.894(\text{万元})$$

2. 复利计息法

复利计息法是各期的利息分别按照原始本金与累计利息之和计算的计息方式，即每期利息计入下期的本金，下期则按照上期的本利和计息。其计算公式为

$$F = P \times (1 + i)^n \tag{2-8}$$

$$I = P \times [(1 + i)^n - 1] \tag{2-9}$$

在［例 2-1］中，如果选用复利计息，则计算方法和单利计息的计算方法完全不同。计算过程如下

$$F = P \times (1+i)^n = 10 \times (1+2.98\%)^3 = 10.921(\text{万元})$$

$$I = P \times [(1+i)^n - 1] = F - P = 10.921 - 10 = 0.921(\text{万元})$$

复利计算有间断复利和连续复利之分。按期（年、半年、季、月、周、日）计算复利的方法，称为间断复利（即普通复利）；按瞬时计算复利的方法，称为连续复利。在实际使用中都采用间断复利，一方面是出于习惯，另一方面是因为会计通常在年底结算一年的进出款，按年支付税金、保险金和抵押费用，因而采用间断复利考虑问题更适宜。

2.2.3　名义利率与实际利率

在复利计息方法中，一般采用年利率。当计息周期以年为单位，则将这种年利率称为实际利率；当实际计息周期小于一年，如每月、每季、每半年计息一次，这种年利率就称为名义利率。设名义利率为 r，一年内计息次数为 m，则名义利率与实际利率的换算公式为

$$i = (1+\frac{r}{m})^m - 1 \tag{2-10}$$

在例 2-1 中，如果选用的计息周期不是 1 年，也就是说不采用常用的年利率，而是采用计息周期小于 1 年的月利率、季度利率、半年利率，则实际计算出的利息、本利和也与完全采用年利率计算出的不相同。这就是实际利率与名义利率的计算结果差异。现在，我们按照每月计息一次来进行计算，复利计息的计算结果如下

$$i = \left(1+\frac{r}{m}\right)^m - 1 = \left(1+\frac{2.98\%}{12}\right)^{12} - 1 = 3.02\%$$

$$F = P \times (1+i)^n = 10 \times (1+3.02\%)^3 = 10.934(\text{万元})$$

$$I = F - P = 10.934 - 10 = 0.934(\text{万元})$$

［例 2-2］现有两家银行可以提供贷款，甲银行年利率为 20%，一年计息一次；乙银行年利率为 19%，一季度计息一次，均为复利计算。哪家银行的实际利率低？

解：甲银行的实际利率等于名义利率，为 20%，一年计息一次；乙银行的年实际利率为

$$i = \left(1+\frac{r}{m}\right)^m - 1 = \left(1+\frac{19\%}{4}\right)^4 - 1 = 20.4\%$$

所以，甲银行的实际利率低于乙银行。

通过上述分析和计算，可以得到名义利率和实际利率存在下面的关系：

（1）实际利率比名义利率更能反映资金的时间价值。

（2）名义利率越大，计息周期越短，实际利率与名义利率的差异就越大。当然，实际利率比名义利率更能反映资金的时间价值。

（3）当每年计息周期数 $m = 1$ 时，名义利率与实际利率相等。

（4）当每年计息周期数 $m > 1$ 时，名义利率与实际利率相等。

（5）当每年计息周期数 $m \to \infty$ 时，名义利率 r 与实际利率 i 的关系为 $i = e^r - 1$。

在实际投资项目中，有可能会出现通货膨胀，这也会导致名义利率与实际利率的差异。如果建设项目在投资期内发生了通货膨胀，即使市场利率不发生变化，投资者按照市场利率计算获得的货币收入也将会发生贬值。考虑通货膨胀因素在内的利率为名义利率，不考虑通货膨胀的利率为实际利率。如果通货膨胀的变化对市场是必然存在的，则名义利率中一般会包含投资者对通货膨胀的预期，名义利率便不用再作变动。

2.3 资金等值计算

2.3.1 资金等值的概念

资金等值是指在考虑时间因素的情况下，不同时点发生的绝对值不等的资金可能具有相同的价值。换句话说，资金等值就是与某一时间点上一定金额的实际经济价值相等的另一时间点上的价值。

例如现在借入 10 000 元，年利率是 10%，一年后要还的本利和为 11 000 元。也就是说，现在的 10 000 元与一年后的 11 000 元虽然绝对值不等，但它们是等值的，即实际经济价值相等。

通常情况下，在资金等值计算中，人们把资金运动起点时的金额称为现值，把资金运动结束时与现值等值的金额称为终值或将来值，而把资金运动过程中某一时间点上与现值等值的金额，称为时值。

资金等值换算的核心是复利计算问题，大体可以分为 3 种情况：一是将一笔总的金额换算成一笔总的现在值或将来值；二是将一系列金额换算成一笔总的现在值或将来值；三是将一笔总的金额的现在值或将来值换算成一系列金额。

2.3.2 资金等值计算基本公式

1. 复利终值公式

终值表示资金发生在某一特定时间序列终点上的价值。其含义是指期初投入或产出的资金转换为计算期末的期终值，即期末本利和的价值。

复利终值公式的含义：投资者期初一次性投入资金 P，按给定的投资报酬率 i，期末一次性回收资金 F，如果计息时限为 n，复利计息，终值 F 为多少，即已知 P、n、i，求 F（图 2-2）。其计算公式为

$$F = P \times (1+i)^n \tag{2-11}$$

式中　$(1+i)^n$——整付复本利系数，记为（F/P，i，n）。

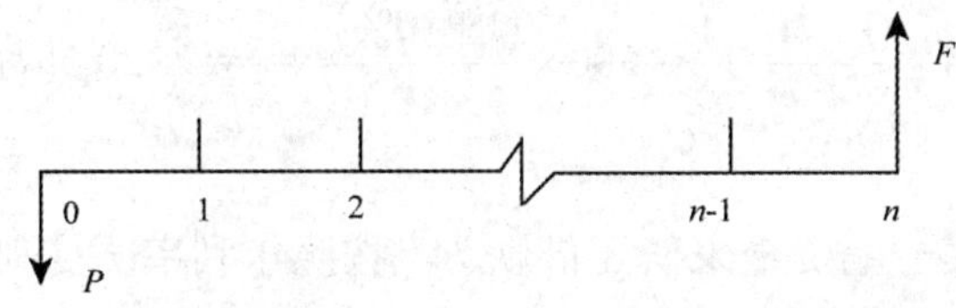

图 2-2　一次支付现金流量图

2. 复利现值公式

现值表示资金发生在某一特定时间序列始点上的价值。在工程经济分析中，现值表示在现金流量图中 0 点的投资数额或投资项目的现金流量折算到 0 点时的价值。折现计算法是评价项目经济效果时经常采用的一种基本方法。

复利现值公式的含义：在将来某一时点 n 需要一笔资金 F，按给定的利率 i 复利计息，折算至期初，则需要一次性存款或支付数额 P 为多少，即已知 F、i、n，求 P。将复利终值公式加以变形，得到复利现值公式为

$$P = F \times (1 + i)^{-n} \tag{2-12}$$

式中 $(1+i)^{-n}$——整付现值系数，记为（P/F，i，n）。

把未来时刻资金的时间价值换算为现在时刻的价值，称为折现或贴现。

［**例 2-3**］某企业与某银行长年存在贷款存款业务，在资金积累阶段须以一定量的存款作为今后经营资金的积累，而在一定积累的基础上则可以向银行贷款来解决经营资金的不足问题；贷款之后，在银行规定的还款过程中，通常采用分期等额偿还的方式进行偿还。在实际中，企业的投资支出有时是一次性的，称为期初一次性投资，有时却是分期分批进行支出。不同的投资方式、还款方式所得到的数据是不一样的。如果该企业在 5 年后需一笔 100 万元的资金拟从银行中提取，银行存款年利 3%，现在需存入银行多少钱？

解：

$$P = F \times (1 + i)^{-n} = 100 \times (1 + 3\%)^{-5} = 86.3(\text{万元})$$

在工程经济评价中，由于现值评价常常是选择现在为时点，把建设项目工程技术方案预计的不同时期的现金流量折算成现值，并按现值之代数和大小做出决策。因此，在工程经济分析时应正确选择折现率（利率）。

3. 年金复利终值公式

在建设工程经济所研究的问题中，连续在若干期每期等额支付的资金被称为年金。年金复利终值公式是研究在 n 个计息期内，每期期末等额投入资金 A，以年利率 i 复利计息，最后期末累计起来的资金 F 到底是多少，也就是已知 A、i、n，求 F。其计算公式为

$$F = A \times \frac{(1+i)^n - 1}{i} \tag{2-13}$$

式中 $[(1+i)^n-1]/i$——年金复本利系数，记为（F/A，i，n）。

在例 2-3 中，该企业将从银行贷款得来的 2000 万元资金每年以 500 万元投资某项目，已知该项目的投资回报率为 10%，则项目最终可以赚到多少钱？此时我们将投入的资金以及利息回报都合算为一个整体，则计算结果如下

$$F = A \times \frac{(1+i)^n - 1}{i} = 500 \times \frac{(1+10\%)^4 - 1}{0.1} = 2320.5(\text{万元})$$

4. 偿债基金公式

为了在 n 年末能筹集一笔资金来偿还借款 F，按照年利率 i 复利计算，从现在起至 n 年每年年末需等额存储的一笔资金 A 为多少，即已知 F、i、n，求 A（图 2-3）。由年金复利终

值公式推导得出其计算公式为

$$A = F \times \frac{i}{(1+i)^n - 1} \tag{2-14}$$

式中　$i/[(1+i)^n-1]$——基金年存系数，记为（A/F，i，n）。

在例 2-3 中，该企业在第 5 年年末应偿还银行一笔 50 万元的债务，年利率为 3%，因为条件有限，与银行协商分期分批偿还给银行，每年年末将所偿还的经过分摊的等额资金存入银行，则每年末存入银行的资金计算如下

$$A = F \times \frac{i}{(1+i)^n - 1} = 50 \times \frac{3\%}{(1+3\%)^5 - 1} = 9.418(\text{万元})$$

5. 资金回收公式

在年利率为 i，复利计息的情况下，为在第 n 年末将初始投资 P 全部收回，在这 n 年内，每年年末应等额回收多少数额的资金 A，即已知 P、i、n，求 A。其计算公式为

$$A = P \times \frac{i(1+i)^n}{(1+i)^n - 1} \tag{2-15}$$

式中　$i(1+i)^n/[(1+i)^n-1]$——投资回收系数，记为（A/P，i，n）。

在例 2-3 中，现在企业需要向银行贷款解决资金不足问题，银行规定的贷款利率为 10%。贷款 100 万元，投资于 5 年期的某项目，每年回收资金多少？计算结果如下

$$A = P \times \frac{i(1+i)^n}{(1+i)^n - 1} = 100 \times \frac{10\% \times (1+10\%)^5}{(1+10\%)^5 - 1} = 26.38(\text{万元})$$

6. 年金现值公式

在 n 年内，按年利率 i 复利计算，为了能在今后每年年末能提取等额资金 A，现在必须投资多少，即已知 A、i、n，求 P（图 2-4）。由资金回收公式推导得出年金现值公式为

$$P = A \times \frac{(1+i)^n - 1}{i(1+i)^n} \tag{2-16}$$

式中　$[(1+i)^n-1]/i(1+i)^n$——年金现值系数，记为（P/A，i，n）。

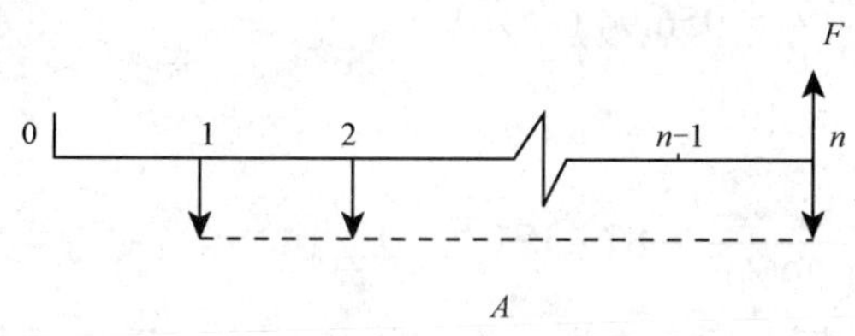

图 2-3　等额序列支付现金流量

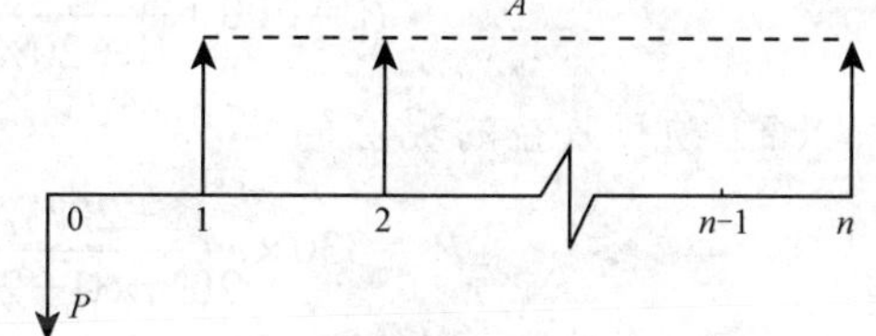

图 2-4　等额序列支付现金流量

在例 2-3 中，现在该企业有充足的资金投资某项目，希望在 5 年内收回全部投资的本利和，预计每年获利 50 万元，年利率为 10%，那么，如果要知道目前已经向银行贷款多少用于本次投资，就可以按照下面的方法进行计算

$$P = A\times\frac{(1+i)^n-1}{i(1+i)^n} = 50\times\frac{(1+10\%)^5-1}{10\%\times(1+10\%)^5} = 189.54(万元)$$

7. 资金等值系数

资金等值系数在建筑工程经济中的应用非常普遍，尤其是在建设项目投融资活动中，经常会涉及利息计算、还款计算等问题（表 2-1）。

表 2-1 资金等值系数标准表示法及计算公式汇总表

系数名称	标准表示法	所求	已知	公式
整付现值系数	$(P/F,i,n)$	P	F	$P=F(P/F,i,n)$
整付复本利系数	$(F/P,i,n)$	F	P	$F=P(F/P,i,n)$
年金现值系数	$(P/A,i,n)$	P	A	$P=A(P/A,i,n)$
投资回收系数	$(A/P,i,n)$	A	P	$A=P(A/F,i,n)$
基金年存系数	$(A/F,i,n)$	A	F	$A=F(A/F,i,n)$
年金复本利系数	$(F/A,i,n)$	F	A	$F=A(F/A,i,n)$

［**例 2-4**］若企业拟投资建设某工业项目，第 1、第 2、第 3 年年初的投资分别是 200 万元、450 万元和 550 万元；第 3～10 年获得收益，其中每年的营业收入为 450 万元，经营成本为 120 万元，不考虑税收缴交，投资者希望的收益率为 20%。企业投资该项目是否合算？

解：绘制项目现金流量图如图 2-5 所示。

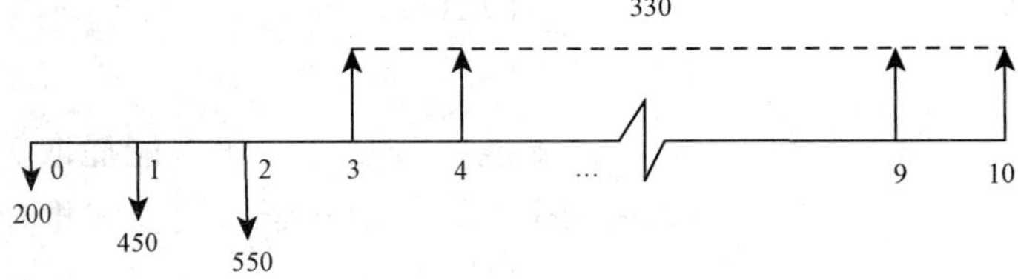

图 2-5 某工业项目现金流量图（单位：万元）

方法一：将投资和收益换算成现值之后进行比较。

（1）项目投资的现值是

$$P_1 = 200+\frac{450}{(1+20\%)}\times\frac{550}{(1+20\%)^2} = 956.94\,(万元)$$

（2）项目收益的现值是

$$P_2 = 330\times\frac{(1+20\%)^8-1}{20\%\times(1+20\%)^8}\times\frac{1}{(1+20\%)^2} = 879.35\,(万元)$$

上述计算结果表明，若按照 20%的收益进行计算，获得的收益为 879.35 万元，而实际投资 956.94 万元，因此表明此项投资不合算，企业不应投资该项目。

方法二：将投资和收益换算成终值之后进行比较。

（1）项目投资的终值是

$$F_1 = 200\times(1+20\%)^{10}+450\times(1+20\%)^9+550\times(1+20\%)^8 = 5925.15\,(万元)$$

（2）项目收益的终值是

$$F_2 = 330 \times \frac{(1+20\%)^8 - 1}{20\%} = 5444.70\text{(万元)}$$

上述计算结果表明，收益的终值小于投资的终值，表明此项目的投资没有达到 20%的年收益率，故企业投资该项目是不合算的。

［例 2-5］若某企业拟投资某一建设项目，预计项目的建设期为 3 年，其中第 1 年年初投资 200 万元，第 2 年年初投资 400 万元，第 3 年年初投资 180 万元，第 4 年起开始获得收益，每年获取的净收益均相同，项目的收益年限为 6 年。若该企业要求的最低收益率为 15%，企业每年应至少收益多少万元？

解：绘制项目现金流量图如图 2-6 所示。

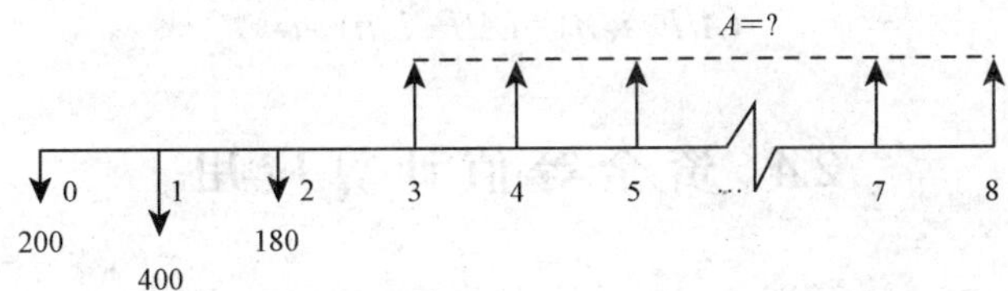

图 2-6　某建设项目现金流量图（单位：万元）

（1）项目投资的现值是

$$P_1 = 200 + \frac{400}{(1+15\%)} + \frac{180}{(1+15\%)^2} = 683.93\text{(万元)}$$

（2）项目收益的现值是

$$P_2 = A \times \frac{(1+15\%)^6 - 1}{15\% \times (1+15\%)^6} \times \frac{1}{(1+15\%)^3}$$

（3）15%的收益率下，项目投资的现值等于收益的现值，即

$$A \times \frac{(1+15\%)^6 - 1}{15\% \times (1+15\%)^6} \times \frac{1}{(1+15\%)^3} = 683.93\text{(万元)}$$

$$A = 274.85\text{(万元)}$$

所以，企业每年的净收益至少为 274.85 万元，才能保证企业获得 15%的收益率。

2.3.3　运用资金等值计算基本公式应注意的问题

1. 公式中各时间值发生的时点

（1）为了实施方案的初始投资，假定发生在方案的寿命期初。

（2）方案实施过程中的经常性支出，假定发生在计息期（年）末。

（3）本年的年末即是下一年的年初。

（4）P 是在当前年度开始时发生。

（5）F 是在当前以后的第 n 年年末发生。

（6）A 是在考察期间各年年末发生。当问题包括 P 和 A 时，系列的第一个 A 是在 P 发生一年后的年末发生的；当问题包括 F 和 A 时，系列的最后一个 A 是和 F 同时发生的。

2. 资金等值系数之间的关系

（1）倒数关系。

$$(P/F, i, n) = 1/(F/P, i, n)$$
$$(P/A, i, n) = 1/(A/P, i, n)$$
$$(F/A, i, n) = 1/(A/F, i, n)$$

（2）乘积关系。

$$(F/P, i, n)(P/A, i, n) = (F/A, i, n)$$
$$(F/A, i, n)(A/P, i, n) = (F/P, i, n)$$
$$(A/F, i, n)(F/P, i, n) = (A/P, i, n)$$

（3）差数关系。

$$(A/F, i, n) =(A/P, i, n) -i$$

2.4 资金等值计算应用

2.4.1 计息周期等于支付周期

［**例 2-6**］假设年利率为 15%，每季计息一次，从现在起 3 年内以每季末 300 万元的等额值收入。与其等值的终值是多少？

解：绘制现金流量图如图 2-7 所示。

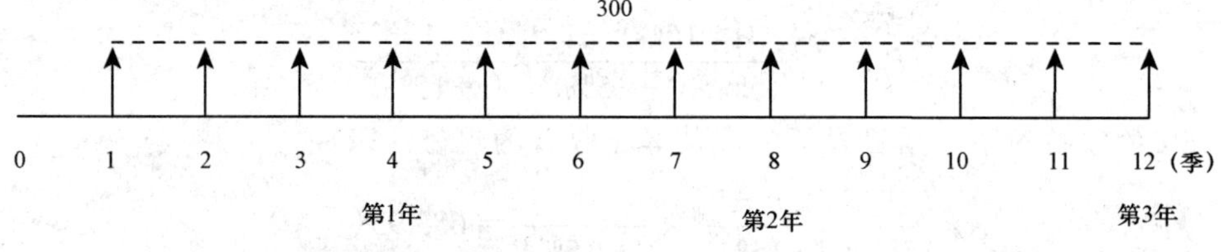

图 2-7 等值现金流量图（单位：万元）

计算计息周期利率

$$i=\frac{r}{m}=\frac{15\%}{4}=0.0375$$

计息期数

$$n = 4 \times 3 = 12$$

$$F = A\times\frac{(1+i)^n-1}{i}=300\times\frac{(1+0.0375)^{12}-1}{0.0375}=4443.63(\text{万元})$$

2.4.2 计息周期短于支付周期

［**例 2-7**］某企业每半年存入银行 500 万元，共 3 年，年利率 6%，每季度复利计息一次。第 3 年年末该企业账户存款金额共为多少？

解：绘制现金流量图如图 2-8 所示。

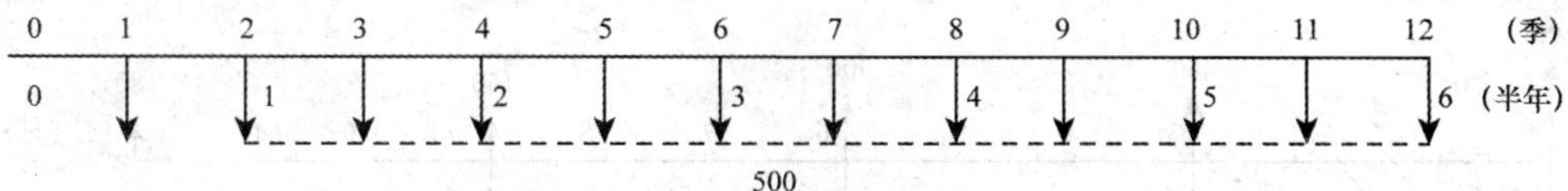

图 2-8　等值现金流量图（单位：万元）

方法一：将每次支付的将来值计算出来，然后求其总和。先求计息期利率，再进行复利计算。每季度复利计息一次，则季度利率为

$$i=\frac{r}{m}=\frac{6\%}{4}=1.5\%$$

计息期数为

$$n=4\times3=12$$

$$F=500(F/P,1.5\%,10)+500(F/P,1.5\%,8)+500(F/P,1.5\%,6)+500(F/P,1.5\%,4)+500(F/P,1.5\%,2)+500=3236.05(\text{万元})$$

方法二：把每个支付周期期末发生的现金流量换算为以计息期为基础的等额系列，再求终值。计算结果如下

$$A_{季}=500(A/F,1.5\%,2)=248.14(\text{万元})$$

$$F=A(F/A,\ i,\ n)=A\times\frac{(1+i)^n-1}{i}=248.14\times\frac{(1+1.5\%)^{12}-1}{1.5\%}=3236.05(\text{万元})$$

方法三：将计息期转换为与支付期相同，先求支付周期的实际利率，再以支付期为基础进行复利计算。计算结果如下

$$i=\left(1+\frac{1.5\%\times2}{2}\right)^2-1=3.0225\%$$

$$F=500(F/A,3.0225\%,6)=3236.05(\text{万元})$$

2.4.3　计息周期长于支付周期

在实际中，通常规定必须存满一个计息期才计利息；也就是说，在计息期间存入的款项在该期不计利息，到下一期才计算利息。因此，在计息期间存入的款项，相当于在下一个计息期初的存入；在计息期间提取的款项，相当于在前一个计息期末的支取。

［例 2-8］已知某项目的现金流量图如图 2-9 所示，每季度计息一次，年利率为 12%，求第 1 年年末的总金额。

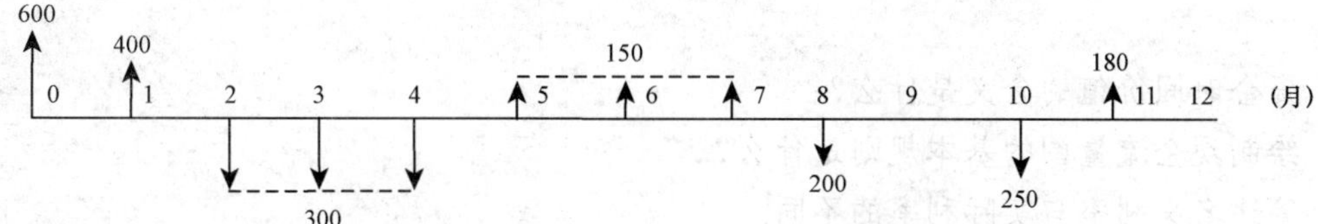

图 2-9　某项目现金流量图（单位：万元）

解：根据题意，将图 2-9 的现金流量图整理为图 2-10 的现金流量图。

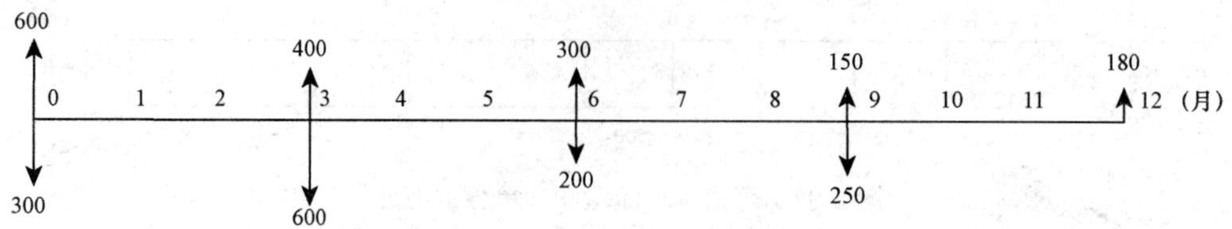

图 2-10　整合后的现金流量图（单位：万元）

年利率为 12%，则换算为季度利率为

$$i=\frac{r}{m}=\frac{12\%}{4}=3\%$$

$$F=(600-300)\times(F/P,3\%,4)+(400-600)\times(F/P,3\%,3)+(300-200)\times(F/P,3\%,2)$$
$$+(150-250)\times(F/P,3\%,1)+180=302.2（万元）$$

本章小结

现金流量是现金流入量与现金流出量的统称，又叫现金流动。它将一个项目作为一个独立系统，反映项目在计算期内实际发生的现金流入和现金流出活动情况及其流动数量。同一时间点上的现金流入和现金流出的代数和，称为净现金及流量，用$(CI-CO)_t$表示。现金流量图是指把建设项目（系统）的现金流量用时间坐标表示出来的一种示意图。

资金时间价值是指资金随着时间推移所具有的增值能力，或者是同一笔资金在不同的时间点上所具有的数量差额。利率是资金时间价值的相对表现，而利息则是资金时间价值的绝对表现。利息的计算有两种方法：一是只就本金计算利息的单利法；二是不仅本金计算利息，利息也能生利，也就是“本上加利”的复利法。在复利计息方法中，一般采用年利率。当计息周期以年为单位，则将这种年利率称为实际利率；当实际计息周期小于一年，如每月、每季、每半年计息一次，这种年利率就称为名义利率。

资金等值是指在考虑时间因素的情况下，不同时点发生的绝对值不等的资金可能具有相同的价值。资金等值换算的核心是复利计算问题，大体可以分为 3 种情况：一是将一笔总的金额换算成一笔总的现在值或将来值；二是将一系列金额换算成一笔总的现在值或将来值；三是将一笔总的金额的现在值或将来值换算成一系列金额。

思考题

1. 资金时间价值的含义是什么？
2. 绘制现金流量图的基本规则是什么？
3. 简述名义利率与实际利率的不同。
4. 简述复利系数之间的关系。

5. 计息期与支付期不同时对复利计算的影响是什么？

练　习　题

1．企业从银行借 200 万元，借 5 年，年利率为 15%，每周复利计息一次。把年利率 15% 当做实际利率，利息少算了多少?

2．企业年初向银行借 50 000 元买设备，年利率为 10%，银行要求在第 10 年年末本利一次还清。计划前 6 年每年年末在银行存入一笔钱，存款利率为 8%，到第 10 年年末刚好偿还第 10 年年末的本利。前 6 年每年年末应存入多少?

3．某投资者向银行贷款 2000 万元，期限为 3 年，年利率为 8%，若该笔贷款的还款方式为期间按季度付息、到期后一次偿还本金，则投资者为该笔贷款支付的利息总额是多少？如果计算先期支付利息的时间价值，则贷款到期后投资者实际支付的利息又是多少？

4．某项目向银行借贷长期贷款 1750 万元，贷款期限为 10 年，等额偿还，年贷款利率为 15%，年金是多少？如果该项目投产后只能以其经营收入的 25%支付还款额，该项目的年经营收入为多少才能获得上述贷款？

5．某项目经营期末向银行支付一笔 3000 万元的长期借款，年利率为 12%。该项目的经营期为 15 年，每年年末向银行等额支付的还款额为多少？

第3章 建设项目的资金筹措

学习要点

通过本章的学习，学生应掌握不同来源渠道资金的资金成本计算；熟悉建设项目资金总额的构成、资本金的筹措、债务资金的筹措、资本金及债务资金结构分析；了解资金筹措的基本概念、基本原则、筹资结构的概念。

3.1 建设项目资金筹措的方式

3.1.1 项目资金筹措的概念及其构成

1. 基本概念

资金是项目建设活动的起点，无论是项目前期的准备阶段还是项目后期的建设阶段，均需要大量的资金。个别企业拥有雄厚的资本金积累，不需要从其他渠道进行资金筹集，但大多数建设企业需要通过各种方式筹集金融市场上的资金。

项目资金筹措也叫融资，是指通过各种渠道，采用不同的方式筹集项目建设过程中所需要的资金。由于该部分资金的筹集条件、成本和风险各不同，项目需要对不同融资方案的资金成本进行对比，并对筹资结构进行分析。项目决策人需要寻找筹集风险最小、成本最低、条件最有利的项目资金来源。

项目资金筹措应遵循以下基本原则：

（1）最佳规模原则。筹措资金的目的在于确保项目所必需的资金，筹资的数量不能盲目确定，必须以需定筹。如果所筹资金不足，必然会影响项目生产经营活动的正常开展；如果所筹资金过多，又会造成资金浪费，给企业带来一定负担。因此，在筹集资金时必须要合理确定筹资规模，适宜的规模是资金使用效率的保障。

（2）最佳时机原则。建设项目运营过程中，由于资金使用存在时间的先后顺序，因此，筹集资金时也要考虑项目资金使用的时间先后顺序，筹资过早，会造成资金的闲置；筹资过迟，可能会错失投资的机会。

（3）最佳效益原则。筹资渠道和方式多种多样，不同筹资渠道和方式的资金成本、筹资难易程度、资金供给者的约束条件、资金供给的先后顺序各不相同。因此，在筹资时必须考虑诸多因素，选择合适的资本组合，获得最大的经济效益。

（4）最佳结构原则。合理的资金来源结构包括两个方面：一是合理安排权益资本和债务资金的比例；二是合理安排长期资金和短期资金的比例。因此，在筹资过程中应合理安排筹资结构，寻求筹资方式的最优组合。

2. 建设项目资金总额的构成

按照不同投资主体的投资范围和项目的具体情况，可将建设项目分为 3 类：一是公益性投资项目，主要由政府拨款建设；二是基础性项目，在加强中央政策性投资的同时，加重地方和企业的投资责任；三是竞争性项目，以企业作为基本的投资主体，主要向市场融资。

在资金筹措阶段，建设项目所需的资金总额由自有资金、赠款、债务资金（借款）三部分组成，如图 3-1 所示。

（1）自有资金。企业自有资金是指企业有权支配使用，按规定可用于固定资产投资和流动资金的资金，即在项目资金总额中投资者缴付的出资额，包括资本金和资本溢价。

1）资本金是指新建项目设立企业时在工商行政管理部门登记的注册资金。根据投资主体的不同，资本金可分为国家资本金、法人资本金、个人资本金和外商资本金等。

2）资本公积金是指企业接受捐赠、财产重估差价、资本折算差额和资本溢价等形成的公积金。其中：接受捐赠资产是指地方政府、社会团体或个人及外商等赠予企业货币或实物等财产而增加的企业资产。财产重估差价是指按国家规定对企业固定资产重新估价时，固定资产的重估价值与其账面值之间发生的差额。资本折算差额是指汇率不同引起的资本折算差价。资本溢价指在资金筹集过程中，投资者缴付的出资额超出资本金的差额。最典型的是发行股票的溢价净收入，即股票溢价收入扣除发行费用后的净额。

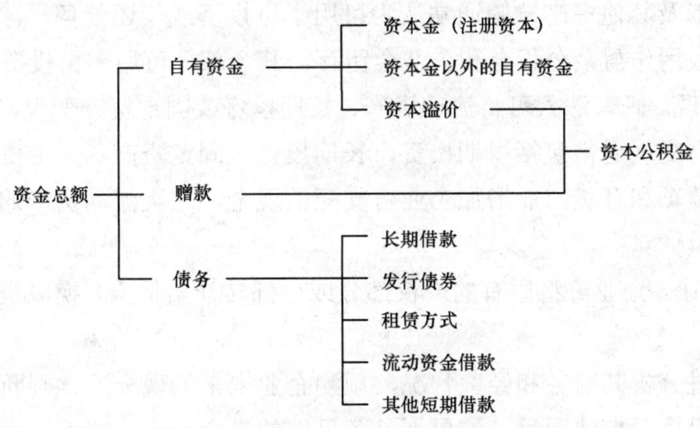

图 3-1　建设项目资金总额构成

（2）债务资金。债务资金亦即企业对外筹措的资金，又称为借入资金，是指以企业名义从金融机构和资金市场借入，需要偿还的用于固定资产投资的资金，包括国内银行贷款、国际金融机构贷款、外国政府贷款、出口信贷、补偿贸易、发行债券等方式筹集的资金。

3.1.2 项目资本金的筹措

国家要求经营性的建设项目必须配备一定数额的资本金，并针对不同行业提出了项目资本金的比例要求。资本金是指建设项目投资中必须包含一定比例、由出资方实缴的非债务资金。资本金是未来获得债务资金的基础，也是建立项目产权关系的依据。项目投资者可按其实缴资本金比例享受所有者权益，但是股利支付的时间和数量，需根据建设项目后期的运营情况来决定。

根据项目资本金筹措的主体不同，可分为既有法人项目资本金筹措和新设法人项目资本金筹措。

1. 既有法人项目资本金的筹措

既有法人作为项目法人进行项目资本金筹措，不组建新的独立法人，筹资方案应与既有法人公司（包括企业、事业单位等）的总体财务安排相协调。既有法人可用于项目资本金的资金来源，分为内、外两个方面。

（1）内部资金来源。

1）企业的现金。企业库存现金和银行存款可由企业的资产负债表得以反映（见第4章相关内容），其中可能有一部分可以投入项目。也就是说，扣除保持必要的日常经营所需的货币金额，多余的资金可用于项目投资。

2）未来生产经营中获得的可用于项目的资金。在未来的项目建设期间，企业可从生产经营中获得新的现金，扣除生产经营开支及其他必要开支后，剩余部分可以用于项目投资。未来企业经营获得的净现金流量，需要通过对企业未来现金流量的预测来估算。

企业未来的经营净现金流量中，财务费用及流动资金占用的增加部分将不能用于固定资产投资，折旧、无形及其他资产摊销通常认为可用于再投资或偿还债务，净利润中有一部分可能需要用于分红或用作盈余公积金和公益金留存，其余部分可用于再投资或偿还债务。

3）企业资产变现。既有法人可将流动资产、长期投资或固定资产变现，取得现金用于新项目投资。企业资产变现通常包括短期投资、长期投资、固定资产、无形资产的变现。降低流动资产中的应收款项和存货，能增加企业可支配的现金，这类流动资产的变现通常体现在企业外来净现金流量估算中。

4）企业产权转让。企业可将原有的产权部分或全部转让给他人，换取资金用作新项目的资本金。

既有法人应通过分析其财务和经营状况，预测企业未来的现金流，判断现有企业是否具有足够的自有资金投资于拟建项目。如果不具备足够的资金能力，或不愿意失掉原有的资产权益，或不愿意使其自身的资金运用过于紧张，就应该设计外部资金来源的资本筹集方案。

［**例3-1**］某电气公司投资5000万元，在某地建立一家电气分厂，其中3000万元为自有资金，2000万元为贷款，如图3-2所示。试判断新建项目的类型。

解：某地分厂整体看虽是“新建”项目，但分厂没有法人地位，新建项目属于既有法人融资项目。

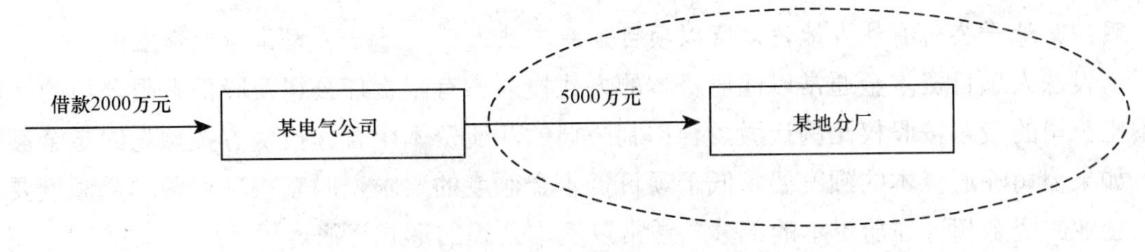

图 3-2　既有法人项目融资流程图

（2）外部资金来源。外部资金来源包括既有法人通过在资本市场发行股票和企业增资扩股，以及一些准资本金手段，如发行优先股获取外部投资人的权益资金投入，同时也包括接受国家预算内资金为来源的融资方式。

1）企业增资扩股。企业可以通过原有股东增资扩股及吸收新股东增资扩股，包括国家股、企业法人股、个人股和外资股的增资扩股。

2）优先股。优先股是指与普通股东相比具有一定优先权，主要指优先分得股利和剩余财产。优先股股息固定，与债券特征相似，但优先股没有还本期限，这又与普通股相同。相对于其他借款融资，优先股通常处于较后的受偿顺序，对于项目公司的其他债权人来说，可以视为项目的资本金。而对于普通股股东来说，优先股通常要优先受偿，是一种负债。因此，优先股是一种介于股本资金和负债之间的融资方式。

3）国家预算内投资。国家预算内投资是指以国家预算资金为来源并列入国家计划的固定资产投资。目前包括国家预算、地方财政、主管部门和国家专项投资拨给或委托银行贷给建设单位的基本建设拨款及中央基本建设基金，拨给企业单位的更新改造拨款，以及中央财政安排的专项拨款中用于基本建设的资金。国家预算内投资是能源、交通、原材料，以及国防科研、文教卫生、行政事业建设项目投资的主要来源，对于整个投资结构的调整起主导作用。

2. 新设法人项目资本金筹措

新设法人项目资本金的形成分为两种形式：一种是在新设法人设立时由发起人和投资人按项目资本金额度要求提供足额资金；另一种是由新设法人在资本市场上进行融资，来形成项目资本金。

［例 3-2］某建材公司借款 2500 万元，动用企业内部资金投资 500 万元，总计投资并注册 3000 万元在某地建立一家子公司。注册后，子公司贷款 2000 万元，完成总计 5000 万元的投资项目，如图 3-3 所示。试判断新建项目的类型。

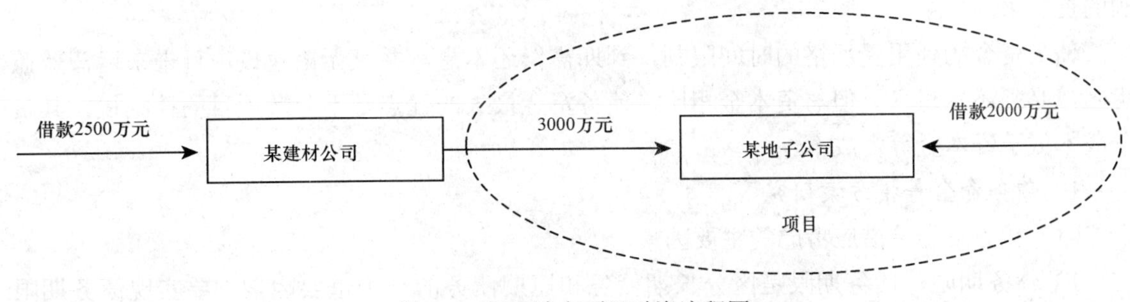

图 3-3　新设法人项目融资流程图

解：某地子公司有法人地位，所以项目是新设法人，某地子公司作为融资主体。

新设法人项目资本金通常以注册资本的方式投入。有限责任公司及股份有限公司的注册资本由公司的股东按股权比例认缴，合作制公司的注册资本由合作投资方按预先约定金额投入。如果公司注册资本的额度要求低于项目资本金额度的要求，股东按项目资本金额度要求投入企业的资金超过注册资本的部分，通常以资本公积的形式记账。

有些情况下，项目最初的投资人或项目发起人对投资项目的资本金并没有安排到位，而是要通过初期设立的项目法人进一步进行资本金筹措活动。这样的安排背景原因有很多，有的是受制于投资能力，有的是为了回避投资风险，有的是为了吸引外来投资，有的是为了完善投资结构等。

由初期设立的项目法人进行的资本金筹措形式主要有：

（1）在资本市场募集股本资金。在资本市场募集股本资金可以采取两种基本方式，即私募与公开募集。

1）私募，是指将股票直接出售给少数特定的投资者，不通过公开市场销售。私募程序可相对简化，但在信息披露方面仍必须满足投资者的要求。

2）公开募集，是在证券市场上公开向社会发行股票。在证券市场上公开发行股票需要取得证券监管机关的批准，需要通过证券公司或投资银行向社会推销，需要提供详细的文件，保证公司的信息披露，保证公司的经营及财务透明度，筹资费用较高，筹资时间较长。

（2）合资合作。通过在资本市场上寻求新的投资者，由初期设立的项目法人与新的投资者以合资、合作等多种形式，重新组建新的法人，或者由设立初期项目法人的发起人和投资人与新的投资者进行资本整合，重新设立新的法人，使重新设立的新法人拥有的资本达到或满足项目资本金投资的额度要求。采用这一方式，新法人往往需要重新进行公司注册或变更登记。

不论以何种方式筹措的资本金，都必须符合国家对资本金来源的要求和限制，符合国家资本金制度的规定。有外商投资的，应符合国家有关外商投资的相关规定。

3.1.3 项目债务资金的筹措

债务资金又称为借入资金，是项目投资通过证券市场和金融机构等资本市场以负债形式获取的资金，在会计处理上将形成负债。对于大多数的建设项目的融资，债务资金是最大份额的资金来源。

债务资金的使用受严格的时间限制，到期需偿还本息，并且无论建设项目未来运营效益优劣，必须还本付息。但与资本金相比，债务资金最大的优点是不分散项目的控制权，其资金成本低于资本金筹资成本。

1. 债务资金筹措方案研究

（1）债务资金筹措应考虑的主要因素。

1）债务期限。债务期限是区分长期债务和短期债务的一个重要因素。要实现债务期限结构的优化，就要保持一个相对平衡的债务期限结构，并尽可能使项目债务与项目清偿能力相适应。一方面，要使债务资金偿还期与投资人投资回收期相衔接；另一方面，尽量均衡地分开债务的还本付息时间，最好是让项目债务的分期还款时间表与项目的现金流量相匹配。

2）债务偿还。需要事先确定一个比较稳妥的还款计划。

3）债务序列。债务安排可以根据其依赖于公司（或项目）资产抵押的程度或者以来自于有关外部信用担保程度，分为由高到低不同等级的序列。在公司出现违约的情况下，公司资产和其他抵押、担保权益的分割将严格地按照债务序列进行。

4）债权保证。在项目融资活动过程中，借款人须将项目资产作为债权的担保，并用预期的收益还本付息。为了降低风险，债权人需要获得其他的担保，如完工担保、第三方的履约担保、政治风险保险等。如果没有这些担保，贷款人只能依赖于消极保证条款。

5）违约风险。债务人违约或无力清偿债务时，债权人追索债务的形式和手段及追索程度决定了债务人违约风险的大小。根据融资安排，不同的债权人追索债务的程度也不一样，如完全追索、有限追索或无追索。

6）利率结构。债务资金利率主要有浮动利率、固定利率及浮动/固定利率等不同的利率机制。融资中应该采用何种利率结构，需要考虑项目现金流量的特征、金融市场上利率的走向、借款人对控制融资风险的要求。

7）货币结构与国家风险。债务资金的货币结构可以依据项目现金流量的货币结构加以设计，以减少项目的外汇风险。为减少国家风险和其他不可预见风险，国际上大型项目的融资安排往往不局限于在一个国家的金融市场上融资，也不局限于一种货币融资。资金来源多样化是减少国家风险的一种有效措施。

（2）应明确的债务资金基本要素。在融资方案中，除了要明确列出债务资金的资金来源及融资方式，还必须具体描述债务资金的一些基本要素和债务人的债权保证。

1）时间和数量。要指出每项债务资金可能提供的数量、初期支付时间、贷款期和宽限期、分期还款的类型。

2）融资成本。反映融资成本的基本要素，对于贷款是利息，对于租赁是租金，对于债券是债息。应说明这些成本特性和计算方法。除此之外，对于某些伴随债务资金发生的资金筹集费，应说明其计算办法及数额。

3）建设期利息的支付。建设期内是否需要支付利息，将影响筹资总量。不同的债权人会有不同的付息条件，一般可分为 3 类：一是投产之前不必付息，但未清偿的利息要与本金一样计息（即复利计息）；二是建设期内利息必须照付；三是贷款时就以利息扣除的方式贷出资金。

4）附加条件。对于债务资金的一些附加条件应有所说明。例如，必须购买哪类货物，不得购买哪类货物；借外债时，对所借币种及所还币种有何限制等。

5）债权保证。应根据所处研究阶段所能做到的深度，对债务人及有关第三方提出的债权保证加以说明。

6）利用外债的责任。外国政府贷款、国际金融组织贷款、中国银行和其他国有银行统一对外筹借的国际贷款，都是国家统借债务。其中，有些借款用于经国家发改委、财政部审查确认并经国务院批准的项目，称“统借统还”；其余借款则由实际用款项目本身偿还，称“统借自还”。各地方、各部门经批准向国外借用的贷款，实行谁借谁还的原则，称“自借自还”。统借自还和自借自还的借款，都经过国有银行或其他被授权机构的转贷。因此，无论以上外债的“借与还”在形式上有何区别，对债权人来讲都是我国的国家债务，进入国家外债规模，影响国家债务信用。

2. 信贷方式融资

信贷方式融资是项目负债融资的重要组成部分，是公司融资和项目融资中最基本、最简单、比重最大的债务融资形式（图 3-4）。国内信贷资金主要包括商业银行和政策性银行等提供的贷款。国外信贷资金主要有商业银行的贷款，以及世界银行、亚洲开发银行等国际金融机构贷款。此外，还有外国政府贷款、出口信贷及信托投资公司等非银行金融机构提供的贷款。信贷融资方案应说明拟提供贷款的机构及其贷款条件，包括支付方式、贷款期限、贷款利率、还本付息方式及附加条件等。

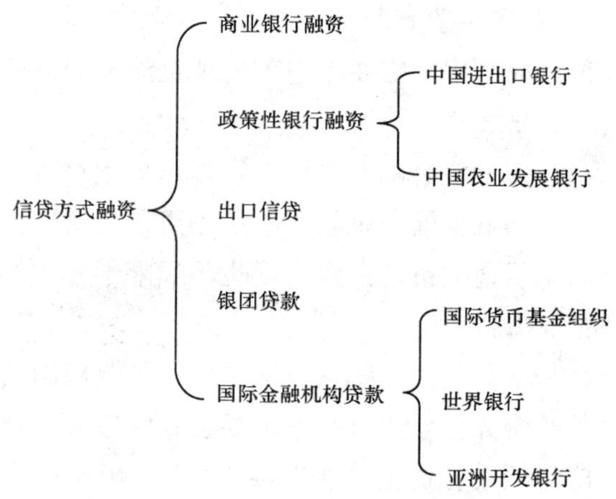

图 3-4 信贷方式融资图

（1）商业银行贷款。按照所有制形式，我国的商业银行分为国有商业银行和股份制银行。按照经营区域不同，我国的商业银行分为全国性银行和地区性银行。

按照贷款期限，商业银行的贷款分为短期贷款、中期贷款和长期贷款。贷款期限在 1 年以内的为短期贷款，1～3 年的为中期贷款，3 年以上的为长期贷款。

按照资金用途，商业银行贷款在银行内部管理中分为固定资产贷款、流动资金贷款、房地产开发贷款等。

项目投资使用中长期银行贷款，银行要进行独立的项目评估，评估内容主要包括项目建设内容、必要性、产品市场需求、项目建设及生产条件、工艺技术及主要设备、投资估算与筹资方案、财务盈利性、偿债能力、贷款风险、保证措施等。

除了商业银行可以提供贷款，一些城市信用社或农村信用社、信托投资公司等非银行金融机构也提供商业贷款，条件与商业银行类似。

国外商业银行贷款利率有浮动利率与固定利率两种形式。浮动利率通常以某种国际金融市场的利率为基础。加上一个固定的加成率构成。较多见的如以伦敦同业拆借利率（LIBOR）为基础。固定利率则在贷款合同中约定。国外商业银行的贷款利率由市场决定，各国中央银行对于本国的金融市场利率通过一定的手段进行调控。

国内商业银行贷款的利率目前以中国人民银行的基准利率为中心，可以有限度地上下浮动，目前规定为下浮 10%，即贷款利率下限为基准利率的 0.9 倍，对于除城乡信用社以外的金融机构贷款利率上浮不设上限。对于城乡信用社，贷款利率仍实行上限管理，贷款利率上限为基准利率的 2.3 倍。中国人民银行不定期对贷款的基准利率进行调整。

（2）政策性银行贷款。为了支持一些特殊的生产、贸易、基础设施建设项目，政策性银行可以提供政策性银行贷款。政策性银行贷款利率通常比商业银行贷款利率低。我国的政策性银行有中国进出口银行、中国农业发展银行。

（3）出口信贷。项目建设需要进口设备的，可以使用设备出口国的出口信贷。按照获得贷款资金的借款人，出口信贷分为买方信贷、卖方信贷和福费廷（FORFEIT）等。出口信贷通常不能对设备价款全额贷款，通常只能提供设备价款 85%的贷款，设备出口商则给予设备的购买方以延期付款条件。出口信贷利率通常要低于国际上商业银行的贷款利率。OECD（济合作与发展组织）国家出口信贷利率一般要遵循商业参考利率（CIRR）。出口信贷通常需要支付一定的附加费用，如管理费、承诺费、信贷保险费等。

1）买方信贷，是出口商所在地银行为促进本国商品的出口，而对国外进口商（或其银行）所发放的一种贷款。买方信贷可以通过进口国的商业银行转贷款，也可以不通过本国商业银行转贷。通过本国商业银行转贷时，设备出口国的贷款银行将贷款贷给进口国的一家转贷银行，再由进口国转贷银行将贷款贷给设备进口商。从国际范围内看，买方信贷使用更为广泛，特别是把贷款发放给进口商所在地银行，再转贷给进口商的买方信贷使用得更为广泛。

2）卖方信贷，是出口商所在地有关银行，为便于该国出口商以延期付款形式出口商品而给予本国出口商的一种贷款。出口商向银行借取卖方信贷后，其资金得以通融，便可允许进口商延期付款。具体如下：进出口商签订合同后，进口商先支付 10%～15%的定金；在分批交货验收和保证期满时，进口商再分期付给 10%～15%的货款，其余 70%～80%的货款在全部交货后若干年内分期偿还，并付给延期付款期间的利息。

3）福费廷，是专门的代理融资技术。一些大型资本货物，如在大型水轮机组和发电机组等设备的采购中，由于从设备的制造、安装到投产需要多年时间，进口商往往要求延期付款，按项目的建设周期分期偿还。为了鼓励设备出口，几家出口商所在地银行专门开设了针对大型设备出口的特殊融资：出口商把经进口商承兑、期限在半年以上到 5～6 年以上的远期汇票，无追索权地出售给出口商所在地的银行，出口商提前取得现款。为了保证在进口商不能履行义务的情况下出口商也能获得贷款，出口商要求进口商承兑的远期汇票附有银行担保。

（4）银团贷款。随着工程项目规模的扩大，所需的建设资金也越来越多，出于风险控制或银行资金实力方面的考虑，一家商业银行的贷款往往无法满足项目债务资金的需求，于是出现了银团贷款，也称辛迪加贷款，是指由一家银行牵头，贷款银团中还需要有一家或数家代理银行，负责监管借款人的账户、监控借款人的资金、划收及划转贷款本息。使用银团贷款，除了贷款利率之外，借款人还要支付一些附加费用，包括管理费、安排费、代理费、承诺费、杂费等。

（5）国际金融机构贷款。国际金融组织贷款是指国际金融组织按照章程向其成员国提供的各种贷款。提供项目贷款的主要国际金融机构有世界银行、国际金融公司、欧洲复兴与开发银行、亚洲开发银行、美洲开发银行等全球性或地区性金融机构等。目前，与我国关系最为密切的国际金融组织是国际货币基金组织、世界银行和亚洲开发银行。国际金融机构的贷款通常带有一定的优惠性，贷款利率低于商业银行贷款利率，贷款期限可以安排得更长，但也有可能需要支付某些附加费用，如承诺费。国际金融机构贷款通常要求设备采购进行国际招标。

不同的国际金融组织的贷款政策各不相同，只有那些得到认可的项目才能拿到贷款。使用国际金融组织的贷款需要按照这些组织的要求提供材料，并要按照规定程序和方法来实施项目。下面，以与我国联系密切的 3 个金融机构为例来加以介绍。

1）国际货币基金组织（International Monetary Fund，IMF）。国际货币基金组织的贷款只限于成员国的财政和金融当局，不与任何企业发生业务，贷款用途先于弥补国际收支逆差或用于经常项目的国际支付，期限为 1～5 年。

2）世界银行（World Bank）。世界银行主要提供用于确定工程项目的贷款，以鼓励较不发达国家生产与资源的开发。世界银行贷款仅限于会员国，凡参加世界银行的国家必须首先是国际货币基金组织的成员国，若贷款对象为非会员国的政府，则该贷款须由会员国政府、中央银行和世界银行认可的机构进行担保。贷款的发放和管理按照项目周期进行，必须专款专用，并接受世界银行的监督。贷款期限一般较长，最长可达 30 年。

3）亚洲开发银行（Asian Development Bank，ADB）。亚洲开发银行是类似于世界银行但只面向亚太地区的区域性政府间金融开发机构。亚洲开发银行根据 1990 年人均国民生产总值的不同，将发展中国家成员分为 A、B、C 三类，对不同种类的国家或地区采用不同的贷款或捐赠条件。

3. *债券方式融资*

债券是债务人为筹集债务资金发行、约定在一定期限内还本付息的一种有价证券。债券筹资是一种直接融资，面向广大社会公众和机构投资者，公司发行债券一般有发行最高限额、发行公司权益资本最低限额、公司盈利能力和债券利率水平等条件。在发行债券筹资过程中，必须遵循有关法律规定和证券市场规定，依法完成债券的发行工作。

发行债券融资可以从资金市场直接获得资金，资金成本（利率）一般应低于银行借款。由于有较为严格的证券监管，只有实力很强并且有很好资信的企业才有能力发行企业债券。发行债券融资大多需要有第三方担保，获得债券信用增级，以使债券成功发行并可降低债券发行成本。在国内发行企业债券，需要通过国家证券监管机构及金融监管机构的审批。在国外市场上也可以发行债券，主要的国外发债市场有美国、日本、欧洲。债券发行与股票发行相似，可以在公开的资本市场上公开发行，也可以私募方式发行。

4. 租赁方式融资

租赁方式融资是指当企业需要筹措资金、添置必要设备时，可以通过租赁公司代其购入所选择的设备，并以租赁方式将设备租给企业。大多数情况下，出租人在租赁期内向承租人分期回收设备的全部成本、利息和利润。租赁期满后，将租赁设备的所有权转移给承租人，通常为长期租赁。根据租赁所体现的经济实质不同，租赁分为经营租赁与融资租赁两类。

（1）经营租赁。经营租赁是出租方以自己经营的设备租给承租方使用，出租方收取租金。承租方则通过租入设备的方式，节省了项目设备购置投资，或等同于筹集到了一笔设备购置资金，承租方只需为此支付一定的租金。当预计项目中使用设备的租赁期短于租入设备的经济寿命时，经营租赁可以节约项目运行期间的成本开支，并避免设备经济寿命在项目上的空耗。

（2）融资租赁。融资租赁又称为金融租赁或财务租赁。采取这种租赁方式，通常由承租人选定需要的设备，由出租人购置后给承租人使用，承租人向出租人支付租金，承租人租赁取得的设备按照固定资产计提折旧，租赁期满，设备一般由承租人所有，由承租人以事先约定的低价格向出租人收购的形式取得设备的所有权。

3.2 资金成本

3.2.1 资金成本及其组成

资金成本是指建设项目为筹集和使用资金而付出的代价。广义地讲，项目筹集和使用任何资金，不论是短期的还是长期的，都要付出代价。狭义的资金成本仅指筹集和使用长期资金（包括自有资金和借入期资金）的成本。由于长期资金也被称为资本，所以，长期资金的成本也可称为资本成本。本书所述的资金成本主要是指狭义的资金成本。资金成本一般包括资金筹集成本和资金使用成本两部分。

1. 资金筹集成本

资金筹集成本是指在资金筹集过程中所支付的各项费用，如发行股票或债券支付的印刷费、发行手续费、律师费、资信评估费、公证费、担保费、广告费等。资金筹集成本一般属于一次性费用，筹资次数越多，资金筹集成本越大。

2. 资金使用成本

资金使用成本又称为资金占用费，是指占用资金而支付的费用，它主要包括支付给股东的各种股息和红利、向债权人支付的贷款利息及支付给其他债权人的各种利息费用等。资金使用成本一般与所筹集的资金多少以及使用时间的长短有关，具有经常性、定期性的特征，是资金成本的主要内容。

资金筹集成本与资金使用成本是有区别的，前者是在筹措资金时一次支付的，在使用资金过程中不再发生，因此可作为筹资金额的一项扣除；而后者是在资金使用过程中多次、定期发生的。

3.2.2 资金成本的性质

资金成本是在商品经济社会中由于资金所有权与资金使用权相分离而产生的。

（1）资金成本是资金使用者向资金所有者和中介机构支付的占用费和筹资费。资金的所有者绝不会将资金无偿让渡给资金使用者使用；资金的使用者也不能无偿地占用他人的资金。因此，项目筹集资金以后，暂时取得了这些资金的使用价值，要为资金所有者暂时失去资金使用权而付出代价，即资金成本。

（2）资金成本与资金的时间价值既有联系，又有区别。资金的时间价值与资金成本都基于资金活动所产生的增值。资金的时间价值是资本所有者在一定时期内从资本使用者那里获得的报酬，资金成本则是资金使用者使用他人资金所付出的代价。资金时间价值是时间的函数，资金成本则是资金占用额的函数。

（3）资金成本与一般产品成本属性相同。资金成本是项目占用和使用资金所付出的代价，而这一代价又是由于项目建设和生产产品发生的，因此最终要由项目的收益来补偿，这部分资金成本要列入产品成本中。

3.2.3 影响资金成本的因素

影响资金成本的因素主要包括以下几点。

1. 融资金额

资金占用成本是资金成本的主要组成部分，它与融资金额成正比例关系。融资金额越高，资金占用成本越高，导致资金成本提高。

2. 融资时间

资金的使用时间与资金占用成本成正比例关系，不确定性因素随着资金使用时间延长而增多，导致风险加大；同时，投资者要求的报酬率相应提高，从而使资金成本提高。

3. 资金市场供求关系

任何商品的价格都受市场供求关系影响，资金这种特殊的商品当然也不例外。而资金这种商品价格的具体表现形式为基准利率，它随着资金市场供求状况而变化。当资金市场供大于求时，基准利率会下降，资金成本同样会随之下降；反之，基准利率上升，会相应提高资金成本。

4. 建设项目法人的担保能力

对于债权人而言，筹资建设项目的担保能力是影响其信心的主要因素。若担保能力提高，则债权人的资金风险降低，所要求的报酬率也相应降低，从而使资金的占用成本降低。

5. 建设项目法人的信用等级

信用等级决定了项目在资本市场中的地位，从而对资金成本产生影响。项目法人的信用等级越高，信誉越好，项目投资风险越小，其要求的风险报酬率也越低，资金成本也就相应降低。

6. 资金结构

在现实中，项目的筹资方式有很多种，各种筹资方式下的资金成本不尽相同。当建设项目采用两种及两种以上筹资方式时，各种筹资比例的不同，即资金结构的不同，导致资金成本的不同。

7. 通货膨胀

通货膨胀通常以通货膨胀率来衡量。通货膨胀率是名义收益率与实际收益率之间的差异，是对因货币购买力风险而进行的补偿。通货膨胀作为系统性风险，对项目收益会产生一定影响。一般情况下，通货膨胀率越高，资金成本越高。

8. 政府宏观政策

政府宏观政策也是资金成本的影响因素。例如能源、环保、城市基础设施等属于国家支持的建设项目可以获得利率比较优惠的贷款，从而可以降低资金成本。

3.2.4 资金成本的计算

1. 资金成本计算的一般形式

资金成本的表示方法有两种，即绝对数表示方法和相对数表示方法。绝对数表示方法是指为筹集和使用资本到底付出了多少费用；相对数表示方法则是通过资金成本率来表示，用每年用资费用与筹得的资金净额（筹资金额与筹资费用之差）之间的比率来定义。由于在不同条件下筹集资金的数额不相同，成本便不相同，因此，资金成本通常以相对数表示。其计算公式为

$$K=\frac{D}{P-F}=\frac{D}{P(1-f)} \tag{3-1}$$

式中　K——资金成本率；

P——筹集资金总额；

D——资金占用费；

F——筹资费；

f——筹资费率（即筹资费占筹集资金总额的比率）。

2. 各种资金来源的资金成本

项目公司从不同渠道、以不同方式取得资本所付出的代价和承担的风险是不同的，因此，各种资金来源的资金成本是不同的。项目的长期资金一般有优先股、普通股、留存收益、长期借款、债券、租赁等，其中前三者统称权益资金，后三者统称债务资金。根据资金来源，相应地分为优先股成本、普通股成本、留存收益成本、长期贷款成本、债券成本、租赁成本等，前三者统称权益资金成本，后三者统称债务资金成本。

（1）债务资金成本。

1）银行长期贷款的资金成本。银行长期贷款的资金成本，主要包括借款利息和筹资成本。借款利息在会计制度中属于税前抵扣成本，在不考虑前期筹资费用的前提下，资金成本的计

算公式为

$$K_d = (1-T) \times R_d \tag{3-2}$$

式中 K_d——银行长期贷款资金成本率；

T——所得税税率；

R_d——银行贷款年利率。

考虑前期筹资费用的前提下，资金成本的计算公式为

$$K_d = \frac{R_d(1-T)}{1-f_d} \tag{3-3}$$

式中 f_d——银行长期贷款筹资费率。

［例 3-3］某项目长期贷款 200 万元，年利率 10%，每年付息一次，借款期限为 3 年，筹资费用率为 1%，企业所得税税率为 25%。试计算该项长期贷款的资金成本。

解：

$$K_d = \frac{R_d(1-T)}{1-f_d} = \frac{10\% \times (1-25\%)}{1-1\%} = 7.6\%$$

2）发行债券的资金成本。它主要包括债券利息和筹集债券费用。其计算公式为

$$K_b = \frac{I_b(1-T)}{B(1-f_b)} = \frac{R_b(1-T)}{1-f_b} \tag{3-4}$$

式中 K_b——债券资金成本率；

T——所得税税率；

R_b——债券年利率；

I_b——债券年利息；

B——债券筹资额；

f_b——债券筹资费率。

［例 3-4］某建设项目为筹集资金发行长期债券，每年计息一次，债券年利息率为 11%。该债券筹集费用率为 5%，所得税税率为 25%。试计算该长期债券的资金成本。

解：

$$K_b = \frac{R_b(1-T)}{1-f_b} = \frac{11\% \times (1-25\%)}{1-5\%} = 8.68\%$$

由于债券的发行价格受发行市场利率的影响，使发行价格出现等价、溢价、折价等情况，因此在计算债券成本时，债券的利息按票面利率确定，但债券的筹资金额按照发行价格计算。

［例 3-5］某建设项目发行总面值 1000 万元的 3 年期债券，采用折价发行，筹集资金总额 980 万元，发行费率为 5%，票面利率为 10%，企业所得税税率为 25%。试求该债券的资金成本。

解：

$$K_b = \frac{I_b(1-T)}{B(1-f_b)} = \frac{1000 \times 10\% \times (1-25\%)}{980 \times (1-5\%)} = 8.06\%$$

3）租赁成本。建设项目为进行生产经营租入某项资产，获得其使用权，要定期支付租金，并且租金列入企业成本，可以减少应付所得税。租金成本的计算公式为

$$K_{\mathrm{L}}=\frac{E}{P_{\mathrm{L}}}\times(1-T) \tag{3-5}$$

式中　K_{L}——租赁成本率；

P_{L}——租赁资产价值；

E——年租金额；

T——所得税税率。

（2）权益资金成本。

1）优先股资金成本。优先股最大的特点是每年的股利不是固定不变的，当项目运营过程中出现资金紧张时可暂不支付。但因其股息是在税后支付，无法抵消所得税，因此，筹资成本大于债券，这对企业来说是必须支付的固定成本。优先股的资金成本率计算公式为

$$K_{\mathrm{p}}=\frac{D_{\mathrm{p}}}{P_{\mathrm{p}}(1-f_{\mathrm{p}})}=\frac{R_{\mathrm{p}}}{1-f_{\mathrm{p}}} \tag{3-6}$$

式中　K_{p}——优先股资金成本率；

D_{p}——优先股年股息；

P_{p}——优先股筹资额；

R_{p}——优先股年股息率；

f_{p}——优先股筹资费率。

［例 3-6］某建设项目发行优先股股票，市值为 1500 万元，年股息率为 14%，筹资费率为 5%。试计算该优先股的资金成本。

解：

$$K_{\mathrm{p}}=\frac{R_{\mathrm{p}}}{1-f_{\mathrm{p}}}=\frac{14\%}{1-5\%}=14.74\%$$

2）普通股资金成本。普通股股本可以通过两种方式获得：一是留存盈余转普通股；二是发行普通股。如果股份公司不是将其税后净盈利以发放股利的形式分配给股东，而是留存这部分净盈利作为资本再投资，实际上相当于股东对股份公司追加投资。新发行普通股的资金成本除了资金的使用费（即股利）外，还包括筹资费用（或发行费用）。新发行普通股资金成本的计算公式为

$$K_{\mathrm{c}}=\frac{D_{\mathrm{c}}}{P_{\mathrm{c}}(1-f_{\mathrm{c}})}+g=\frac{R_{\mathrm{c}}}{1-f_{\mathrm{c}}}+g \tag{3-7}$$

式中　K_{c}——普通股资金成本率；

D_{c}——普通股预计年股利；

P_{c}——普通股票面价值；

R_{c}——普通股预计年股利率；

g——普通股利年增长率；

f_c——普通股筹资费率。

［例 3-7］某建筑公司新发行普通股，共计 2000 万元，预计第一年股票收益率为 10%，以后每年增长 2%，筹资费用率为 3%。该公司新发行普通股的资金成本为多少？

解：

$$K_c = \frac{R_c}{1-f_c} + g = \frac{10\%}{1-3\%} + 2\% = 12.31\%$$

3）留存收益资金成本。留存收益是企业交纳所得税后形成的，其所有权属于股东。股东将这一部分未分配的税后利润留在企业，实质上是对其追加投资。对此，股东将要求一定的报酬。其性质同普通股相似，但不考虑筹资费用。其计算公式为

$$K_R = \frac{D_c}{P_c} + g \tag{3-8}$$

式中 K_R——留存收益资金成本率。

3. 综合资金成本

建设项目采用两种以上筹资方式进行筹资时，在计算各筹资方式资金成本的基础上，还需要计算整个融资方案的资金成本状况。综合资金成本是以各种渠道筹来资金占全部资金的比重为权数，对各筹资方式资金成本进行加权平均确定的。其计算公式为

$$K_w = \sum_{i=1}^{n} K_i \times W_i \tag{3-9}$$

式中 K_w——综合资金成本率；

K_i——第 i 个筹资方式的资金成本率；

W_i——第 i 个筹资方式筹集的资金占全部资金的比重。

［例 3-8］某建设项目共需筹集资金 1 亿元。其中，银行贷款 2000 万元，发行债券 3000 万元，发行普通股股票 4000 万元，使用留存收益资金 1000 万元。其资金成本率分别为 5%、7%、12%、6%。试计算该建设项目的资金综合成本。

解：

$$K_w = 5\% \times \frac{2000}{10\,000} + 7\% \times \frac{3000}{10\,000} + 12\% \times \frac{4000}{10\,000} + 6\% \times \frac{1000}{10\,000} = 8.5\%$$

3.3 筹资决策

建设项目的筹资决策是指为满足项目（企业）融资的需要，对筹资途径、筹资数量、筹资时间、筹资成本、筹资风险和筹资方案进行评价和选择，从而确定一个最优资金结构的分析判断过程。筹资决策的核心，就是在多种渠道、方式的筹资条件下，如何利用不同的筹资方式力求筹集到最经济、资金成本最低的资金来源，其基本思想是实现资金来源的最佳结构，也就是使项目平均资金成本率达到最低限度时的资金来源结构。

3.3.1　筹资结构、效益和风险

1. 筹资结构

筹资结构也称资本（资金）结构，是指项目（企业）在筹集资金时，由不同筹资方式获得的资金之间的有机构成及其比重关系。筹资结构有广义和狭义之分。

广义的筹资结构是指项目全部资金的构成及其比例管理，它不仅包括权益资金和长期债务资金，还包括短期债务资金。

狭义筹资结构是指项目各种长期资金的构成及其比例关系。

2. 筹资效益与风险

筹资效益是指在项目经营收益既定的条件下，通过降低资金成本、减少筹资风险、优化筹资结构等对项目最终经济效益的影响。

项目筹资效益总是与风险联系在一起，而筹资风险是客观存在的。首先，项目筹资活动必须以较小的筹资成本获取较多的资金。因此，项目必须有效地降低筹资过程中的各项费用，尽可能使利息、股利等支出降低，从而增加项目的总价值；其次，项目还必须以较小的筹资风险获取同样多的资金。可以说，风险与收益是一种对称关系，它要求等量的筹资风险带来等量的收益。一般来讲，风险系数越大，收益率越高；风险系数越小，收益率越低。

要提高筹资效益，首先要确定筹资活动的内部控制目标，即努力控制筹资风险；保证筹资活动必须经过授权批准；保证筹资活动的合法性和合规性；合理地摊销长期债券的溢价和折价；正确计提和适当地支付利息、股利。为了更加有效地提高筹资效益，必须做好以下几方面的工作：

（1）有效地降低资金成本。资金成本是项目（企业）筹集资金所花费的代价，包括筹资费用和资金占用费。资金成本的高低直接影响到筹资效益。所以，项目（企业）在筹资时，一方面要降低筹资风险；另一方面要使综合资金成本降至最低，以提高筹资效益。

（2）选择最佳筹资结构。项目（企业）在进行筹资决策时，应该在控制筹资风险与谋求最大收益之间寻求一种平衡，也就是寻求最佳的筹资结构。采取最佳筹资结构，能为企业节约大量的资金使用成本和筹资成本，提高资金利用率。确定最佳筹资结构，主要搞好两个比例关系：一是资本金与债务资金的比例；二是长期资金与短期资金的比例。从资本金的使用成本看，它比债务资金少投入资金成本，但资金的时间价值和投资风险依然存在，所以如果在其他条件不变的情况下，资金成本较低的时候可加大债务资金比例；反之，在资金成本较高时，可适当缩减债务资金比例。长期资金和短期资金的比例是资金来源结构的另一重要比例关系，这两项资金的物质基础是固定资产和流动资产。一般来说，固定资产应与长期资金相适应，流动资产应与短期资金相适应，但也不完全一致，主要看经营者采用什么经营方式及企业的内、外部条件。当然，长期资金和短期资金之间的比例关系还受资本金和债务资金影响，同时长期资金来源和短期资金来源的比例也影响资本金和债务资金的比例。

（3）选择适当的筹资方式。筹资方式是指可供项目（企业）在筹措资金时选用的具体筹资形式。各种筹资方式的代价不一样，对单位的资金结构和竞争力的影响也不一样。企业在选择筹资方式时，必须考虑筹资方式是否有利于提高企业的竞争力，同时付出的整体代价是

否较小、筹资效益是否较好。

（4）选择最佳的筹资期限。筹资按照期限可以分为短期筹资和长期筹资，它们的筹资风险和筹资成本有所差异。企业所筹集的资金既可以投入短期资产，也可以投入长期资产，其风险和收益也是不同的。各企业要在风险与收益之间进行合理的选择，选择最佳的筹资期限。这样，既可以降低资金成本，又可以减少资金的闲置。

（5）合理安排利率预期。合理安排利率预期对发行债券筹资非常重要。例如，同样是通过发行债券筹资 100 万元，期限为 3 年，若筹资时进行利率预期，未来利率将由 10%上升到 12%，则应按照现在 10%的利率发行 3 年期的债券；若预期利率将由 10%下降到 8%，则应按 10%的利率发行 1～2 年期的债券。等利率下降时，按下降后的利率发行债券，以新债还旧债，这样可以降低筹资成本。

（6）积极利用股票增值机制。对项目（企业）而言，要降低股权的资金成本，就应尽可能地采用多种方式转移投资者对股利的偏好，而转向市场实现其投资增值，通过股票增值机制降低企业实际的资金成本。当然，股票增值机制作用的发挥存在两个前提：一是要有完善的股票市场；二是企业的经营收益或潜在收益较大，企业的市场价值较高。因此，努力提高企业的经营实力和竞争能力，扩大市场份额，可直接减少股利分配的压力，降低股票的筹资成本。

3.3.2 筹资结构分析

1. 项目资本金与债务资金比例

如前所述，项目建设资金的权益资金和债务资金结构是筹资方案制定中必须考虑的一个重要方面。在项目总投资和投资风险一定的条件下，项目资本金比例越高，权益投资人投入项目的资金越多，承担的风险越高，而提供债务资金的债权人承担的风险越低。从权益投资人的角度考虑，项目融资的资金结构应追求以较低的资本金投资争取较多的债务资金；另外，由于债务资金的利息在所得税前列支，在考虑企业所得税的基础上，债务资金要比项目资本金的资金成本低很多，由于财务杠杆作用，适当的债务资金比例能够提高项目资本金财务内部收益率。对于大多数项目，资本安排中实际的筹资结构必须在项目资本金和债务资金间达到一个合理的比例关系，它们之间的合理比例需要由各个参与方的利益平衡决定。

［例 3-9］表 3-1 是某项目的筹资结构比较表，试分析该项目的筹资结构。

表 3-1　　筹资比较表

债务资金比率/（%）	权益资金成本率/（%）	债务资金成本率/（%）	综合资金成本率/（%）
0	10	6	10
20	12.5	6	11.2
30	13	7	11.2
35	13	7	10.9
40	14	8	11.6
50	16	12	14
60	19.5	17	18

[**解析**] 从表 3-1 中可看出，随着债务资金比率逐渐上升，债务资金成本率由慢升到突高，综合资金成本率发生“高—低—高”的波动。当债务资金比率小于 35%时，没有充分发挥财务杠杆的作用，综合资金成本较高；当负债比例大于 35%时，因融资风险增加带动各项资金成本上升，使得总资金成本趋高。所以，在负债占 35%时，综合资金成本最小。负债在 20%～40%范围内，资金成本在 11%左右，该项目可以在较大范围内调整，有利于综合考虑各种因素来确定筹资结构。由此可见，过高的负债是不合理的。

2. 项目资本金结构

项目资本金内部结构比例是指项目投资各方的出资比例。投资方对项目不同的出资比例决定了投资各方对项目的建设和经营所享有的决策权、应承担的责任及项目收益的分配。采用新设法人筹资方式的项目，应根据投资各方在资本、技术、人力和市场开发等方面的优势，通过协商确定各方的出资比例、出资形式和出资时间。采用既有法人筹资方式的项目，在确定项目资本金结构时，要考虑既有法人的财务状况和筹资能力，合理确定既有法人内部筹资与新增资本金在项目筹资总额中所占的比例，分析既有法人内部筹资与新增资本金的可能性与合理性。

3. 项目债务资金结构

在一般情况下，项目融资中债务融资占有较大的比例，因此，项目债务资金的筹集是解决项目融资的筹资结构问题的核心。项目债务资金结构比例反映债权各方为项目提供债务资金的数额比例、债务期限比例、内债和外债的比例，以及外债中各币种债务的比例等。不同类型的债务资金融资成本不同，融资的风险也不一样。

选择债务融资的结构应该考虑以下几个方面：

（1）债务期限配比。如前所述，长短期负债借款需要合理搭配。短期借款利率低于长期借款，适当安排一些短期融资可以降低总的融资成本，但如果过多地采用短期融资，会使项目公司的财务流动性不足，项目的财务稳定性下降，产生过高的财务风险。

（2）债务偿还顺序。长期债务需要根据一个事先确定下来的比较稳定的还款计划表来还本付息。对于从建设期开始的项目融资，债务安排中一般有一定的宽限期。在此期间，贷款的利息可以资本化。

（3）境内外借款比重。对于借款公司来讲，使用境外借款或国内银行外汇贷款，如果贷款条件一样，则没有区别。境内外借款主要决定于项目使用外汇的额度，同时可能主要由借款取得可能性及方便程度决定。但是对于国家来讲，项目使用境外贷款，相对于使用国内银行的外汇贷款而言，国家的总体外汇收入增加，对于当期的国家外汇平衡有利。但对于境外贷款偿还期内的国家外汇平衡，会产生不利影响。从项目的资金平衡利益考虑，如果项目的产品销售不取得外汇，应当尽量不要使用外汇贷款；投资中如果需要外汇，可以采取投资方注入外汇或以人民币购汇。

（4）利率结构。项目融资中的债务资金利率主要为浮动利率、固定利率及浮动/固定利率 3 种机制。评价项目融资中应该采用何种利率结构，需要综合考虑三方面的因素，即项目的现金流量特征、市场利率的走向、融资风险控制。

（5）货币结构。项目融资债务资金的货币结构可以依据项目现金流量的货币结构加以设计，以减少项目的外汇风险。不同币种的外汇汇率是不断变化的。如果条件许可，项目使用外汇贷款需要仔细选择外汇币种。外汇贷款的借款币种与还款币种有时可以是不同的。通常考虑的是还款成本，选择币值较为软弱的币种作为还款币种。这样，当这种外汇币值下降时，还款金额相对降低。

3.3.3 筹资决策的程序要求

项目在进行筹资决策时要遵循一定的程序，主要包括以下几点：

（1）明确投资需要，制定筹资计划。项目首先要确定资金使用数量及筹资目标，合理制定筹资计划，分阶段进行资金的筹集。

（2）分析寻找筹资渠道，明确可筹资金的来源。资金的来源可能有很多，但由于不同来源渠道产生的资金成本不同，因此要选择资金成本适宜、获得可能性较高、资金利用率高的资金来源。

（3）计算各个筹资渠道的筹资成本费用，即计算筹资费用率。银行长期贷款的筹资成本主要是利息和贷款交际费用；股票筹资主要是股票发行费用。

（4）分析项目现有负债结构，明确还债风险时期。如前所述，项目当前负债结构是筹资决策的依据之一。受还款能力限制，项目将放弃一些筹资来源。项目应合理运用财务杠杆，追求最佳资产负债比例。

（5）分析企业未来现金收入流量，明确未来不同时期的还债能力。依照计算得出的还债风险时期，在优化资本金、负债资金结构的基础上，选择安排筹资比例和数量。

（6）权衡还债风险和筹资成本，拟定筹资方案。在还债风险可承担的限度内，尽可能选择资金成本率低的筹资渠道，以取得资金。具体的筹资方案要考虑一定时期资金的使用数量、资金成本、还款风险、项目经营预期等因素，而其中最主要的因素就是资金成本，因此要计算出所有资金来源的资金成本，选择最佳组合。

（7）进行筹资决策分析，判断选择最佳筹资方案。有时筹资方案并不唯一，这就要求项目决策者在众多筹资方案中选择最佳方案，具体选择时可以采用定性分析与定量分析相结合的方法。

本章小结

项目资金的筹集也叫融资，是指通过各种渠道，采用不同的方式筹集项目建设过程中所需要的资金。建设工程项目资金来源可分为建设项目公司的资本金和债务资金两部分。建设项目融资方式按建设项目法人的不同，分为新设项目法人和既有项目法人两种方式。项目资本金的来源主要包括政府投资、股东直接投资和发行股票。负债筹资来源主要包括银行贷款、发行债券、设备租赁和借用国外资金。

资金成本是指建设项目筹集和使用资金而支付的成本，包括资金筹集和资金占用两部分成本。资金筹集成本属于一次性费用，资金的筹集次数越多，成本越高。影响资金成本的因素主要有融资金额、融资时间、资金市场供求关系、建设项目法人的担保能力、建设项目法人的信用等级、资金结构、通货膨胀和政府宏观政策等因素。

建设项目的筹资决策是指为满足项目（企业）融资的需要，对筹资途径、筹资数量、筹资时间、筹资成本、筹资风险和筹资方案进行评价和选择，从而确定一个最优资金结构的分析判断过程。

思　考　题

1. 项目资金筹措应遵循哪些基本原则？
2. 项目债务资金的筹措渠道有哪些？
3. 影响资金成本的因素有哪些？
4. 各种资金来源的资金成本一般包括哪些种类？
5. 简述项目筹资决策的程序要求。

练　习　题

1. 某公司取得银行长期贷款 500 万元，年利率为 10%，期限 5 年，每年付息一次，到期一次还本。筹资费用率为 0.5%，所得税税率为 25%。该银行长期贷款的成本是多少？

2. 假设某长期债券的总面值为 600 万元，该债券折价发行，总价为 560 万元，期限 3 年，票面利率为 11%，每年付息，到期一次还本，筹资费用率为 2%，所得税税率为 25%。该债券的资金成本为多少？

3. 某公司发行优先股总面值 200 万元，总发行价 250 万元，筹资费用率为 5%，优先股年股利率为 13%。该优先股成本为多少？

4. 某公司新发行普通股 800 万股，每股发行价格为 10 元，筹资费用率为 5%，第一年年末每股发放股利 0.8 元，预计每年增长 2%。该普通股的资金成本是多少？

5. 某公司账面反映的长期资金共有 1000 万元，其中长期借款 200 万元，债券 200 万元，优先股 100 万元，普通股 300 万元，留存收益 200 万元，其资金成本率分别为 6.7%、8.64%、10.5%、14.5%、14%。该公司的加权平均资金成本是多少？

第 4 章 建设项目的经济效果评价

学习要点

通过本章的学习，学生应掌握反映项目盈利能力指标的评价方法、反映项目偿债能力指标的评价方法；熟悉经济效果评价的方法与程序、基本财务报表与指标体系；了解建设项目经济效果评价的概念、作用、基本内容。

4.1 经济效果评价概述

建设工程经济分析的任务就是要根据所考察工程的预期目标和所拥有的资源条件，分析该工程的现金流量情况，选择合适的技术方案，以获得最佳的经济效果。技术方案是工程经济最直接的研究对象，而选择评判最佳的经济效果、提出最佳技术方案则是工程经济研究的目的。

4.1.1 经济效果评价的概念与基本内容

所谓经济效果评价，就是根据国民经济与社会发展，以及行业、地区发展规划的要求，在拟定的工程建设方案、财务效益与费用估算的基础上，采用科学的分析方法对工程建设方案的财务可行性和经济合理性进行分析论证，为项目科学决策提供依据。

经济效果评价又称财务评价，应在项目财务效益与费用估算的基础上进行。对于经营性项目，经济效果评价是从建设项目的角度出发，根据国家现行财政、税收和现行市场价格，计算项目的投资费用、产品成本与产品销售收入、税金等财务数据，通过编制经济效果评价报表，计算财务指标，分析项目的盈利、偿债和财务生存能力，据此考察建设项目的财务可行性和财务可接受性，明确项目对财务主体及投资者的价值贡献，并得出经济效果评价的结论。投资者可根据项目经济效果评价结论、项目投资的财务状况和投资者所承担的风险程度决定是否应该投资建设。对于非经营性项目，经济效果评价应主要分析项目的财务生存能力。

（1）财务盈利能力分析。项目的盈利能力分析是指分析和测算建设项目计算期的盈利能力和盈利水平。其主要分析指标包括项目投资财务内部收益率和财务净现值、项目资金财务内部收益率、投资回收期、总投资收益率和项目资本金净利润率等，可根据项目的特点及经济效果评价的目的和要求等选用。

（2）偿债能力分析。投资项目的资金构成一般可分为借入资金和自有资金，自有资金可长期使用，而借入资金必须按期偿还。项目的投资者主要关心项目偿债能力，借入资金的所有者——债权人则关心贷出资金能否按期收回本息。项目偿债能力分析可在编制项目借款还本付息计算表的基础上进行。在计算中，通常采用“有钱就还”的方式，贷款利息一般做以下约定：长期借款，当年贷款按半年计息，当年还款按全年计息。

（3）财务生存能力分析。财务生存能力分析是根据项目财务计划现金流量表，通过考察项目计算期内的投资、融资和经营活动所产生的各项现金流入和流出，计算净现金流量和累计盈余资金，分析项目是否有足够的净现金流量维持正常运营，以实现财务的可持续性。

财务生存能力分析应结合偿债能力分析进行，如果拟安排的还款期过短，致使还本付息负担过重，导致为维持资金平衡必须筹措的短期借款过多，可以调整还款期，减轻各年还款负担。

通常，因运营期前期的还本付息负担过重，故应特别注重运营期前期的财务生存能力分析。通过以下相辅相成的两个方面可具体判断项目的财务生存能力：

1）拥有足够的经营净现金流量是财务可持续的基本条件，特别是在运营初期。一个项目具有较大的经营净现金流量，说明项目方案比较合理，实现自身资金平衡的可能性大，不会过分依赖融资来维持运营；反之，一个项目不能产生足够的经营净现金流量，或经营净现金流量为负值，说明维持项目正常运行会遇到财务上的困难，项目方案缺乏合理性，实现自身资金平衡的可能性小，有可能要靠短期融资来维持运营；或者是非经营项目本身无能力实现自身资金平衡，提示要靠政府补贴。

2）各年累计盈余资金不出现负值是财务生存的必要条件。在整个运营期间，允许个别年份的净现金流量出现负值，但不能容许任何一个年份的累计盈余资金出现负值。一旦出现负值时应适时进行短期融资，该短期融资应体现在财务计划现金流量表中，同时短期融资的利息也应纳入成本费用和其后的计算。较大的或较频繁的短期融资，有可能导致以后的累计盈余资金无法实现正值，致使项目难以持续经营。

4.1.2　经济效果评价的程序与作用

1. 经济效果评价的程序

（1）熟悉建设项目的基本情况。熟悉建设项目的基本情况，包括投资目的、意义、要求、建设条件和投资环境，做好市场调研和预测，以及项目技术水平研究和设计方案。

（2）收集、整理和计算有关技术经济数据资料与参数。技术经济数据资料与参数是进行项目经济效果评价的基本依据，所以在进行经济效果评价前，必须先预测和选定有关的技术经济数据与参数。所谓预测和选定技术经济数据与参数，就是收集、估计、预测和选定一系列技术经济数据与参数，主要包括以下几点。

1）项目投入物和产出物的价格、费率、税率、汇率、计算期、生产负荷及基准收益率等。

2）项目建设期间分年度投资支出额和项目投资总额。项目投资包括建设投资和流动资金需要量。

3）项目资金来源方式、数额、利率、偿还时间，以及分年还本付息数额。

4）项目生产期间的分年产品成本。

5）项目生产期间的分年产品销售数量、营业收入、营业税金及附加和营业利润及其分配数额。

（3）编制基本财务报表。经济效果评价所需财务报表包括各类现金流量表（包括项目投资现金流量表、项目资本金现金流量表、投资各方现金流量表）、利润与利润分配表、财务计划现金流量表、资产负债表等。

（4）计算与分析经济效果评价指标。经济效果评价指标包括反映项目盈利和偿债能力的指标。

（5）提出经济效果评价结论。将计算出的有关指标值与国家有关基准值进行比较，或与经验标准、历史标准、目标标准等加以比较，然后从财务的角度提出项目是否可行的结论。

2. 经济效果评价的作用

经济效果评价在建筑工程经济分析中起着重要的作用。

（1）经济效果评价是评价项目财务状况的重要依据。通过经济效果评价，可以了解项目的现金流量状况、营运能力、盈利能力、清偿能力，有利于投资者及相关人员客观评价财务状况。

（2）经济效果评价是为债权人、投资者提供正确信息以实施决策的工具。投资者可以通过经济效果评价，了解项目获利和清偿能力，预测投资后的风险程度及收益水平，从而做出正确决策。

（3）经济效果评价是搞好项目管理的基础。通过分析项目的资金筹措、贷款清偿，可以预测项目的投资可靠性、贷款偿还能力，为控制投资规模、实行项目招投标等提供参考依据，帮助投资者在项目建设期内合理分配资源。

4.1.3 经济效果评价方法

由于经济效果评价在建筑工程经济分析中起着重要作用，为保证其科学性及严谨性，准确反映项目投资效果，慎重选择经济效果评价方法就显得尤为重要。

1. 经济效果评价的基本方法

经济效果评价的基本方法包括确定性评价和不确定性评价方法两类，对于同一个建设项目，应该从确定性评价与不确定性评价两个方面进行评价。本章着重进行确定性评价，不确定性分析评价将在本书第 5 章进行详细介绍。

2. 按评价方法的性质分类

根据评价方法的性质，经济效果评价分为定量分析和定性分析。

（1）定量分析。定量分析是指对可度量因素的分析方法，在经济效果评价中考虑的定量分析因素主要包括资产价值、资本成本、有关销售额、成本等。

（2）定性分析。定性分析是指对无法精确度量的重要因素实行的估量分析方法，即对难以量化、不可量化的因素进行分析的方法，或在量化分析前对问题所进行的定性描述。

在项目经济效果评价中，是通过对项目设计、建设、运营等过程中的现金流量进行计算和分析，得到反映项目一系列投资运营水平的指标数值，再对这些指标数值进行分析和判断，因此建设项目经济效果评价是建立在定量分析的基础之上的，需要通过各种数学模型对数量进行分析，从而得出结论。同时，由于建设项目运营的全过程非常复杂，外部影响因素也很多，这些因素有时不能被量化，这就需要准确、较为客观地进行定性分析，结合定量分析的方法最终得出准确的结论。

3. 按评价方法是否考虑时间因素分类

对定量分析按其是否考虑时间因素，又可分为静态分析和动态分析。

（1）静态分析。在进行财务分析的过程中，有时不考虑资金的时间价值，直接将指标的数值进行加减运算，这就是静态分析法。

（2）动态分析。资金是随着时间的推移发生增值的（详见本书第 2 章的相关内容），在计算和分析中必须考虑资金的时间价值，在寿命期内进行资金时间价值的换算，即将不同时点上的资金折算到某一特定时点，进行资金的加减运算，这种分析法称为动态分析。

在财务分析的过程中以动态分析为主，辅之以静态分析。

4. 按评价是否考虑融资分类

财务分析可分为融资前分析和融资后分析。通常，项目先进行融资前分析，在融资前分析满足要求的前提下，初步设定融资方案，再进行融资后分析。

（1）融资前分析。融资前分析应以动态分析为主，静态分析为辅。融资前动态分析应以营业收入、建设投资、经营成本和流动资金的估算为基础，考察整个计算期内现金流入和现金流出，编制项目投资现金流量表，利用资金时间价值的原理进行折现，计算项目投资内部收益率和净现值等指标。融资前分析排除融资方案变化的影响，从项目投资总获利能力的角度考察项目方案设计的合理性。融资前分析计算的相关指标，应作为初步投资决策与融资方案研究的依据和基础。

根据分析的角度不同，融资前分析可计算所得税前指标和（或）所得税后指标。

（2）融资后分析。融资后分析应以融资前分析和初步的融资方案为基础，考察项目在拟定融资条件下的盈利、偿债和财务生存能力，判断项目方案在融资条件下的可行性。融资后的盈利能力分析也应包括动态分析和静态分析。

1）动态分析。动态分析是通过编制财务现金流量表，根据资金时间价值原理，计算财务内部收益率、财务净现值等指标，分析项目的获利能力。融资后的动态分析包括下列两个层次：①项目资本金现金流量分析，是从项目权益投资者整体的角度，考察项目给项目权益投资者带来的收益水平，是在拟定的融资方案下进行的息税后分析，依据的报表是项目资本金现金流量表；②投资各方现金流量分析，应从投资各方实际收入和支出的角度，确定其现金流入和现金流出，分别编制投资各方现金流量表，计算投资各方的财务内部收益率指标，考察投资各方可能获得的收益水平。

2）静态分析。静态分析是不采取折现方式处理数据，主要依据利润与利润分配表，并借助现金流量表计算相关盈利能力指标。

上述财务报表称为基本财务报表，将在下节做详尽论述。

5. 按项目评价的时间分类

根据项目评价的时间，可分为事前评价、事中评价和事后评价。

（1）事前评价。事前评价是在建设项目实施前投资决策阶段所进行的评价。决策阶段的评价带有一定的预测性、趋势性，不是完全真实的结果，可能会有所偏差。

（2）事中评价。事中评价也称跟踪评价，是在项目建设过程中所进行的评价。项目建设前所做的评价条件可能会在项目建设过程中发生变化，或者是已经作出的评价结论还有不完善、不到位的情况存在，因此必须重新进行评价，对原结论进行必要的修改。

（3）事后评价。事后评价也称项目后评价，是在项目建设投入生产并达到正常生产能力后的总结评价。

4.2 基本财务报表与分析

4.2.1 资产负债表

资产负债表是指综合反映项目计算期各年年末资产、负债和所有者权益的增减变化及对应关系的一种报表。通过计算资产负债率、流动比率、速动比率等指标来分析项目的偿债能力（表 4-1）。

表 4-1 资产负债表 单位：万元

序号	项目	计算期					
		1	2	3	4	……	*n*
1	资产						
1.1	流动资产总额						
1.1.1	货币资金						
1.1.2	应收账款						
1.1.3	预付账款						
1.1.4	存货						
1.1.5	其他						
1.2	在建工程						
1.3	固定资产净值						
1.4	无形及其他资产净值						

续表

序号	项　　目	计　算　期					
		1	2	3	4	……	*n*
2	负债及所有者权益						
2.1	流动负债总额						
2.1.1	短期借款						
2.1.2	应付账款						
2.1.3	预收账款						
2.1.4	其他						
2.2	建设投资借款						
2.3	流动资金借款						
2.4	负债小计(2.1 + 2.2 + 2.3)						
2.5	所有者权益						
2.5.1	资本金						
2.5.2	资本公积						
2.5.3	累积盈余公积						
2.5.4	累积未分配利润						
计算指标：资产负债率/%							

注：1. 对外商投资项目，第 2.5.3 项改为累计储备基金和企业发展基金。

2. 对既有法人项目，一般只针对法人编制，可按需要增加科目，此时表中资本金是指企业全部实收资本，包括原有和新增的实收资本。必要时，也可针对“有项目”范围编制。此时表中资本金仅指“有项目”范围的对应数值。

3. 货币资金包括现金和累计盈余资金。

资产负债表中，负债包括流动负债总额、建设投资借款及流动资金借款。其中，应付账款指项目建设和运营中购进商品或接受外界提供劳务、服务而未付的欠款。流动资金借款是指从银行或其他金融机构借入的短期贷款。建设投资借款指项目建设期用于固定资产方面的期限在一年以上的银行借款、抵押贷款和向其他单位的借款。

资产负债表分析可以提供 4 个方面的财务信息：项目所拥有的经济资源、项目所负担的债务、项目的债务清偿能力及项目所有者所享有的权益。

4.2.2　利润与利润分配表

利润与利润分配表简称利润表。利润表反映项目计算期内各年的利润总额、所得税及净利润的分配情况，是用以计算总投资收益率、资本金净利润率等指标的一种报表（表 4-2）。

表 4-2　　**利润与利润分配表**　　单位：万元

序号	项　　目	合　计	计　算　期					
			1	2	3	4	……	*n*
1	营业收入							
2	营业税金及附加							
3	总成本费用							

续表

序号	项　目	合　计	计　算　期					
			1	2	3	4	……	n
4	补贴收入							
5	利润总额（1–2–3 + 4）							
6	弥补以前年度亏损							
7	应纳税所得额（5–6）							
8	所得税							
9	净利润（5–8）							
10	期初未分配利润							
11	可供分配利润（9 + 10）							
12	提取法定盈余公积金							
13	可供投资者分配利润（11–12）							
14	应付优先股股利							
15	提取任意盈余公积金							
16	应付普通股股利（13–14–15）							
17	各投资方利润分配							
18	未分配利润（13–14–15–17）							
19	息税前利润（利润总额 + 利息支出）							
20	息税折旧摊销前利润（息税前利润 + 折旧 + 摊销）							

注：1. 对于外商出资项目由第 11 项减去储备基金、职工奖励与福利基金和企业发展基金后，得出可供投资者分配的利润。
2. 第 14～16 项根据企业性质和具体情况选择填列。
3. 法定盈余公积金按净利润计提。

表 4-2 中，利润总额是项目在一定时期内实现盈亏总额，即营业收入扣除营业税金及附加、总成本费用和补贴收入之后的数额。用公式表示为

$$\text{利润总额} = \text{营业收入} - \text{营业税金及附加} - \text{总成本费用} + \text{补贴收入} \tag{4-1}$$

项目在上一个年度发生亏损，可用当年获得的所得税前利润弥补；当年所得税前利润不足弥补的，可以在 5 年内用所得税前利润延续弥补；延续 5 年未弥补的亏损，用缴纳所得税后的利润弥补。

目前，企业所得税的税率为 25%。具体计算公式为

$$\text{应纳所得税额} = \text{应纳税所得额} \times \text{税率} - \text{减免和抵免的税额} \tag{4-2}$$

$$\text{应纳税所得额} = \text{收入总额} - \text{准予扣除项目金额} - \text{允许弥补的以前年度亏损} \tag{4-3}$$

所得税后利润的分配按照下列顺序进行：①提取法定盈余公积金；②向投资者分配优先股股利；③提取任意盈余公积金；④向各投资方分配利润，即应付普通股股利；⑤未分配利润，即为可供分配利润减去以上各项应付利润后的余额。

4.2.3 现金流量表

1. 现金流量

如本书第 2 章所述，现金流量是现金流入量与现金流出量的统称，又叫现金流动。它将

一个项目作为一个独立系统，反映项目在计算期内实际发生的现金流入和现金流出活动情况及其流动数量。项目的现金流出量是指在某一时间内发生的能够导致现金存储量减少的现金流动，简称现金流出；现金流入量是指能够导致现金存储量增加的现金流动，简称现金流入。

2. 现金流量表

（1）项目投资现金流量表。用于计算项目投资内部收益率及净现值等经济效果评价指标（表4-3）。其中，调整所得税为以息税前利润为基数计算的所得税，区别于“利润与利润分配表”、“项目资本金现金流量表”和“财务计划现金流量表”中的所得税。

表4-3 项目投资现金流量表 单位：万元

序号	项目	合计	计算期					
			1	2	3	4	……	n
1	现金流入							
1.1	营业收入							
1.2	补贴收入							
1.3	回收固定资产余值							
1.4	回收流动资金							
2	现金流出							
2.1	建设投资							
2.2	流动资金							
2.3	经营成本							
2.4	营业税金及附加							
2.5	维持运营投资							
3	所得税前净现金流量（1–2）							
4	累积所得税前净现金流量							
5	调整所得税							
6	所得税后净现金流量（3–5）							
7	累积所得税后净现金流量							

计算指标：
项目投资财务内部收益率(所得税前)/%
项目投资财务内部收益率(所得税后)/%
项目投资财务净现值(所得税前)(i_c=%)
项目投资财务净现值(所得税后)(i_c=%)
项目投资回收期(所得税前)/年
项目投资回收期(所得税后)/年

注：1. 本表适用于新设法人项目与既有法人项目的增量和“有项目”的现金流量分析。
2. 调整所得税为以息税前利润为基数计算的所得税，区别于“利润与利润分配表”、“项目资本金现金流量表”和“财务计划现金流量表”中的所得税。

项目投资现金流量表中的“所得税”应根据息税前利润乘以所得税率计算，称为“调整所得税”。原则上，息税前利润的计算应完全不受融资方案变动的影响，即不受利息多少的影响，包括建设期利息对折旧的影响（因为这种变动会对利润总额产生影响，进而影响息税前利润）。但如此将会出现两个折旧和两个息税前利润（用于计算融资前所得税得息税前利润和利润表中的息税前利润)。为简化起见，当建设期利息占总投资比例不是很大时，也可按利润表中的息税前利润计算调整所得税。

（2）项目资本金现金流量表。项目资本金现金流量表是指以投资者（即项目法人）的出资额作为计算基础，从项目资本金的投资者角度出发，把借款本金偿还和利息支付作为现金流出，用以计算项目资本金的财务内部收益率、财务净现值等技术经济指标的一种现金流量表（表 4-4）。项目资本金包括用于建设投资、建设期利息和流动资金的资金。

表 4-4 **项目资本金现金流量表** 单位：万元

序号	项　目	合　计	计　算　期					
			1	2	3	4	……	*n*
1	现金流入							
1.1	营业收入							
1.2	补贴收入							
1.3	回收固定资产余值							
1.4	回收流动资金							
2	现金流出							
2.1	项目资本金							
2.2	借款本金偿还							
2.3	借款利息支付							
2.4	经营成本							
2.5	营业税金及附加							
2.6	所得税							
2.7	维持运营投资							
3	净现金流量(1-2)							

计算指标：
资本金财务内部收益率/%

注：1. 项目资本金包括用于建设投资、建设期利息和流动资金的资金。
2. 对外商投资项目，现金流出中应增加职工奖励及福利资金科目。
3. 本表适用于新设法人项目与既有法人项目“有项目”的现金流量分析。

（3）投资各方现金流量表。投资各方现金流量表反映项目投资各方现金流入流出情况，用于计算投资各方内部收益率（表 4-5）。实分利润是指投资者由项目获取的利润；资产处置收益分配是指对有明确合资期限或合营期限的项目，在期满时对资产余值按股比或约定比例的分配；租赁费收入是指出资方将自己的资产租赁给项目使用所获得的收入。

表 4-5 **投资各方现金流量表** 单位：万元

序号	项　目	合　计	计算期					
			1	2	3	4	……	*n*
1	现金流入							
1.1	实分利润							

续表

序号	项　　目	合　计	计算期					
			1	2	3	4	……	n
1.2	资产处置收益分配							
1.3	租赁费收入							
1.4	技术转让或使用收入							
1.5	其他现金流入							
2	现金流出							
2.1	实缴资本							
2.2	租赁资产支出							
2.3	其他现金流出							
3	净现金流量(1−2)							

计算指标：
投资各方财务内部收益率/%

注：本表可按不同投资方分别编制。
1. 投资各方现金流量表既适用于内资企业也适用于外商投资企业；既适用于合资企业也适用于合作企业。
2. 投资各方现金流量表中现金流入是指出资方因该项目的实施将实际获得的各种收入；现金流出是指出资方因该项目的实施将实际投入的各种支出。表中科目应根据项目具体情况调整。
a. 实分利润是指投资者由项目获取的利润。
b. 资产处置收益分配是指对有明确的合营期限或合资期限的项目，在期满时对资产余值按股比或约定比例的分配。
c. 租赁费收入是指出资方将自己的资产租赁给项目使用所获得的收入，此时应将资产价值作为现金流出，列为租赁资产支出科目。
d. 技术转让或适用收入是指出资方将专利或专有技术转让或允许该项目使用所获得的收入。

（4）财务计划现金流量表。财务计划现金流量表是反映项目计算期各年的投资、融资及经营活动的现金流入和流出，用于计算累积盈余资金，分析项目的财务生存能力（表 4-6）。

表 4-6　财务计划现金流量表　　单位：万元

序号	项　　目	合　计	计　算　期					
			1	2	3	4	……	n
1	经营活动净现金流量							
1.1	现金流入							
1.1.1	营业收入							
1.1.2	增值税销项税额							
1.1.3	补贴收入							
1.1.4	其他流入							
1.2	现金流出							
1.2.1	经营成本							
1.2.2	增值税进项税额							
1.2.3	营业税金及附加							
1.2.4	增值税							
1.2.5	所得税							

续表

序号	项　目	合　计	计　算　期					
			1	2	3	4	……	*n*
1.2.6	其他流出							
2	投资活动净现金流量							
2.1	现金流入							
2.2	现金流出							
2.2.1	建设投资							
2.2.2	维持运营投资							
2.2.3	流动资金							
2.2.4	其他流出							
3	筹资活动净现金流量							
3.1	现金流入							
3.1.1	项目资本金投入							
3.1.2	建设投资借款							
3.1.3	流动资金借款							
3.1.4	债券							
3.1.5	短期借款							
3.1.6	其他流入							
3.2	现金流出							
3.2.1	各种利息支出							
3.2.2	偿还债务本金							
3.2.3	应付利润（股利分配）							
3.2.4	其他流出							
4	净现金流量（1＋2+3）							
5	累积盈余资金							

注：1. 对于新设法人项目，本表投资活动的现金流入为零。
2. 对于既有法人项目，可适当增加科目。
3. 必要时，现金流出中可增加“应付优先股股利”科目。
4. 对外商投资项目应将职工奖励与福利基金作为经营活动现金流出。

4.3　经济效果评价指标与分析

根据基本财务报表，可以计算相应经济效果评价指标，项目指标取值与标准值进行比较，得出相应评价结论。

4.3.1　经济效果评价指标体系

经济效果评价的指标体系是最终反映项目财务可行性的数据体系。由于建设项目投资目标具有多样性，经济效果评价的指标体系也不是唯一的，根据不同的评价深度和可获得资料的多少及项目本身所处条件的不同可选用不同的指标，这些指标可以从不同层次、不同侧面来反映项目的经济效果。

建设项目经济效果评价指标体系根据不同的标准，可以作不同的分类形式，包括以下几种。

（1）根据是否考虑资金时间价值、进行贴现运算，可将常用方法与指标分为两类：静态分析方法与指标和动态分析方法与指标。前者不考虑资金时间价值、不进行贴现运算，后者则考虑资金时间价值、进行贴现运算（图 4-1）。

（2）按照指标的经济性质，可以分为时间性指标、价值性指标、比率性指标（图 4-2）。

（3）按照指标所反映的评价内容，可以分为盈利能力分析指标和偿债能力分析指标（图 4-3）。

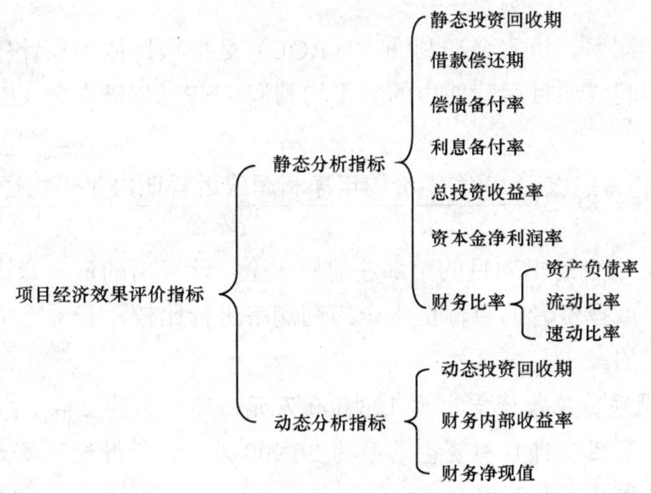

图 4-1　经济效果评价指标体系（一）

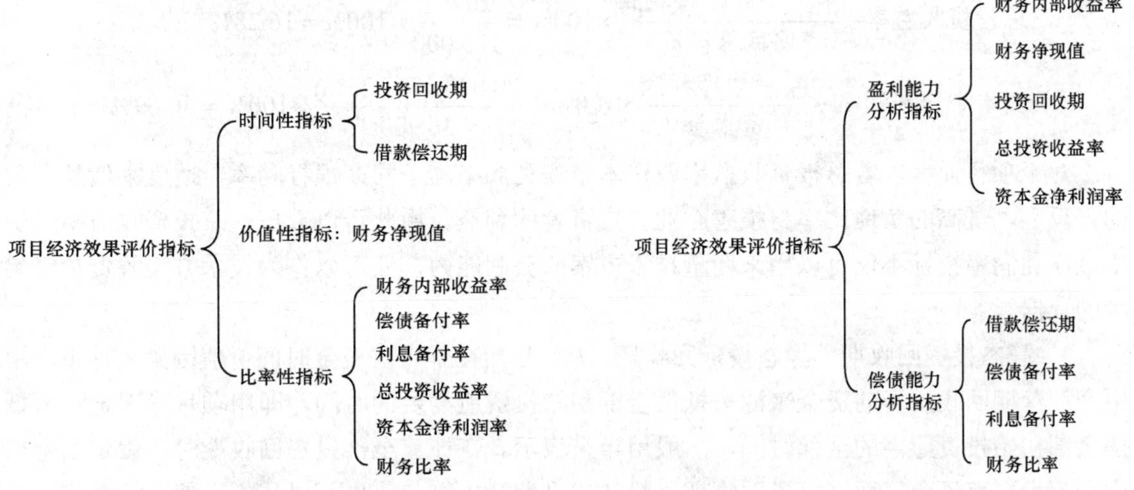

图 4-2　经济效果评价指标体系（二）　　图 4-3　经济效果评价指标体系（三）

4.3.2 反映项目盈利能力的指标与评价方法

1. 静态评价指标的计算与分析

（1）总投资收益率。总投资收益率（ROI）是指项目达到设计生产能力后的一个正常生产年份的年息税前利润（EBIT）与项目总投资（TI）的比率。对生产期内各年的利润总额较大的项目，应计算运营期年平均息税前利润与项目总投资的比率。计算公式为

$$\text{总投资收益率(ROI)}=\frac{\text{正常年份年息税前利润或运营期内年平均息税前利润}}{\text{项目总投资}}\times 100\% \quad (4\text{-}4)$$

总投资收益率可根据利润与利润分配表中的有关数据计算求得。项目总投资为建设投资、建设期利息、流动资金之和。计算出的总投资收益率要与规定的行业标准收益率或行业的平均投资收益率进行比较，若大于或等于标准收益率或行业平均投资收益率，则认为项目在财务上可以被接受。

（2）资本金净利润率。资本金净利润率（ROE）是指项目达到设计生产能力后的一个正常生产年份的年净利润或项目运营期内的年平均利润（NP）与资本金（EC）的比率。其计算公式为

$$\text{资本金净利润率(ROE)}=\frac{\text{正常年份的年净利润或运营期内年平均净利润}}{\text{资本金}}\times 100\% \quad (4\text{-}5)$$

式（4-5）中的资本金是指项目的全部注册资本金。计算出的资本金净利润率要与行业的平均资本金净利润率或投资者的目标资本金净利润率进行比较，若前者大于或等于后者，则认为项目是可以考虑的。

［**例 4-1**］某建设项目总投资支出为 123 000 万元，建设期为 2 年。投产后每年平均可实现利润 20 020 万元，项目全部自有资金总额为 36 900 万元，所得税税率为 25%。试计算项目的总投资收益率和资本金净利润率。

解：

$$\text{总投资收益率}=\frac{\text{年平均息税前利润}}{\text{项目总投资}}\times 100\%=\frac{20\,020}{123\,000}\times 100\%=16.28\%$$

$$\text{资本金净利润率}=\frac{\text{年平均净利润}}{\text{资本金}}\times 100\%=\frac{20\,020\times(1-25\%)}{36\,900}\times 100\%=40.69\%$$

对于项目而言，若总投资收益率或资本金净利润率高于同期银行利率，适度举债是有利的；反之，过高的负债比率将损害企业和投资者的利益。由此可以看出，总投资收益率或资本金净利润率指标不仅可以用来衡量技术方案的获利能力，还可以作为技术方案筹资决策参考的依据。

3）静态投资回收期。静态投资回收期（P_t）是指在不考虑资金时间价值因素条件下，用生产经营期回收投资的资金来源来抵偿全部初始投资所需要的时间，即用项目净现金流量抵偿全部初始投资所需的全部时间，一般用年来表示。在计算全部投资回收期时，假定了全部资金都为自有资金，而且投资回收期一般从建设期开始算起，也可以从投产期开始算起，使

用这个指标时一定要注明起算时间。计算公式为

$$投资回收期(P_t)=累计净现金流量开始出现正值的年份-1+\frac{上年累计净现金流量的绝对值}{当年净现金流量} \quad (4\text{-}6)$$

计算出的投资回收期要与行业规定的标准投资回收期或行业平均投资回收期进行比较，如果小于或等于标准投资回收期或行业平均投资回收期，则认为项目是可以考虑接受的。

[例 4-2] 某建设工程项目建设期为 2 年，第一年投资为 100 万元，第二年投资为 150 万元，第三年开始投产，生产负荷为 90%，第四年开始达到设计生产能力。正常年份每年销售收入为 200 万元，经营成本为 120 万元，销售税金等支出为销售收入的 10%。试计算静态投资回收期。

解：

$$\begin{aligned}正常年份每年的现金流入&=销售收入-经营成本-销售税金\\&=200-120-200\times10\%\\&=60(万元)\end{aligned}$$

静态投资回收期计算见表 4-7。

$$投资回收期(P_t)=累计净现金流量开始出现正值的年份-1+\frac{上年累计净现金流量的绝对值}{当年净现金流流量}$$

$$\begin{aligned}&=7-1+\frac{16}{60}\\&=6.27(年)\end{aligned}$$

表 4-7　**静态投资回收期计算表**　单位：万元

项目＼年序	1	2	3	4	5	6	7
现金流入	0	0	54	60	60	60	60
现金流出	100	150	0	0	0	0	0
净现金流量	–100	–150	54	60	60	60	60
累计净现金流量	–100	–250	–196	–136	–76	–16	44

2. 动态评价指标的计算与分析

（1）财务净现值。财务净现值（FNPV）是指在项目计算期内，按照行业的基准收益率或设定的折现率计算的各年净现金流量现值的代数和，简称净现值。其表达式为

$$\mathrm{FNPV}=\sum_{t=1}^{n}(\mathrm{CI}-\mathrm{CO})_t(1+i_c)^{-t} \quad (4\text{-}7)$$

式中　CI——现金流入量；

CO——现金流出量；

$(\mathrm{CI}-\mathrm{CO})_t$——第 t 年的净现金流量；

n——计算期；

i_c——基准收益率或设定的折现率；
$(1+i_c)^{-t}$——第 t 年的折现系数。

财务净现值的计算结果可能有 3 种情况，即 FNPV＞0、FNPV＜0 或 FNPV = 0。当 FNPV＞0 时，说明项目净效益大于用基准收益率计算的平均收益额，从财务角度考虑，项目是可以被接受的。当 FNPV = 0 时，说明拟建项目的净效益正好等于用基准收益率计算的平均收益额，这时判断项目是否可行，要看分析所选用的折现率。在经济效果评价中，若选用的折现率大于银行长期贷款利率，项目是可以被接受的；若选用的折现率等于或小于银行长期贷款利率，一般可判断项目不可行。当 FNPV＜0 时，说明拟建项目的净效益小于用基准收益率计算的平均收益额，一般认为项目不可行。

阅读材料

基准收益率也称基准折现率，是企业或行业投资者以动态的观点所确定的、可接受的技术方案最低标准的收益水平。其在本质上体现了投资决策者对项目资金时间价值的判断和对项目风险程度的估计，是投资资金应当获得的最低盈利率水平，它是评价和判断项目技术方案在财务上是否可行和技术方案比选的主要依据。因此，基准收益率确定得合理与否，对项目经济效果的评价结论有直接的影响，定得过高或过低都会导致投资决策的失误。所以，基准收益率是一个重要的经济参数，而且根据不同角度编制的现金流量表，计算所需的基准收益率应有所不同。基准收益率的测定需要遵循以下规定。

（1）在政府投资项目及按政府要求进行经济效果评价的建设项目中采用的行业财务基准收益率，应根据政府的政策导向进行确定。

（2）在企业投资等其他各类建设项目的经济效果评价中参考选用的行业财务基准收益率，应在分析一定时期内国家和行业发展战略、发展规划、产业政策、资源供给、市场需求、资金时间价值、项目目标等情况的基础上，结合行业特点、行业资本构成情况等因素综合测定。

（3）在中国境外投资的建设项目财务基准收益率的测定，应首先考虑国家风险因素。

（4）投资者自行测定项目的最低可接受财务收益率，除了应考虑上述第二项中所涉及的因素外，还应根据自身的发展战略和经营策略、具体项目特点与风险、资金成本、机会成本等因素综合测定。

［**例 4-3**］有一建设项目建设期为 2 年，如果第一年投资 140 万元，第二年投资 210 万元。项目第三年达到设计生产能力的 90%，第四年达到 100%。正常年份年销售收入 300 万元，销售税金为销售收入的 12%，年经营成本为 80 万元。项目经营期为 6 年，项目基准收益率为 12%。试计算财务净现值。

解：

$$\begin{aligned}\text{正常年份现金流入量} &= \text{销售收入} - \text{销售税金} - \text{经营成本}\\ &= 300 - 300\times 12\% - 80\\ &= 184(\text{万元})\end{aligned}$$

根据已知条件编制财务净现值计算表（表 4-8）。

表 4-8　财务净现值计算表　单位：万元

项目＼年份	1	2	3	4	5	6	7	8
现金流入	0	0	166	184	184	184	184	184
现金流出	140	210	0	0	0	0	0	0
净现金流量	−140	−210	166	184	184	184	184	184
折现系数	0.8929	0.7972	0.7118	0.6355	0.5674	0.5066	0.4523	0.4038
净现值	−125.006	−167.412	118.159	116.932	104.402	93.214	83.223	74.299
累计现值	−125.006	−292.418	−174.259	−57.327	47.074	140.289	223.512	297.811

$$\begin{aligned}\mathrm{FNPV} &= \sum_{t=1}^{n}(\mathrm{CI}-\mathrm{CO})_t(1+i_{\mathrm{c}})^{-t}\\ &=(-125.006)+(-167.412)+118.159+116.932+104.402+93.214+83.223+74.299\\ &=297.811\text{（万元）}\end{aligned}$$

（2）财务内部收益率。财务内部收益率（FIRR）是使项目整个计算期内各年净现金流量现值累计等于零时的折现率，简称内部收益率。其表达式为

$$\sum_{t=1}^{n}(\mathrm{CI}-\mathrm{CO})_t(1+\mathrm{FIRR})^{-t}=0 \tag{4-8}$$

财务内部收益率的经济含义是在项目终结时，保证所有投资被完全收回的折现率。它代表了项目占用资金预期可获得的收益率，可以用来衡量投资的回报水平。

财务净现值与折现率的关系，一般如图 4-4 所示。对于具有常规现金流量（即在计算期内，项目的净现金流量序列的符号只改变一次的现金流量）的建设项目，其财务净现值的大小与折现率的高低有直接关系。选用的折现率越大，净现值就越小；折现率越小，净现值就越大。随着折现率的逐渐增大，净现值将由大变小，由正变负。当折现率等于财务内部收益率时，财务净现值为零。

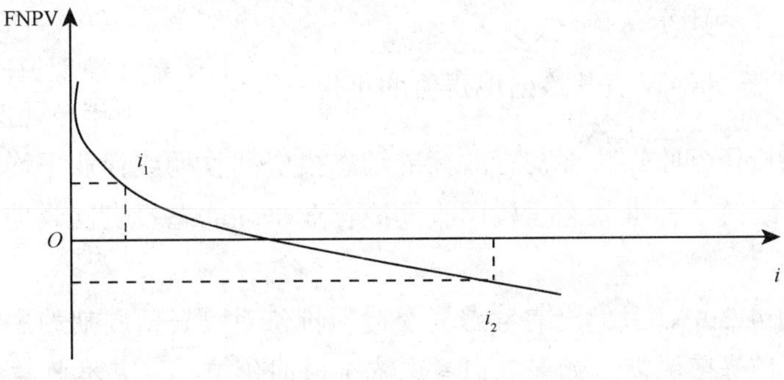

图 4-4　财务净现值与折现率的关系

财务内部收益率的计算是求解高次方程，为简化计算，在具体计算时可根据现金流量表中净现金流量用试差法进行。基本步骤如下。

1）用估计的某一折现率对拟建项目整个计算期内各年财务净现金流量进行折现，并求出净现值。如果得到的财务净现值等于零，则选定的折现率即为财务内部收益率；如果得到的净现值为一正数，则再选一个更高的折现率再次试算，直至正数财务净现值接近零为止。

2）在第一步的基础上，再继续提高折现率，直至计算出接近零的负数财务净现值为止。

3）根据上两步计算所得的正、负财务净现值及其对应的折现率，运用试差法的公式计算财务内部收益率。其计算公式为

$$\mathrm{FIRR}=i_1+(i_2-i_1)\times\frac{\mathrm{FNPV}_1}{\mathrm{FNPV}_1-\mathrm{FNPV}_2} \tag{4-9}$$

计算出的财务内部收益率要与行业的基准收益率或投资者的目标收益率进行比较，如果前者大于或等于后者，则说明项目的盈利能力超过行业平均水平或投资者的目标，因而是可以被接受的。

［例 4-4］现需计算某建设项目的财务内部收益率。根据定义，项目的财务内部收益率是当项目净现值等于零时的收益率，采用试差法的条件是当折现率为 16%时，该项目的净现值是 338 元；当折现率为 18%时，该项目的净现值是−22 元。试计算该项目的财务内部收益率。

解：

$$\begin{aligned}\mathrm{FIRR}&=i_1+(i_2-i_1)\times\frac{\mathrm{FNPV}_1}{\mathrm{FNPV}_1-\mathrm{FNPV}_2}\\&=16\%+(18\%-16\%)\times\frac{338}{338+22}\\&=17.88\%\end{aligned}$$

（3）动态投资回收期。动态投资回收期（$P_t{}'$）是指在考虑资金时间价值的条件下，以项目净现金流量的现值抵偿原始投资现值所需要的全部时间。动态投资回收期也从建设期开始计算，以年为单位。其计算公式为

$$\text{投资回收期}(P_t')=\text{累计净现值开始出现正值的年份}-1+\frac{\text{上年累计净现值的绝对值}}{\text{当年净现值}} \tag{4-10}$$

计算出的动态投资回收期也要与行业标准动态投资回收期或行业平均动态投资回收期进行比较，如果小于或等于标准动态投资回收期或行业平均动态投资回收期，认为项目是可以被接受的。

［例 4-5］在例 4-2 中，我们没有考虑资金时间价值对投资回收期的影响，因此计算出的投资回收期是静态投资回收期。如果我们考虑资金时间价值，在基准收益率为 8%的情况下，求出的投资回收期就是动态投资回收期。

解：动态投资回收期计算见表 4-9。

表 4-9　**动态投资回收期计算表**　单位：万元

项目＼年份	1	2	3	4	5	6	7	8
现金流入	0	0	54	60	60	60	60	60
现金流出	100	150	0	0	0	0	0	0
净现金流量	−100	−150	54	60	60	60	60	60
折现系数	0.9259	0.8573	0.7938	0.7350	0.6806	0.6301	0.5835	0.5402
净现金流量现值	−92.590	−128.595	42.865	44.100	40.836	37.806	35.010	32.412
累计现值	−92.590	−221.185	−178.320	−134.220	−93.384	−55.578	−20.568	11.844

$$投资回收期(P_t') = 累计净现值开始出现正值的年份 - 1 + \frac{上年累计净现值的绝对值}{当年净现值}$$

$$=8-1+20.568/32.412$$

$$=7.63（年）$$

4.3.3　反映项目偿债能力的指标与评价

1. 借款偿还期

借款偿还期（P_d）是指项目投产后可用于偿还借款的资金来源还清固定资产投资国内借款本金和建设期利息（不包括已用自有资金支付的建设期利息）所需要的时间。偿还借款的资金来源包括折旧、摊销费、未分配利润和其他收入等。借款偿还期可根据借款还本付息计算表和资金来源与运用表的有关数据计算，以年为单位。其计算公式为

$$借款偿还期(P_d) = 借款偿清的年份数 - 1 + \frac{偿清当年应付的本息数}{当年用于偿清的资金总额} \tag{4-11}$$

对于涉外投资的项目还要考虑国外借款部分的还本付息。由于国外借款往往采取等本偿还或等额偿还的方式，借款偿还期限往往都是约定的，无须计算。

计算出借款偿还期以后，要与贷款机构的要求期限进行对比，等于或小于贷款机构提出的要求期限，即认为项目是有偿债能力的；否则，从偿债能力角度考虑，认为项目没有偿债能力。

［例 4-6］已知某项目借款还本付息相关数据（表 4-10）。试计算该项目的借款偿还期。

表 4-10　**某项目借款还本付息表**　单位：万元

序号	项　目	建设期		生产期			
		1	2	3	4	5	6
1	年初借款累计	0	412	1054.72	754.72	354.72	0
2	本年新增借款	400	600	—	—	—	—
3	本年应付利息（$i=6\%$）	12	42.72	63.28	45.28	21.28	—

续表

序号	项　目	建设期		生产期			
		1	2	3	4	5	6
4	本年偿还本金	—	—	300	400	354.72	—
5	还本资金来源	—	—	300	400	440	—
5.1	利润总额	—	—	200	310	350	—
52	用于还款的折旧和摊销费	—	—	150	150	150	—
53	还款期企业留存收益	—	—	50	60	60	—
6	年末借款累计	412	1054.72	754.72	354.72	0	—

解：各年的利息计算如下：

第 1 年利息为

$$I_1=\frac{1}{2}\times 400\times 6\% = 12(\text{万元})$$

第 2 年利息为

$$I_2=\left(400+12+\frac{1}{2}\times 600\right)\times 6\% = 42.72(\text{万元})$$

第 3 年利息为

$$I_3=1054.72\times 6\% = 63.28(\text{万元})$$

第 4 年利息为

$$I_4=754.72\times 6\% = 45.28(\text{万元})$$

第 5 年利息为

$$I_5=354.72\times 6\% = 21.28(\text{万元})$$

根据式（4-11），得

$$P_d=5-1+\frac{354.72}{440}=4.8(\text{年})$$

2. 偿债备付率

偿债备付率（DSCR）是指项目在借款偿还期内，各年可用于还本付息的资金（EBITDA-T_{AX}）与当期应还本付息金额（PD）的比值。其计算公式为

$$\text{偿债备付率（DSCR）}=\frac{\text{息税前利润加折旧和摊销}-\text{企业所得税}}{\text{应还本付息金额}} \tag{4-12}$$

式中，应还本付息金额包括当期应还贷款本金额及计入总成本费用的全部利息。融资租赁费用可视同借款偿还。运营期内的短期借款本息也应纳入计算。

如果项目在运行期内有维持运营的投资，可用于还本付息的资金应扣除维持运营的投资。

偿债备付率应分年计算，偿债备付率高，表明可用于还本付息的资金保障程度高。偿债备付率应大于 1，并结合债权人的要求确定。当指标小于 1 时，表示当年资金来源不足以偿付当期债务，需要通过短期借款偿付已到期债务。参考国际经验和国内行业具体情况，根据我国企业历史数据统计分析，一般情况下，偿债备付率不宜低于 1.3。

3. 利息备付率

利息备付率（ICR）是指项目在借款偿还期内各年可用于支付利息的息税前利润（EBIT）与当期应付利息（PI）的比值。其计算公式为

$$\text{利息备付率（ICR）}=\frac{\text{息税前利润}}{\text{应付利息}} \tag{4-13}$$

式中，息税前利润即利润总额与计入总成本费用的利息费用之和；应付利息即计入总成本费用的应付利息。

利息备付率应分年计算。利息备付率高，表明利息偿付的保障程度高。利息备付率应当大于 1，并结合债权人的要求确定。当利息备付率小于 1 时，表示项目没有足够资金支付利息，偿债风险很大。参考国际经验和国内行业的具体情况，根据我国企业历史数据统计分析，一般情况下，利息备付率不宜低于 2，而且利息备付率指标需要将该项目的指标取值与其他企业项目进行比较，来分析决定本项目的指标水平。

［**例 4-7**］已知某项目建设投资总额 1000 万元，建设期 2 年。固定资产残值 40 万元，5 年内直线折旧。其他相关数据资料见表 4-11，该项目从第 3 年年末开始还款，等额还本，利息照付，预计 3 年还清本息。试根据资料计算第 3～5 年的偿债备付率与利息备付率。

表 4-11　**某项目相关数据表**　单位：万元

序号	项　目	建设期		生产期		
		1	2	3	4	5
1	息税前利润（EBIT）	—	—	49.46	139.46	139.46
2	付息（PI）	—	—	27.56	18.37	9.19
3	税前利润（1–2）	—	—	21.9	121.09	130.27
4	所得税（T_{AX}）（3 × 25%）	—	—	5.48	30.27	32.57
5	税后利润（3–4）	—	—	16.42	90.82	97.70
6	折旧	159.54	159.54	159.54	159.54	159.54
7	摊销	40	40	40	40	40
8	还本	—	—	112.57	112.57	112.57
9	还本付息总额 PD（2 + 8）	—	—	140.13	130.94	121.76
10	还本付息资金来源总额 EBITDA（1 + 6+7）	—	—	249	339	339
11	利息备付率 ICR（1/2）	—	—	1.79	7.59	15.18
12	偿债备付率 DSCR =（10–4）/9	—	—	1.74	2.36	2.52

解：计算结果表明，该项目偿债能力较强。

4. 财务比率

（1）资产负债率。资产负债率是反映项目各年所面临的财务风险程度及偿债能力的指标。其计算公式为

$$\text{资产负债率}=\frac{\text{负债总额}}{\text{资产总额}}\times 100\% \tag{4-14}$$

作为提供贷款的机构，可以接受100%以下（包括100%）的资产负债率，资产负债率大于100%，表明企业已资不抵债，已达到破产底线。

（2）流动比率。流动比率是反映项目各年偿付流动负债能力的指标。其计算公式为

$$流动比率=\frac{流动资产总额}{流动负债总额}\times 100\% \tag{4-15}$$

计算出的流动比率越高，单位流动负债将有更多的流动资产作保障，短期偿债能力就越强。但是，在不导致流动资产利用效率低下的情况下，流动比率保证在200%较好。

（3）速动比率。速动比率是反映项目快速偿付流动负债能力的指标。其计算公式为

$$速动比率=\frac{流动资产总额-存货}{流动负债总额}\times 100\% \tag{4-16}$$

速动比率越高，短期偿债能力越强，同时速动比率过高也会影响资产利用效率，进而影响企业经济效益，因此速动比率保证在接近100%较好。

［例4-8］某建设项目开始运营后，在某一生产年份的资产总额为5000万元，短期借款为450万元，长期借款为2000万元，应收账款120万元，存货款为500万元，现金为1000万元，应付账款为150万元。试计算该项目的财务比率指标。

解：

$$资产负债率=\frac{负债总额}{资产总额}\times 100\%=\frac{2000+450+150}{5000}\times 100\%=52\%$$

$$流动比率=\frac{流动资产总额}{流动负债总额}\times 100\%=\frac{120+500+1000}{450+150}\times 100\%=270\%$$

$$速动比率=\frac{流动资产总额-存货}{流动负债总额}\times 100\%=\frac{1620-500}{600}\times 100\%=187\%$$

将指标的取值与经验取值之间进行对比，不难发现，该建设项目短期偿债能力较强，但经营过于保守，债务资金较少。

在对经济效果评价指标进行计算的基础上，得出初步的经济效果评价结论，即建设项目（技术方案）在财务上可行或不可行，也就是确定性评价的结论，成为投资决策的重要依据之一。当然，对于建设项目的技术方案，还应进行不确定性分析与评价，相关内容将在下一章进行介绍。

本章小结

所谓经济效果评价，就是根据国民经济与社会发展，以及行业、地区发展规划的要求，在拟定的工程建设方案、财务效益与费用估算的基础上，采用科学的分析方法对工程建设方案的财务可行性和经济合理性进行分析论证，为项目科学决策提供依据。

经济效果评价主要包括财务盈利能力分析、偿债能力分析及财务生存能力分析等几个方面。分析时主要通过基本财务报表（资产负债表、利润与利润分配表、各类现金流量表等）

进行。

根据各基本财务分析报表，计算财务分析指标来判断项目的财务可行性。用到的静态指标有静态投资回收期、总投资收益率、资本金净利润率、资产负债率、流动比率、速动比率、借款偿还期、偿债备付率、利息备付率等；用到的动态指标有动态投资回收期、财务净现值、财务内部收益率等。

思　考　题

1. 经济效果评价的方法有哪些？
2. 经济效果评价的程序是怎样的？
3. 现金流量表的种类有哪些？
4. 简述建设项目经济效果评价的指标体系。
5. 利用财务内部收益率如何判断项目的可行性？

练　习　题

1. 某项目正常年份生产某产品 1 万 t，总投资为 3500 万元（自有资金 2000 万元），年总成本费用为 1500 万元，产品销售价格为 3000 元/t，销售税金为产品销售收入的 12%，产品为当年生产当年销售，无库存。求该项目的总投资收益率、资本金净利润率。

2. 某建设项目计算期 20 年，各年现金流量（CI–CO）及行业基准收益率 $i_c = 10\%$的折现系数$[1/(1 + i_c)^t]$见表 4-12。

表 4-12　　各年现金流量表

年　份	1	2	3	4	5	6	7	8	9～20
净现金流量/万元	−180	−250	−150	84	112	150	150	150	12 × 150
$i_c = 10\%$的折现系数	0.909	0.826	0.751	0.683	0.621	0.564	0.513	0.467	3.18*

* 3.18 是第 9 年至第 20 年各年折现系数之和。

若该项目在不同收益率（i_n 为 12%、15%、18%及 20%）情况下，相应的折现系数$[1/(1 + i_n)^t]$的数值见表 4-13。试计算项目的财务内部收益率（FIRR）并判断此项目是否可行。

表 4-13　　各年现金流量表

序号	年　份	1	2	3	4	5	6	7	8	9～20
1	净现金流量/万元	−180	−250	−150	84	112	150	150	150	12 × 150
2	$i = 12\%$的折现系数	0.893	0.797	0.712	0.636	0.567	0.507	0.452	0.404	2.497
3	$i = 15\%$的折现系数	0.869	0.756	0.657	0.572	0.497	0.432	0.376	0.327	1.769
4	$i = 18\%$的折现系数	0.847	0.719	0.609	0.518	0.440	0.374	0.318	0.271	1.326
5	$i = 20\%$的折现系数	0.833	0.694	0.578	0.482	0.402	0.335	0.279	0.233	1.030

3. 某公司目前有两个项目可供选择，其现金流量表见表 4-14。若该公司要求项目投入资金必须在 3 年内回收，应选择哪个项目？如果采用投资回收期法进行投资决策之后，该公司又要求采用净现值法进行投资决策，设定折现率为 14%，应选择哪个项目？

表 4-14　　某公司投资项目净现金流量表　　单位：万元

年　份	1	2	3	4
项目 A 净现金流量	−6000	3200	2800	1200
项目 B 净现金流量	−4000	2000	960	2400

第5章 建设项目的不确定性分析

学习要点

通过本章的学习，学生应掌握盈亏平衡分析法、敏感性分析法的步骤、概率分析法中的净现值的期望值法和决策树法；熟悉盈亏平衡点的确定方法、敏感性系数和临界点的计算；了解不确定性的概念、不确定性因素产生的原因、风险决策的内容。

5.1 不确定性概述

5.1.1 不确定性的概念

1. 不确定性的概念

建设项目经济效果的好坏要考虑项目的投资、成本、产量、售价等经济要素。如果在经济评价中，投资、成本、产量、售价等经济要素的取值均是确定值，那么由它们计算出的经济效果数值也是确定值，前面各章的经济分析也属于确定性分析评价。但事实上，方案经济效果的评价都是通过对方案未来经济效果的计算来确定，一个拟建项目的所有未来结果都是未知的。我们计算中所使用的数据大都是预测或估计值，测算投资、成本、产量、售价等经济要素的取值缺乏足够准确的信息或是测算方法上的误差，使方案评价指标带有不确定性；另外，经济要素未来变化也具有不确定性。因此，不确定性是所有项目固有的内在特性，只是对不同的项目，这种不确定性的程度有大有小。

建设项目不确定性可以理解为影响经济效果的各种经济要素（如成本、销售量等）预测或估算值与未来的实际情况不可能完全相同，经济要素受政治、技术、经济变化而发生变化，缺乏的基础资料和错误方法，使得项目的经济效果评价指标具有不确定性和风险。

通过分析方案各个技术经济变量（不确定性因素）的变化对投资经济效益的影响，分析投资方案对各种不确定性因素变化的承受能力，进一步确认项目在财务和经济上的可靠性，并采取相应的对策把风险减少降低到最小限度，这个过程称为不确定性分析。

2. 不确定性与风险的区别

风险是指某种不利事件发生的可能性。建设项目经济风险是由于不确定性的存在导致实施后偏离预期财务和预期效果的可能性。根据造成风险的范围，建设项目风险可分为宏观风险和微观风险。

宏观风险是指由于宏观环境因素对投资收益有可能带来的损害，通常是影响所有投资项目的那些风险因素。宏观环境带来的风险有国际风险、政治政策风险、经济金融风险、法律风险、灾害风险。

微观风险主要是指针对某一具体项目的风险因素，如技术的选择、投资规模的选择、目标市场的选择等。微观环境带来的风险有技术风险、财务风险、市场风险、管理风险等。

不确定性和风险的区别是：决策者对未来的情况不能完全确定，但未来情况出现的可能性，即概率分布已知或可估计，这种事件称为风险事件，风险由于随机的原因而造成实际值与期望值的差异，其结果可用概率分布规律来描述，也就是当不确定性可以用发生的概率来表示时，运用这些概率对风险加以识别、度量、评判与处理。决策者对未来情况不能确定，且对出现的概率（可能性）也不清楚，此种事件为不确定性事件。不确定性是缺乏足够信息的条件下所造成的实际值和期望值的偏差，其结果无法用概率分布规律来描述。综上所述，风险在一定范围内是可以计量的，而不确定性是难以计量的。

5.1.2 不确定性因素产生的原因

不确定性因素产生的原因有许多种，而在实际工作中，往往要着重分析和把握那些对项目影响大的关键因素，以期取得较好的效果。不确定性因素产生的主要原因如下。

1. 项目数据的统计偏差

项目的基础数据用来预测或估算项目的期望值，如果预测的期望值和实际值存在偏差，说明在测算基础数据时出现偏差，产生偏差的原因可能是缺乏足够准确的信息或是测算方法的不正确。由于项目数据统计偏差，产生项目的不确定性，它是影响因素中较关键的因素之一。

2. 通货膨胀

通货膨胀是指经济社会中商品价格在一定时期内以相当的幅度显著持续增长的状态，通货膨胀的程度通常用通货膨胀率来衡量。一般来说，通货膨胀对项目不能很好地被预测，具有不确定性。

投资项目的销售收入、生产成本、费用和各种税金等是发生在项目寿命期的不确定性因素，因为通货膨胀的影响，这些不确定性因素也会随通货膨胀率的变化而变化。通货膨胀不仅会引发工资、原材料、燃料等各项成本费用的上涨，而且会引起产品价格的上涨，销售收入的增加。同时，由于现实中存在的通货膨胀是非平衡和不可预期的，已签订合同的材料价款可能不会因通货膨胀的存在而改变，所以造成各不确定性因素的价格上涨幅度也不同。例如原材料价格的增长幅度可能大于销售价格的增长幅度，工资的增长幅度可能小于销售价格的增长幅度。因此，只要存在通货膨胀，项目的不确定性因素总是在变化的，在不确定性分析时就不能不考虑通货膨胀的影响。

3. 技术进步

现代科学技术迅速发展，新材料、新技术、新工艺的不断产生，在项目可行性研究和项目评估时，不可能对新技术的出现及其影响有准确的预测，即使在项目研究中运用了最新的技术，也很难把握技术快速更新对项目的预测，这就造成了项目不确定性，因此，对技术发展的预测，是一种降低投资风险的手段，在投资决策时应该力求做好。

4. 市场供求结构变化

建设项目的寿命周期较长，在市场经济条件下，商品供求关系主要靠价值规律调节，产品供求结构的变化，供求数量的变化不断在浮动且很难预测，尽管可以通过分析目前的投入及投入结构来预测未来的供给，但要做到这点是很困难的，因此由于市场供求关系引起的项目投入与产出价格的变化，将成为影响项目的经济分析的最重要的变化。

5. 其他外部因素

法律法规及政策的变化、国际政治经济形势的变化等因素对投资方案经济效果评价指标值带有不确定性。例如，企业的经营决策将受到国家经济政策调整，法律法规的限制，这些因素都无法事先加以控制。

除以上主要原因外，诸如汇率的变动、自然灾害、战争、突发事件等不可预测的意外事件也都是影响项目经济效益和决策的因素。在不确定性分析中要找出对项目财务效益和国民经济效果影响较大的不利因素，分析其对投资项目的影响程度，研究应对措施，以减少和消除对项目的不利影响，保证项目的顺利实施。

5.1.3 不确定性分析的方法

不确定性分析是项目经济效果评价中的一项重要内容。常用的不确定分析方法有盈亏平衡分析、敏感性分析、概率分析。在具体应用时，要在综合考虑项目的类型、特点，决策者的要求，相应的人力、财力，以及项目对国民经济的影响程度等条件下来选择。一般来讲，盈亏平衡分析只适用于项目的经济效果评价，而敏感性分析、概率分析则可同时用于经济效果评价和国民经济评价。

5.2 盈亏平衡分析

盈亏平衡分析法也称量本利分析法，是一种在企业里得到广泛应用的决策分析方法，它是在一定的市场、生产能力及经营管理条件下，通过对产品产量、成本、利润相互关系的分析，判断企业对市场需求变化适应能力的一种不确定性分析方法，主要研究项目投产运行后正常生产年份的成本与收益平衡关系。各种不确定性因素的变化达到某一临界值时，使方案的经济效果发生质的变化，盈亏平衡分析的目的就是找到这种临界值，用以衡量项目适应生产或销售情况变化的能力，考察项目的风险承受能力，为投资决策提供科学依据。

5.2.1 基本的损益方程式

根据成本总额对产量的依存关系，全部成本可以分成固定成本和变动成本两部分。固定成本是不受产品产量及销售量影响的成本，即不随产品产量及销售量的增减发生变化的各项成本费用，如非生产人员工资、折旧费、无形资产及其他资产摊销费、办公费、管理费等。变动成本是随产品产量及销售量的增减而成正比例变化的各项成本，如原材料、燃料、动力消耗、包装费和生产人员工资等。长期借款利息应视为固定成本，短期利息如果用于购置流动资产，可能部分与产品产量、销售量相关，其利息可视为半可变半固定成本，为简化计算，也可视为固定成本。正常年份应选择还款期间的第一个达产年和还款后的年份分别计算，以便给出最高和最低盈亏平衡点区间范围。在一定期间把成本分解成固定成本和变动成本两部分后，再同时考虑收入和利润，使成本、产销量和利润的关系统一于一个数学模型，即

$$利润=销售收入-总成本-税金 \quad (5\text{-}1)$$

假设产量等于销售量，并且项目的销售收入与总成本均是产量的线性函数，则表达式为

$$B = PQ - C_V Q - C_F - TQ \quad (5\text{-}2)$$

式中 B——利润；

P——单位产品售价；

Q——销售量或生产量；

T——单位产品营业税金及附加；

C_V——单位产品变动成本；

C_F——固定成本。

总成本是固定成本与变动成本之和，用 C 表示总成本，即

$$C = C_F + C_V Q \quad (5\text{-}3)$$

一般情况下，由于单位产品的营业税金及附加是随产品的销售单价变化而变化，为便于分析，将销售收入与营业税金及附加合并考虑，用 S 表示总销售收入，即

$$S = PQ - TQ \quad (5\text{-}4)$$

式（5-2）明确表达了量—本—利间的数量关系，是基本的损益方程式。可将销售量或生产量、成本、利润的关系反映在直角坐标系中，称为基本的量本利图，如图 5-1 所示。

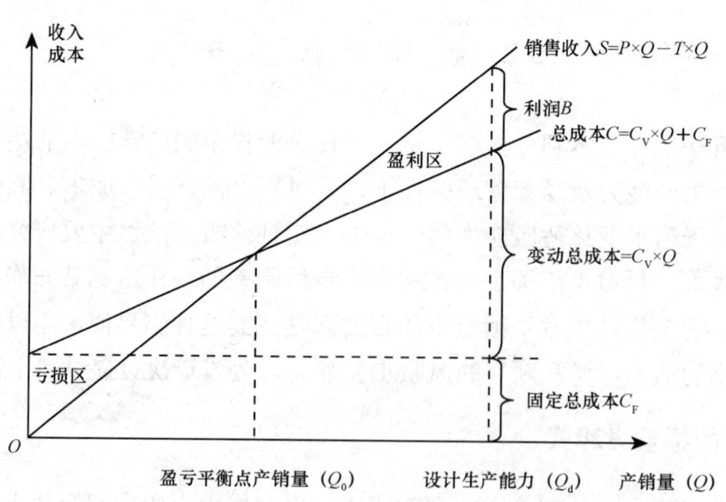

图 5-1 基本的量本利图

从图 5-1 可知，这种方法称为盈亏平衡图解法，销售收入线（如果销售收入和成本费用都是按含税价格计算的，应减去增值税）与总成本线的交点是盈亏平衡点，表明企业在此产销量下总收入与总成本相等，既没有利润，也不发生亏损。在此基础上，增加产销量，销售收入超过总成本，收入线与成本线之间的距离为利润值，形成盈利区；反之，形成亏损区。假定在一定时期内，产品价格不变时，销售收入（S）随产销数量的增加而增加，呈线性函数关系，在图形上就是以零为起点的斜线。当单位产品的变动成本和销售税金不变时，总成本也呈线性变化。

5.2.2　线性盈亏平衡分析

由于图 5-1 能清晰地表达量本利之间的关系，形象直观，容易理解，我们得到盈亏平衡点（Break-even Point，BEP）是项目盈利与亏损的分界点，它标志着项目不盈不亏的生产经营临界水平，反映在一定的生产经营水平时建设项目的收益与成本的平衡关系。

根据生产成本及销售收入与产销量之间是否呈线性关系，盈亏平衡分析可分为线性盈亏平衡分析和非线性盈亏平衡分析。通常只要求线性盈亏平衡分析。

1. 线性盈亏平衡分析

线性盈亏平衡分析是指项目的收益与成本都是产量的线性函数。

线性盈亏平衡分析的前提条件包括：

（1）产量等于销售量，即当年生产的产品（服务，下同）当年销售出去。

（2）产量变化，单位变动成本保持不变，从而总生产成本成为产量的线性函数。

（3）产量变化，销售单价不变，从而销售收入成为销售量的线性函数。

（4）按单一产品计算，当生产多种产品，应换算为单一产品，不同产品的生产负荷率的变化应保持一致。

2. 盈亏平衡点的表达形式

盈亏平衡点的表达形式有多种，用绝对值表示的盈亏平衡点，如实物产量、年销售额、单位产品售价、单位产品的变动成本及年总固定成本，也可用相对值表示的盈亏平衡点，如生产能力利用率。其中，以产量和生产能力利用率表示的盈亏平衡点应用最为广泛。

（1）用产销量表示的盈亏平衡点。

从图 5-1 可知，当企业在大于 Q_0 的产销量下进行生产，项目盈利；当企业在小于 Q_0 的产销量下进行生产，项目亏损。显然，产销量 Q_0 是盈亏平衡点的一个重要表达式。产销量表示的盈亏平衡点是从销售收入等于总成本费用即盈亏平衡方程式导出。由式（5-2）得，基本损益方程式中的利润 $B=0$，此时的产销量为盈亏临界点产销量 BEP(Q)。其计算公式为

$$\text{BEP}(Q)=\frac{C_{\text{F}}}{P-C_{\text{V}}-T} \tag{5-5}$$

需注意的是：当采用含增值税价格时，式中分母还应扣除增值税，以下各式均同。

（2）用生产能力利用率表示的盈亏平衡点。

生产能力利用率表示的盈亏平衡点 BEP(%)，是指盈亏平衡点产销量占企业正常产销量的

比重。所谓正常产销量，是指达到设计生产能力的产销数量，也可以用销售金额来表示。其计算公式为

$$\text{BEP}(\%)=\frac{Q_0}{Q_d}\times 100\% \tag{5-6}$$

式中 Q_0——盈亏平衡点销售量；

Q_d——正常产销量（设计生产能力）。

生产能力利用率表示的盈亏平衡点常常根据正常生产年份的产品产销量、变动成本、固定成本、产品价格和销售税金等数据来计算。其计算公式为

$$\text{BEP}(\%)=\frac{C_F}{Q_dP-Q_dC_V-Q_dT} \tag{5-7}$$

式（5-5）与式（5-6）之间的换算关系为

$$\text{BEP}(Q)=\text{BEP}(\%)\times Q_d \tag{5-8}$$

（3）用年销售金额表示的盈亏平衡点。

单一产品企业在现代经济中只占少数，大部分企业产销多种产品。多品种企业可以使用年销售金额来表示盈亏临界点 BEP(S)。其计算公式为

$$\text{BEP(S)}=\frac{PC_F}{P-C_V-T} \tag{5-9}$$

（4）用销售单价表示的盈亏平衡点。

如果按设计生产能力进行生产和销售，可以用销售单价表示的盈亏平衡点 BEP(P)来表达。其计算公式为

$$\text{BEP}(P)=\frac{C_F}{Q_d}+C_V+T \tag{5-10}$$

［**例 5-1**］某建设项目设计生产能力为年产 50 万件产品，预计单位产品价格为 100 元，单位产品可变成为为 70 元，年固定成本为 400 万元。若该产品的销售税金及附加的合并税率为 5%，则用产销量、生产能力利用率、销售额、单位产品价格分别表示项目的盈亏平衡点。

解：

（1）计算 BEP(Q)，由式（5-5）计算得

$$\text{BEP}(Q)=\frac{400\times 10\,000}{100-70-100\times 5\%}=160\,000(\text{件})$$

（2）计算 BEP(%)，由式（5-7）计算得

$$\text{BEP}(\%)=\frac{400/(100-70-100\times 5\%)}{50}\times 100\%=32\%$$

（3）计算 BEP(S)，由式（5-9）计算得

$$\text{BEP}(S)=\frac{100\times 400}{100-70-100\times 5\%}=1600(\text{万元})$$

（4）计算 BEP(P)，由式（5-10）计算得

$$\text{BEP}(P)=\frac{400}{50}+70+\text{BEP}(P)\times5\%=78+\text{BEP}(P)\times5\%$$

$$\text{BEP}(P)=\frac{78}{1-5\%}=82.11(\text{元})$$

［例 5-2］某企业成产一种产品，其固定成本是 75 000 元，预计单位产品价格每台为 50 元，每台的材料费为 20 元，工资为 5 元，其他变动成本为 4 元。

（1）求该企业盈亏平衡点的生产产量。

（2）由于市场竞争激烈，产品的价格需下降 10%，此时的盈亏平衡点产量是多少？

解：

（1）计算 BEP(Q)，由式（5-5）计算得

$$\text{BEP}(Q)=\frac{75\,000}{50-20-5-4}=3571(\text{台})$$

（2）计算 BEP(Q)，由式（5-5）计算得

$$\text{BEP}(Q)=\frac{75\,000}{50\times0.9-20-5-4}=4688(\text{台})$$

［例 5-3］某企业生产产品的年固定成本为 3000 万元，产品的销售单价为 1000 元/件，单位变动成本为 600 元/件，产品的销售税不计。

（1）若产品的年生产能力为 10 万件，用产销量、生产能力利用率、销售额表示盈亏平衡点。

（2）当年产量在 9 万件时，为实现目标利润 50 万元，最低销售单价应定在多少？

解：

（1）计算 BEP(Q)，由式（5-5）计算得

$$\text{BEP}(Q)=\frac{3000}{1000-600}=7.5(\text{万件})$$

计算 BEP(%)，由式（5-7）计算得

$$\text{BEP}(\%)=\frac{3000/(1000-600)}{10}\times100\%=75\%$$

或直接由式（5-6）计算得

$$\text{BEP}(\%)=\frac{7.5}{10}\times100\%=75\%$$

计算 BEP(S)，由式（5-9）计算得

$$\text{BEP}(S)=\frac{1000\times3000}{1000-600}=7500(\text{万元})$$

（2）盈亏平衡点也为“保本点”，是假设在这一点时销售利润为零。当要实现一定的利润时，我们要知道销售收入由固定成本、变动成本和销售利润组成，因此，本题的最低销售单价设为 X，则

$$\frac{3000+50}{X-600}=9$$

解得

$$X=939\text{（元/件）}$$

盈亏平衡点反映了项目对市场变化的适应能力和抗风险能力。盈亏平衡点越低，达到此点的盈亏平衡产量和收益或成本也就越少，项目投产后的盈利的可能性越大，适应市场变化的能力越强，抗风险能力也越强。根据经验，若 BEP(%)≤70%，则项目相当安全，或者说可以承受较大的风险。

线性盈亏平衡分析方法简单明了，但是在应用中有一定的局限性，在实际生产经营过程中，产品的销售收入与销售量之间、成本费用与产量之间并不一定呈现出线性的关系，如某项目的产量在市场中占有较大的份额时，其产量的高低可能会明显影响生产的供求关系，从而使得生产加工发生变化；根据报酬递减规律，变动成本随着生产规模的不同而与产量呈非线性关系等，这些问题就要用到非线性盈亏平衡分析方法。

5.2.3 非线性盈亏平衡分析

所谓非线性盈亏平衡分析，就是对产品的销售收入和总成本与产量之间存在着非线性关系时的分析。在实际的生产条件下，企业或项目的销售收入与产量、总成本与产量之间不可能总保持线性函数关系，而主要是非线性的函数关系。例如当产量达到一定数额时，市场趋于饱和，产品可能会滞销或降价，呈非线性变化，这时我们要采用非线性盈亏平衡进行分析。

1. 非线性盈亏平衡分析的数学模型

（1）销售收入与总成本方程式。

设销售收入（S）是产量的非线性函数，总成本（C）也是产量的非线性函数，两个函数均为一元二次方程。方程式如下：

销售收入函数为

$$S(x)=a_1x^2+a_2x \tag{5-11}$$

式中 a_1——常数，且 $a_1<0$（通常 a_1 很小）；

a_2——常数；

x——产量。

成本函数为

$$C(x)=b_1x^2+b_2x+C_F \tag{5-12}$$

式中 b_1——常数，且 $b_1>0$；

b_2——常数；

C_F——固定成本；

x——产量。

（2）盈亏平衡点的确定。

根据利润与销售收入和成本的关系及盈亏平衡（B）的定义得

$$B(x) = S(x) - C(x) = 0 \tag{5-13}$$

$$B(x) = a_1x^2 + a_2x - (b_1x^2 + b_2x + C_F) = 0 \tag{5-14}$$

整理后，得

$$(a_1 - b_1)x^2 - (a_2 - b_2)x - C_F = 0 \tag{5-15}$$

解一元二次方程，得解 x_1 和 x_2，即项目的两个盈亏平衡点。根据销售收入函数和成本函数作出非线性盈亏平衡图（图 5-2）。

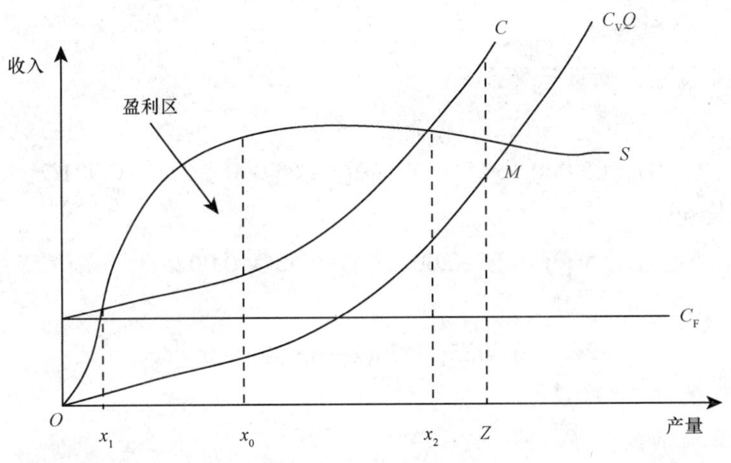

图 5-2　非线性盈亏平衡图

由图 5-2 可知，销售收入曲线和成本曲线有两个交点，即盈亏平衡点的最低产量 x_1 点和最高产量 x_2 点；在 x_1 和 x_2 之间为盈利区，产量在 0 和 x_1 之间和超过 x_2 时都为亏损区。亏损区上有两个特殊点，0 点和 Z 点。虽然在 x_2 和 Z 点之间为亏损区，但企业还得生产产品，因为此区间的亏损额小于 C_F；产量超过 Z 点，就不应再生产了。图 5-2 中 x_0 为最优投产量，即企业按此产量组织生产会取得最佳效益；M 点为关门点，只有企业面临倒闭时才把它作为决策临界点。

（3）项目的最大盈利点。

通过对 B（x）求导，可求得项目的最大盈利点，即

$$B'(x) = 2(a_1 - b_1)x + (a_2 - b_2) = 0 \tag{5-16}$$

式中的 x 就是项目的最大盈利点。在最低产量和最高产量之间存在最大利润点。在这个点的左侧，利润率呈上升趋势；在这个点的右侧，利润率呈下降趋势，可见图 5-2。

［例 5-4］某建设项目投产后生产一种新产品，经过市场调研及历年来的历史数据分析，预计生产该产品的销售收入函数及成本函数分别为 $S(x) = 3100x - 0.2x^2$ 和 $C(x) = 3\,187\,500 + 600x + 0.2x^2$。试确定该项目产品的盈亏平衡点及最大盈利点。

解：根据非线性盈亏平衡点的计算式 $S(x) = C(x)$ 得

$$3100x - 0.2x^2 = 3\,187\,500 + 600x + 0.2x^2$$

解方程得 $x_1 = 1785$，$x_2 = 4465$。

即产品的盈利区域为产量介于 1785 ~ 4465。

根据最大盈利点的含义，当产量水平达到最大盈利点时，应有

$$B'(x) = 0.8x - 2500 = 0$$

解得 $x = 3125$。

即当产量水平达到 3125 时，该产品将获得最大的利润。

［**例 5-5**］某企业年固定成本 6.5 万元，每件产品变动成本 25 元，原材料批量购买时单位材料费用可降低，降低率为购买量的 0.1%；每件售价为 55 元，随销售量的增加市场单位产品价格下降 0.25%。试计算产量的盈亏平衡点、利润最大时产量。

解：

（1）计算企业盈亏平衡点产量。

成本函数

$$C(Q) = 65\,000 + (25 - 0.001Q)Q = 65\,000 + 25Q - 0.001Q^2$$

销售收入函数

$$S(Q) = (55 - 0.0025Q)Q = 55Q - 0.0025Q^2$$

令 $C(Q) = S(Q)$得

$$0.0025Q^2 - 30Q + 65\,000 = 0$$

$Q_1 = 2837$（件）；$Q_2 = 9162$（件）。

（2）最大利润时的产量（Q）

$$B(Q) = S(Q) - C(Q) = 0.0025Q^2 + 30Q - 65\,000$$

对上式求导得

$$-0.005Q + 30 = 0$$

$$Q = 6000(件)$$

5.3 敏感性分析

敏感性指的是所研究方案的影响因素发生改变时对原方案的经济效果发生影响和变化的程度。敏感性分析是建设项目经济效果评价中应用十分广泛的一种技术，在确定性分析评价的基础上，通过进一步分析、预测项目主要不确定性因素的变化对项目评价指标（如财务内部收益率、财务净现值等）的影响，从中找出敏感因素，确定评价指标对该因素的敏感程度和项目对其变化的承受能力。一般进行敏感性分析所涉及的不确定性因素有产品产量、售价，主要原料价格、燃料和动力价格，变动成本、固定资产投资建设期及汇率等。

5.3.1 敏感性分析的目的

敏感性分析的目的包括以下几个方面。

（1）找出影响项目经济效益变动的敏感性因素，分析敏感性因素变动的原因，并为进一步进行不确定性分析（如概率分析）提供依据。

（2）研究不确定性因素变动如引起项目经济效益值变动的范围或极限值，分析判断项目承担风险的能力。

（3）比较多方案的敏感性大小，以便在经济效益值相似的情况下，从中选出不敏感的投资方案。

敏感性分析不仅可以使决策者了解不确定性因素对项目评价指标影响，从而提高决策的准确性，还可以启发评价者对那些较为敏感的因素重新进行分析研究，以提高预测的可靠性。另外，在多方案比选中，也可以利用敏感性分析选择经济效益相似但敏感性小的方案。

5.3.2　敏感性分析的种类

敏感性分析根据每次考虑的变动因素的数目不同，分为单因素敏感性分析和多因素敏感性分析。

（1）单因素敏感性分析，是假设各个不确定性因素之间相互独立，每次只对某一个不确定性因素变化的影响进行分析，其他因素保持不变，以分析这个可变因素对经济评价指标的影响程度和敏感程度。单因素敏感性分析是敏感性分析的基本方法。

（2）多因素敏感性分析，是假设两个或两个以上互相独立的不确定性因素同时变化时，分析这些变化的因素对经济评价指标的影响程度和敏感程度。

5.3.3　敏感性分析的步骤

1. 确定分析指标

建设项目经济评价有一整套评价体系，敏感性分析可以选定其中一个或几个指标来分析，最基本的指标就是财务内部收益率，根据项目的实际情况也可以选择净现值、投资回收期等评价指标。如果主要分析方案状态和参数变化对方案投资回收快慢的影响，则可选用投资回收期作为分析指标；如果主要分析产品价格波动对方案超额净收益的影响，则可选用净现值作为分析指标；如果主要分析投资大小对方案资金回收能力的影响，则可选用财务内部收益率指标等。在机会研究阶段，可选用静态的评价指标，常采用的指标是投资收益率和投资回收期。在可行性研究阶段，需选用动态的评价指标，常用净现值、财务内部收益率，投资回收期。敏感性分析的指标应与确定性经济评价指标一致，不应另立新的分析指标。

2. 选择不确定性因素

影响项目经济评价的不确定性因素有很多，但是不需要对所有的不确定性因素进行敏感性分析。根据项目特点，结合经验判断选择一些主要的影响因素。选择需要分析的不确定性因素主要考虑以下原则：

（1）预计这些因素在其可能变动的范围内对经济评价指标的影响较大。

（2）在确定性经济分析中，对采用该因素数据的准确性把握不大。

一般而言选择项目敏感性分析中的影响因素有产出物价格、建设投资、主要投入物价格或变动成本、生产负荷、建设工期及汇率等。

3. 设定不确定性因素的变化幅度

对于选定的不确定性因素，根据实际情况设定其变化幅度，其他因素固定不变。一般选择不确定性因素变化的百分率为±5%、±10%、±15%、±20%等，对于不方便用百分数表示的因素，如建设工期，可采用延长一段时间表示，如延长1年。

4. 确定敏感因素

敏感因素是可能发生较小幅度的变化就能引起经济评价指标发生较大的变动。敏感性分析的目的就是确定敏感性因素。敏感性因素可以通过敏感度系数和临界点来确定。

（1）敏感度系数。敏感度系数又称灵敏度，表示项目评价指标对不确定性因素的敏感程度。它是指项目评价指标变化的百分率与不确定性因素变化的百分率之比。敏感度系数越高，表示项目效益对该不确定性因素敏感程度高。其计算公式为

$$S_{AF}=\frac{\Delta A/A}{\Delta F/F} \tag{5-17}$$

式中 S_{AF}——评价指标 A 对于不确定性因素 F 的敏感系数；

$\Delta F/F$——不确定性因素 F 的变化率；

$\Delta A/A$——不确定性因素 F 发生 ΔF 变化率时，评价指标 A 的相应变化率。

$S_{AF}>0$ 时，表示评价指标和不确定性因素同方向变化；$S_{AF}<0$ 时，表示评价指标和不确定性因素反方向变化。$|S_{AF}|$ 较大者敏感性系数高。根据不同因素相对变化对经济评价指标影响的大小，可以得到各个因素的敏感性程度排序，可以找出哪些因素是最敏感因素。

（2）临界点。临界点是指不确定性因素的变化使项目由可行变为不可行的临界数值（即极限值），超过极限值，项目的效益指标将不可行。该临界点表明方案经济效果评价指标达到最低要求所允许的最大变化幅度。

临界点的高低和计算临界点的指标初始值有关。若选取基准收益率为计算临界点的指标，对于同一个项目，随着设定基准收益率的提高，临界点会变低（即临界点表示的不确定性因素的极限变化变小）；而在一定的基准收益率下，临界点越低，说明该因素对项目评价指标的影响越大，项目对该因素越敏感。临界点可用临界点百分比或者临界值表示，可用专用软件的财务函数计算，也可由敏感性分析图直接求得近似值。在敏感性分析图中，每一条斜线的斜率反映经济评价指标对该不确定性因素的敏感程度，斜率越大，敏感度越高。每条斜线与横轴的相交点所对应的不确定性因素变化率即为该因素的临界点。在确定敏感因素时，两种方法可以结合起来使用。

5. 优选方案

根据确定性分析和敏感性分析的结果，综合评价项目（技术方案），并选择最优技术方案。将敏感性分析的结果进行汇总，编制敏感性分析表（表5-1），编制敏感度系数与临界点分析表（表5-2），绘制敏感性分析图，对分析结果进行文字说明。将不确定性因素变化后计算的经济评价指标与基本方案评价指标进行对比分析，结合敏感性分析和临界点的计算结果，按不确定性因素的敏感程度进行排序，找出最敏感因素，分析敏感因素可能造成的风险，采取应对措施。

表 5-1　敏感性分析表

变化因素 \ 变化率	−20%	−10%	0	10%	20%
基本折现率					
建设投资					
销售价格					
原材料成本					
汇率					
……					

表 5-2　敏感性系数和临界点分析表

序号	不确定性因素	变化率/%	内部收益率	内部收益率变化率	敏感性系数	临界值
	基本方案					
1	产品产量（生产负荷）					
2	产品价格					
3	主要原材料价格					
4	建设投资					
5	汇率					
……	……					

5.3.4　单因素敏感性分析

在实践中，一般运用单因素敏感性分析。下面用实例进行说明，单因素敏感性分析的步骤：

（1）确定研究对象（选最有代表性的经济效果评价指标，如 IRR、NPV）。

（2）选取不确定性因素（关键因素，如 R、C、K、n）。

（3）设定因素的变动范围和变动幅度（如−20%～＋20%，±10%变动）。

（4）计算某个因素变动时对经济效果评价指标的影响。

（5）绘制敏感性分析图，作出分析。

［例 5-6］某项目总投资 600 万元，设计年生产能力为 5000 台，预计产品的价格为 650 元/台，年经营成本为 200 万元，项目寿命期为 8 年，残值不计，标准折现率为 10%。试分析该项目净现值对各因素的敏感性。

解：

（1）绘制现金流量图如图 5-3 所示。

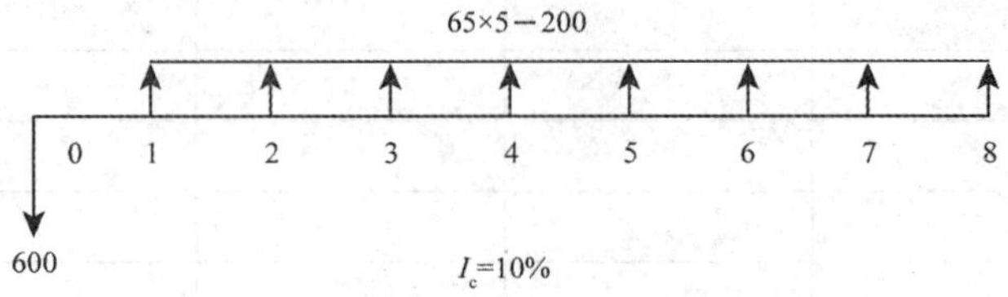

图 5-3 现金流量图

（2）根据净现值的计算公式，计算出项目现在的初始条件下的净现值。

$$NPV_0=-600+(65\times 5-200)\times (P/A,10\%,8)=66.87(\text{万元})$$

由于 $NPV_0>0$，该项目是可行的。

（3）对项目进行敏感性分析。取定 3 个因素：投资额、产品价格和经营成本，逐一在初始值的基础上按 ±10%、±20%的变化幅度变动，分别计算相对应的净现值的变化情况，得出的结果如表 5-3 及图 5-4 所示。

表 5-3 **敏感性分析表**

变化率 变化因素	−20%	−10%	0	10%	20%	平均 + 1%	平均−1%
投资额	186.87	126.87	66.87	6.87	−53.13	−8.97	8.97
产品价格	−279.90	−106.52	66.87	240.25	413.64	25.93	−25.93
经营成本	280.26	173.56	66.87	−39.83	−146.53	−15.9	15.9

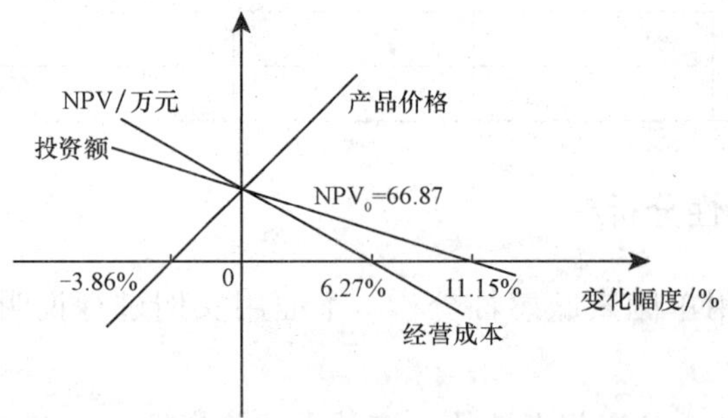

图 5-4 单因素敏感性分析图

从表 5-3 敏感性分析表中可知，敏感性系数越高，表明项目对不确定性因素的敏感程度越高，各因素的敏感系数分别是 8.97、25.93、15.9，所以敏感性排序是产品价格、经营成本、投资额；从图 5-4 中看出，产品价格、经营成本、投资额的临界值分别是 3.86%、6.27%、11.15%，不确定性因素的临界值越低，说明达到临界的可能性越快，也就越敏感。两种方法得到的结论是一样的，最敏感因素是产品价格。因此，从方案决策的角度，应该对产品价格做进一步的测算，否则产品价格的变化会给投资带来较大的风险。

敏感性分析能够指明因素变动对项目经济效果的影响，从而有助于搞清项目对因素的不利变动所能容许的程度，正确选择敏感性因素，针对敏感性因素制定出管理和应变对策，以达到尽量减少风险、增加决策可靠性的目的，对提高方案经济评价的可靠性具有重要意义。

单因素分析忽略了各个变动因素综合作用的相互影响，多因素敏感性分析研究各变动因素的各种可能的变动组合，每次改变全部或若干个因素进行敏感性计算。当影响项目经济效果的因素较多时，计算过程变得复杂，工作量成倍增加，需要借助计算机。

5.3.5　多因素敏感性分析

多因素敏感性分析就是要考虑各种因素可能发生的不同变动幅度的多种组合，分析其对方案经济效果的影响程度。多因素敏感性分析能反映几个因素同时变动时对项目产生的综合影响，因此能够更全面地揭示事物的本质。由于各种因素可能发生的不同变动幅度的组合关系很复杂，组合方案很多，所以多因素敏感性分析的计算较复杂。如果需要分析的不确定性因素不超过 3 个，可以用解析法与作图法相结合进行分析。常用的多因素敏感性分析主要是双因素敏感性分析。

1. 双因素敏感性分析的步骤

双因素敏感性分析保持投资方案现金流量中其他的影响因素不变，每次考察两个因素同时变化对方案效果的影响。一般是在单因素敏感性分析的基础上，先确定出两个主要变动因素，然后用作图法分析。

（1）确定两个主要敏感性因素 a 和 b。

（2）根据敏感性因素分析的对象列出敏感面分析方程式，经过数学式的计算得到一元一次方程式，将方程式变为不等式。

（3）根据得到的方程式绘制分析图。

2. 双因素敏感性分析举例

[例 5-7] 根据例 5-6 数据，对建设项目技术方案进行双因素敏感性分析。

解： 由图 5-3 可知，按净现值对各个因素的敏感程度来排序，依次是产品价格、经营成本和投资额。产品价格和经营成本是影响工程项目方案投资效益指标的两个主要敏感性因素，下面就这两个敏感性因素来进行敏感性分析。

设 a 为产品价格变动的百分率，b 为经营成本变动的百分率，将其代入现值公式

$$\begin{aligned}\text{NPV} &= -600 + [65 \times (1 + a) \times 5 - 200 \times (1 + b)] \times (P/A, 10\%, 8)\\ &= 66.86 + 1733.84a - 1066.98b\end{aligned}$$

取 NPV 的临界值，令 NPV = 0 得，$b = 0.0627 + 1.6250a$。

由式可知，这是一个直线方程。将其绘制在坐标上，即为一条 NPV = 0 的临界线。在临界线上，NPV = 0；在临界线左上方的区域，NPV > 0；在临界线右下方的区域，NPV < 0。也就是说，如果产品价格与年经营成本同时变动，只要变动范围不越过临界线进入右下方的区域（包括临界线上的点），方案都是可以接受的，如图 5-5 所示。

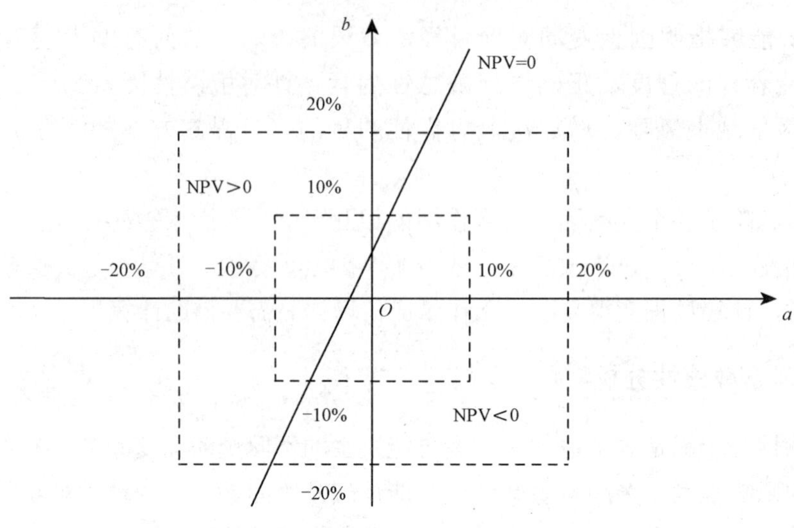

图 5-5 双因素敏感性分析

图 5-5 中，在各个正方形内净现值小于零的面积所占整个正方形面积的比例反映了变量因素在此范围内变动时方案风险的大小。例 5-7 中 NPV＜0 的面积在整个面积中占的比例相对大一些，说明变量因素在此范围内变动时，方案的风险大，尽量使变量因素在方格上方进行变动。

单因素和多因素敏感性分析只考虑了各个不确定性因素对方案经济效果的影响程度，而没有考虑各不确定性因素在未来发生变动的概率，这可能会影响分析结论的准确性，所以，敏感性分析在使用中存在着一定的局限性，就是它不能说明不确定性因素发生变动情况的可能性是大还是小，而这种可能性是与项目的风险大小密切相关的。

5.4 概率分析与风险决策

概率是指事件的发生所产生某种后果的可能性大小。概率分析是在选定不确定性因素的基础上，通过估计其发生变动的范围，然后根据已有资料或经验等情况，估计出变化值下的概率，并根据这些概率的大小，来分析测算不确定性因素对项目经济评价指标的影响的一种定量分析方法。

5.4.1 概率分析的步骤

概率分析的步骤包括以下几个方面：

（1）选定一个或几个经济效果评价指标（如财务内部收益率、净现值）。

（2）选定需要进行概率分析的不确定性因素。通过敏感性分析，选择最敏感的因素作为概率分析的不确定性因素，一般有投资额、销售量、产品价格、主要原材料价格及外汇汇率等。

（3）估计出每个不确定性因素的变化范围及其可能出现的概率。对于单因素概率分析，设定一个因素变化，其他因素不变，只有一个自变量。

（4）根据测定的风险因素取值和概率情况，计算评价指标的相应取值和概率分布。

（5）计算在不确定性因素变量的影响下，投资经济效益的期望值和项目可接受的概率。

（6）分析计算结果，判断项目的可行性。

5.4.2　概率分析的方法

净现值的期望值法和决策树法是概率分析中的两种常用方法。一般是计算工程项目净现值的期望值及其分布状况和净现值大于或等于零时的累计概率。计算出的累计概率值越大，说明工程项目承担的风险越小。

1. 净现值的期望值

期望值也称数学期望，它是随事件的各种变量与相应概率的加权平均值，即随机变量所有可能取值的加权平均值，权重为各种可能取值出现的概率。期望值的计算公式为

$$E(x)=\sum_{i=1}^{n}x_iP_i \tag{5-18}$$

式中　$E(x)$——随机变量 x 的期望值；

x_i——随机变量 x 的各种取值；

P_i——x 取值 x_i 时所对应的概率值。

随机变量是指能够知道其所有可能的取值范围，也知道它取各种值的可能性，却不能得到其最后确切取值的变量。大多数不确定性因素，如投资额、成本、销售量、产品价格等都是随机变量，虽然能预测它们未来可能的取值范围，估计各种取值发生的概率，但是不能确切的预知其取值。

根据式（5-18），可以推导出净现值的期望值计算公式为

$$E(\mathrm{NPV})=\sum_{i=1}^{n}\mathrm{NPV}_iP_i \tag{5-19}$$

式中　$E(\mathrm{NPV})$——净现值的期望值；

NPV_i——各种现金流量情况下的净现值；

P_i——对应于各种现金流量情况的概率值。

［例 5-8］已知某项目方案各种因素可能出现的数值及其对应的概率见表 5-4。假设投资额期初发生的 3 种数值，每年年末净现金流量可能出现的 3 种数值，寿命期为 10 年，概率为 1.0，基准折现率为 10%。试求其净现值的期望值，并判断是否可行。

表 5-4　方案变量因素值及其概率

投资额/万元		年净收益/万元	
数　值	概　率	数　值	概　率
130	0.25	26	0.30
160	0.45	34	0.30
185	0.30	45	0.40

解：根据各因素的取值范围，共有 9 种不同的组合状态，根据净现值的计算公式得到不同的数值，所有组合状态的概率及净现值见表 5-5，利用公式如下

$$NPV_i = 投资额 + 年净现金流量 \times (P/A, i, n)$$

表 5-5　　所有组合状态的概率及净现值

投资额/万元	130			160			185		
年净收益/万元	26	34	45	26	34	45	26	34	45
组合概率	0.075	0.075	0.1	0.135	0.135	0.18	0.09	0.09	0.12
净现值/万元	29.76	78.92	146.51	–0.24	48.92	116.52	–25.24	23.92	91.51

根据表 5-5，净现值的期望值为

$$\begin{aligned} E(NPV) &= 29.76 \times 0.075 + 78.92 \times 0.075 + 146.51 \times 0.1 - 0.24 \times 0.135 + 48.92 \times 0.135 \\ &\quad + 116.52 \times 0.18 - 25.24 \times 0.09 + 23.92 \times 0.09 + 91.51 \times 0.12 \\ &= 61.21（万元） \end{aligned}$$

计算净现值大于等于 0 的概率

$$P(NPV \geqslant 0) = 1 - 0.135 - 0.09 = 0.775$$

结论：该项目的净现值的期望值大于 0，是可行的，净现值大于 0 的概率属正常值，说明项目的风险小。

净现值的期望值是概率分析中一个重要指标，分析时，一般都要计算项目净现值的期望值及净现值大于或等于 0 时的累计概率。累计概率越大，表明项目的风险越小。

2. 决策树法

决策树法是一种利用概率分析原理，并用树状图描述各阶段备选方案的内容、参数、状态及各阶段方案的相互关系，实现对方案进行系统分析和评价的方法。它是直观运用概率分析的一种图解方法。决策树法特别适用于多阶段决策分析。

决策树一般由决策点、机会点、方案枝、概率枝等组成。□代表决策点，用来表示决策者在此节点上必须对若干不同方案作出选择，从决策点画出的每条直线代表一个方案，叫方案枝。○代表机会点，用来表示各种可能的自然状态结果，从机会点画出的每条直线代表一种自然状态，称为概率枝。概率标在每个概率枝的旁边，结果标在每个分枝的末尾处。为了便于计算，对决策树中的□和○都要进行编号，编号的顺序从左至右，从上到下。从后往前算出每个决策分支的期望值，从中选出具有最大值的一个分支。

[例 5-9] 某种产品在 8 年中销路好的概率为 0.7，销路不好的概率为 0.3。生产此产品需要建厂，建厂有两个方案：①新建大厂需投入 5000 万元，如果销路好可获利 1600 万元；销路不好，每年亏损 400 万元；②新建小厂需投入 2000 万元，如果销路好每年可获利 500 万元；销路不好，每年可获利 200 万元。假设基本折现率为 10%，试对该项目各方案进行比选。

解：本题只有一个决策点，两个可选方案，每个方案有两种自然状态，决策树如图 5-6 所示。

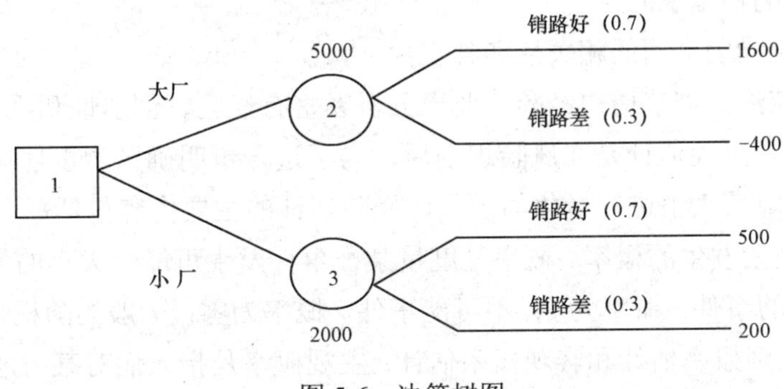

图 5-6　决策树图

建大厂方案的期望值为

$$E_{大} = 1600 \times (P/A, 10\%, 8) \times 0.7 - 400 \times (P/A, 10\%, 8) \times 0.3 - 5000 = 334.90(万元)$$

建小厂方案的期望值为

$$E_{小} = 500 \times (P/A, 10\%, 8) \times 0.7 + 200 \times (P/A, 10\%, 8) \times 0.3 - 2000 = 187.31(万元)$$

由于大厂方案的收益期望值比小厂高，所以大厂方案是有利的。

5.4.3　风险决策

1. 风险决策的分析

项目风险分析是在已进行的市场风险、技术风险、资金风险和社会风险等风险识别基础上，进一步综合分析识别拟建项目建设和生产运营过程中潜在的风险因素。管理就是决策，是指通过分析、比较，在若干种可供选择的方案中选定最优方案的过程。因此，对项目风险识别、估计、评价、应对之后，要通过正确决策选定最佳方案。风险分析在项目评价决策中的作用：

（1）通过风险分析，识别项目中的风险因素，确定各风险因素间的内在联系，避免因忽视风险的存在而蒙受损失。

（2）通过风险分析，确定风险因素对项目建设与运营的影响程度。

（3）通过风险分析，改善决策分析工作并将风险转化为机会。

2. 风险决策的内容

（1）风险识别。风险识别是在风险分析的基础上，运用系统理论的方法对项目进行全面考察综合分析，找出潜在的风险因素，并对各种风险进行比较、分类，确定各因素间的相关性和独立性，判断其发生的可能性及对项目的影响程度。风险识别应根据项目的特点选用适当的方法，一般常用的方法有问卷调查、专家调查法和情景分析等，建立风险因素调查表。在风险识别时，应注意以下问题：

1）建设项目不同阶段存在的主要风险有所不同。

2）风险类型依项目不同具有特殊性。

3）对于项目的有关各方可能会有不同风险。

4）风险的构成具有明显的递阶层次，风险识别应层层剖析，尽可能深入到最基本的风险单元，以明确风险的根本来源。

5）正确判断风险因素间的相关性和独立性。

6）识别风险应注意借鉴历史经验，要求分析者富有经验、创造性和系统观念。

（2）风险估计。风险估计是在风险识别后，为了进一步明确风险事件的概率及其后果的严重程度，对其风险值大小进行量化的过程。风险估计的主要内容包括：

1）确定风险因素发生的概率。概率是度量某一事件发生可能性大小的量，它是随机事件的函数。必然发生的事件，概率为 1；不可能事件，概率为零；一般的随机事件的概率为 0～1。风险估计分为主观概率估计和客观概率估计；主观概率是指人们对某一风险因素发生可能性的主观判断，用 0～1 的数据来描述；客观概率是根据大量的试验数据，用统计的方法计算某一风险因素发生的可能性，不以人的主观意志为转移的客观存在的概率，它需要大量的试验数据做支持。

2）计算风险事件各种后果的数值大小。风险估计的方法有专家评估法、概率分析法等。专家评估法是以信件、开会或其他形式向专家进行调查，专家凭借经验独立对风险因素及风险程度进行评定，然后对多位专家的评定结论进行汇总和统计的一种方法，是一种定性的方法。概率分析法在风险因素的概率分布基础上估计的，概率通过历史数据推定或根据人们的经验推断，是一种定量的方法。

3）估计上述数值的变化范围及其限定条件。

（3）风险评价。风险评价是对项目的整体风险，各风险之间的相互影响、相互作用及对项目的总体影响，经济主体对风险的承受能力等进行评价。风险评价的判别标准可采用两种类型：

1）以经济指标的累积概率、标准差为判别标准。具体而言，财务内部收益率大于等于基准收益率的累计概率越大，风险越小；标准差越小，风险越小。财务净现值大于等于零的累积概率值越大，风险越小；标准差越小，风险越小。

2）以综合风险等级为判别标准。风险等级的划分既要考虑风险因素出现的可能性又要考虑风险出现后对项目的影响程度，有多种表述方法，一般应选择矩阵列表法划分风险等级。矩阵列表法简单直观，将风险因素出现的可能性及对项目的影响程度构造一个矩阵，表示每一单元对应一种风险的可能性及影响程度。表 5-6 是以风险应对的方式来表示风险的综合等级，所示风险等级可用数学推导和专家判断相结合确定。

综合风险等级分为 K、M、T、R、I 五个等级：

K：项目风险很强，出现这类风险就要放弃项目。

M：项目风险强；需要修正拟议中的方案，通过改变设计或采取补偿措施等。

T：风险较强，设定某些指标的临界值；指标一旦达到临界值，就要变更设计或对负面影响采取补偿措施。

R：风险适度（较小），适当采取措施后不影响项目。

I：风险弱，可忽略。

表 5-6　　　　**综合风险等级分类表**

综合风险等级		风险影响的程度			
		严重	较大	适度	低
风险的可能性	高	K	M	R	R
	较高	M	M	R	R
	适度	T	T	R	I
	低	T	T	R	I

注：1. 该表左上角的风险会产生严重后果。
2. 该表左下角的风险，发生的可能性相对低，必须注意临界指标的变化，提前防范于管理。
3. 该表右上角的风险虽然相对适度，但发生的可能性相对高，注意防范。
4. 该表右下角的风险，损失不大，发生的概率小，可以忽略不计。

（4）风险对策。风险对策是在风险识别、估计、评价的基础上，根据投资主体的风险态度，制定的应对风险的策略和措施，它们要遵循针对性、可行性、经济性的原则。在风险决策时，一方面，提出多个备选方案，通过多方案的技术、经济比较，选择最优方案；另一方面，对有关重大工程技术难题潜在风险因素提出必要研究与试验课题，准确把握有关问题，消除模糊认识；最后，对影响投资、质量、工期和效益等有关数据，如价格、利率和汇率等风险因素，在编制投资估算、制定建设计划和分析经济效益时，应留有充分的余地，谨慎决策，并在项目执行过程中实施有效监控。风险应对措施一般采用风险回避、风险控制、风险转移、风险自留。

1）风险回避，是指当项目风险事件发生可能性较大和损失较严重时，主动放弃项目或变更项目计划从而消除风险或风险产生的条件，以避免产生风险损失的方法。对于潜在损失大、概率大的灾难性风险一般采取回避对策；对于一般的风险回避，只有在对风险的存在和发生有把握的情况下才能采用，因为风险回避是一种消极的处理方法，投资主体在回避损失的同时，也放弃了潜在收益的可能性。风险回避通常用于以下几种情况：①风险造成的损失可能相当大，且发生的频率较高；②风险损失无法转移，或者其他风险防范对策的代价很高；③存在可以实现同样目标的其他方案，其风险较低；④投资主体对风险极度厌恶。

2）风险控制，是对可控制的风险采取应对措施，减少风险损失的策略。项目在制定和实施过程中，风险在不断地发生变化，可能会出现许多未预料的新问题，面对这些新的风险要细化应对措施，有针对地控制风险，适用措施可以是管理措施、技术措施和组织措施，来降低风险出现的可能性和减少风险带来的损失。一般而言，风险控制措施可以按控制阶段分为事前控制、事中控制和事后控制。事前控制是为了降低风险出现的概率，事中控制和事后控制是为了减少风险损失的程度。风险控制是多数项目广泛采用的主要风险对策。

3）风险转移，是项目管理者设法将风险的结果、对风险的应对转移给他人，来避免自身风险的损失。风险转移不是将风险强加于其他投资主体，而是将风险转移给能承受这种风险的主体，并且风险不会带来损失，这是解决风险的有效途径。因为不同的主体抗风险的能力是不一样的。例如某工程承包企业将自己企业不擅长的专项工程分包给专项作业公司，在这种情况下，风险转移者和接受风险者将会取得双赢。风险转移的主要形式有保险和合同。

① 保险转移。向保险公司投保，将项目风险全部或部分损失转移给保险公司。这是风险转移中使用最多的一种方式。

② 合同转移。将全部或部分风险损失以签订合同的方式转移给其他参与者。例如在建设项目发包时，采用固定总价合同，将材料涨价风险转移给承包商。

4）风险自留，又称风险接受，是一种由项目主体自行承担风险后果的风险应对策略。风险自留主要用于处置残余风险，因为当其他的风险应对措施均无法实施，或即使能实施但成本高于效益时只能选择风险自留。另外，由于存在许多影响风险不确定性的因素，人们不可能事先控制所有的风险损失，这些没有被认识和了解的风险损失，只能由项目主体自己承担。所以，风险自留与其他风险管理技术是一种互补关系。风险自留适用于以下两种情况：①存在风险，但是为了获得高的利益而需要冒险，需保留和承担这部分风险；②存在风险，如果采用风险对策，费用的支出高于自留风险的损失，投资主体常要自留风险。

本章小结

项目经济效果评价所采用的基本变量都是对未来的预测和假设，因而具有不确定性。不确定性分析在工程经济评价中起着重要的作用，一般常用的分析方法有盈亏平衡分析法、敏感性分析法、概率分析法。

盈亏平衡分析主要分析项目的量本利之间的关系，找到项目盈利和亏损的分界点，可以用产销量、生产能力利用率、销售量和单位产品价格来表示盈亏平衡点，在量本利图中也可以表示。敏感性分析利用敏感性系数和临界点判断最敏感因素，敏感性系数越高，不确定性因素越敏感；临界点数值越低，越敏感，采用敏感性分析表和敏感性分析图来确定。概率分析主要有净现值的期望值法和决策树法两种方法，计算出的累积概率值越大，抵抗风险的能力越大。其运用了概率的组合，对于不确定性因素发生的概率进行了分析，作为方案是否可行的判别依据。风险决策要经历风险识别、风险估计、风险评价、风险对策的过程。

思考题

1. 不确定性因素产生的原因有哪些？
2. 线性盈亏平衡分析的前提条件及其基本损益方程式是什么？
3. 对于敏感性分析中的敏感性系数和临界点，应怎样理解？
4. 什么情况下使用概率分析？分析的方法有哪些？
5. 简述风险决策的内容。

练习题

1. 某项目设计生产能力为年产 40 万件产品，估计单位产品价格为 100 元，单位产品变动成本为 80 元，固定成本为 300 万元，该产品销售税金及附加的合并税率为 5%。试求项目的用产销量表示的盈亏平衡点和用价格表示的盈亏平衡点。

2．某项目总投资 700 万元，设计年生产能力为 6 万台，预计产品的价格为 50 元/台，年经营成本为 180 万元，项目寿命期为 10 年，残值、销售税率及附加不计，标准折现率为 10%。试就投资额、单位产品价格、经营成本影响因素对该项目进行敏感性分析（绘制敏感性分析图）。

3．已知某项目方案各种因素可能出现的数值及其对应的概率见表 5-7。假设投资额期初可能发生的 3 种数值，每年年末净现金流量可能出现的 3 种数值，寿命期为 10 年，概率为 1.0，基准折现率为 10%。试求其净现值的期望值，并判断是否可行。

表 5-7　　方案变量因素值及其概率

投资额/万元		年净收益/万元	
数　值	概　率	数　值	概　率
120	0.30	20	0.25
150	0.50	28	0.40
175	0.20	33	0.35

4．某工程项目的施工管理人员要决定是否进行外墙面抹灰，若开工后遇天气不下雨，则可按期完工，获利润 5 万元，遇天气下雨，则要造成 1 万元的损失。假如不开工，不论下雨还是不下雨都要付窝工费 1000 元。据气象预测下月天气不下雨的概率为 0.2，下雨概率为 0.8。试利用期望值的大小为施工管理人员作出决策。

第6章　建设项目技术方案的比较与选择

学习要点

通过本章的学习，学生应掌握建设项目技术方案的类型、独立方案和互斥方案的比选方法、评价准则及其步骤；熟悉独立方案中无资源限制和有资源限制情况下技术方案的比选指标，能够利用互斥方案的动态评价方法选择最优方案；了解技术方案比选的含义、步骤及互斥方案的静态评价方法。

6.1　技术方案比选概述

6.1.1　技术方案比选的含义

在工程经济研究中，经济效果评价是对评价方案计算期内各种有关技术经济因素和方案投入与产出的有关财务、经济资料数据进行调查、分析、预测，对方案的经济效果进行计算、评价，分析比较各方案的优劣，从而确定和推荐最佳技术方案。工程经济分析中的技术方案是广义的，既可以是工程建设中各种技术措施和方案（如工程设计、施工工艺、生产方案、设备更新、技术改造、新技术开发、工程材料利用、节能降耗、环境技术、工程安全和防护技术等措施和方案），也可以是建设相关企业的发展战略方案（如企业发展规划、生产经营、投资、技术发展等关乎企业生存发展的战略方案）。

运用经济效果评价指标对项目技术方案进行评价，主要有两个用途：一是对某一方案进行分析，判断该方案在经济上是否可行；二是对于多方案进行经济上的比选，最终作出正确的投资决策。

对于第一种用途，本书已经在第4章做了详细论述，在此不作赘述。当项目面临多个技术方案时，就必须对每个可能的技术方案进行比较和选择，最终确定最优方案，这个过程，称为建设项目技术方案比选。

6.1.2　技术方案的类型

1. 独立型方案

独立型方案是指方案间互不干扰，在经济上互不相关的方案，选择或放弃其中一个方案，并不影响其他方案的选择。因此，其评价主要是针对每个方案自身的经济效果情况进行判断，相互之间不影响。

2. 互斥型方案

互斥型方案是指在若干备选方案中，各个方案彼此可以相互代替。选择其中任何一个方案，则其他方案必然被排斥。在工程建设中，互斥型方案还可按以下因素进行分类：

（1）按寿命周期长短分类。

1）相同寿命周期的方案，即参与对比或评价的方案寿命周期均相同。

2）不同寿命周期的方案，即参与对比或评价的方案寿命周期均不相同。

3）无限长寿命的方案。在工程建设中永久性工程即可视为无限长寿命的工程，如大型水坝、运河工程等。

（2）按规模分类。

1）相同规模的方案，即参与对比或评价的方案具有相同的产出量或容量，在满足相同功能要求的数量方面具有一致性和可比性。

2）不同规模的方案，即参与评价的方案具有不同的产出量或容量，在满足相同功能要求的数量方面不具有一致性和可比性。

项目互斥方案比较，是工程经济评价工程的重要组成部分，也是寻求合理决策的必要手段。

3. 互补型方案

互补型方案是指在方案之间存在技术经济互补关系的一组方案。某一方案的接受有助于其他方案的接受。根据互补方案之间相互依存的关系，互补方案可能是对称的，如建设一个大型非港口电站，必须同时建设铁路、电厂，它们无论在建成时间、建设规模上都要彼此适应，缺少其中任何一个项目，其他项目就不能正常运行。因此，它们之间是互补型方案，又是对称的。此外，还存在着大量非对称的经济互补关系，如建造一座建筑物 A 和增加一个空调系统 B，建筑物 A 本身是有用的，增加空调系统 B 后使建筑物 A 更有用，但采用方案 A 并不一定要采用方案 B。

4. 现金流量相关型方案

现金流量相关型方案是指方案之间不完全互斥，也不完全相互依存，但任一方案的取舍会导致其他方案现金流量的变化。例如，某跨江项目考虑两个建设方案，一个是建桥方案 A，另一个是轮渡方案 B，两个方案都是收费的。此时，任一方案的实施或放弃都会影响另一方案的现金流量。

5. 组合—互斥型方案

组合—互斥型方案是指在若干可采用的独立方案中，如果有资源限制条件(如受资金、劳动力、材料、设备及其他资源拥有量限制)，只能从中选择一部分方案实施时，可以将它们组合为互斥型方案。例如，现有独立方案 A、B、C、D，它们所需的投资分别为 10 000 万元、5000 万元、4000 万元、3000 万元。当资金总额限量为 10 000 万元时，除方案 A 具有完全的排他性外，其他方案由于所需金额不大，可以互相组合。这样，可能选择的方案共有 A、B、C、D、B + C、B + D、C + D 共 7 个组合方案。因此，当受某种资源限制时，独立方案可以组成各种组合方案，这些组合方案之间是互斥或排他的。

6. 混合相关型方案

混合相关型方案是指在方案众多的情况下，方案间的相关关系可能包括上述类型中的多种，这些方案称为混合相关型方案。

在方案评价前，分清方案属于何种类型是非常重要的。因为方案类型不同，其评价方法、选择和判断的尺度就不同。如果方案类型划分不当，就会带来错误的评价结果。在方案比选中，以独立型方案和互斥型方案最为常见。

6.1.3 建设项目技术方案比选的步骤

建设项目技术方案比选的一般步骤如下：

（1）确立项目目标。项目目标是评判项目实施方案优劣的根本。只有确立了项目目标，才能开始对项目实施方案进行比较和选择。项目目标也一般分为中短期目标和长期目标，比选时各方案都不能违背项目目标。

（2）构想和建立项目备选方案。要达到项目目标可能选择的方案有很多，但首先要求是可行的方案，也就是技术上先进、经济上合理、财务上可行的方案。构建备选方案的目的是可以使项目有多种达到目标的可能性，这些可能性中存在着费用水平低、收益高、技术先进的方案。

（3）将项目目标转化为可以量化的效果指标。项目目标有时可能是笼统的，为了进行方案的比较和选择，就必须将项目的目标加以量化，使之有确定的表达方式，如净收益达到多少，财务内部收益率为多少等。

（4）估算各个备选方案的费用和效果。根据项目目标，分别估算各个方案可能实现的经济效果及其发生的总费用。经济效果差的方案就可以被直接排除。

（5）利用相关指标综合分析项目方案的优缺点。对比分析各个方案的相关指标，如上文提到的净现值、费用现值、差额内部收益率、差额投资回收期等，利用这些指标作为判别标准逐一进行剔除和遴选，保留较好的方案。

（6）推荐最佳方案或提出优先采用的次序。根据指标分析的结果，找出最佳方案，或根据指标结果进行优劣排序，最终确定方案比选的结论。

6.2 独立方案的比选

独立方案在比选中，可选择任意一个方案或多个方案，这个特点决定了独立方案的现金流量及其效果具有可加性，所以独立方案有无资源限制和有资源限制两种情况。

6.2.1 无资源限制情况

无资源限制情况是一个项目独立方案间共享的资源或资金足够多，没有限制，只要任何一个方案在经济上是可行的，方案就可以接受。无资源限制的独立方案的评价的方法，只需进行“绝对效果检验”，也就是用经济评价标准（如 NPV≥0、NAV≥0、IRR≥i_0）检验方案本身的经济性。通过绝对效果检验的方案是可行方案，否则为不可行方案。

1. 投资收益率法

投资收益率法未考虑资金的时间价值，而且舍弃了项目建设期、寿命期等众多经济数据，故一般仅用于技术经济数据尚不完整的项目初步研究阶段，采用投资收益率指标进行比较和选择。应用其比选的步骤如下：

（1）确定行业的基准投资收益率（R_c）。

（2）计算技术方案的投资收益率（R）。

（3）进行判别，$R \geqslant R_c$，表明方案在经济上是可行的。

需注意是的投资收益率至少应高于银行贷款利率；投资收益率应不低于国家或行业部门规定的基准投资收益率或基准投资效果系数；多方案比选时，以投资收益率高者为优。

［例 6-1］某建设项目的投资收益情况见表 6-1，假设基准投资收益率为 12%。试用投资收益率判断项目方案是否可行。

表 6-1　　某项目的投资情况收益表　　单位：万元

年　序	0	1	2	3	4	5	6
投　资	–250	—	—	—	—	—	—
收　益	—	35	30	28	30	32	30

解： 根据公式

$$总投资收益率(ROI)=\frac{正常年份年息税前利润或运营期内年平均息税前利润}{项目总投资}\times 100\%$$

$$投资收益率=\frac{年平均收益}{总投资}=\frac{(35+30+28+30+32+30)/6}{250}\times 100\%=12.33\%$$

由于项目投资收益率（12.33%）＞基准收益率（12%），因此方案是可行的。

2. 投资回收期法

投资回收期包括静态投资回收期和动态投资回收期，它们的区别是是否考虑资金时间价值。应用这两个指标进行比选的步骤如下：

（1）确定行业或投资者的基准投资回收期（P_c）。

（2）计算技术方案的投资回收期（P_t）。

（3）进行判别，$P_t \leqslant P_c$，表明方案在经济上是可行的。

阅读材料

基准投资回收期，是提高资金利用效率的控制指标，它一般是由国家、部门（行业）或地区来制定的，它能对那些经济效益差的项目起到限制投资的作用，从而保证投资尽快回收。但确定基准投资回收期是件很困难的事情，各个部门（行业）的生产性质、技术特点往往差别很大，收回投资的时间也相差悬殊。目前我国尚未制定各部门、各行业的基准投资回收期，比选时通常参考国外有关资料：轻工业、化学工业、机械工业为 3～5 年，冶金工业为 7 年，燃料动力部门为 7～10 年。

［**例 6-2**］某方案投资的净现金流量见表 6-2，假设基准静态投资回收期为 5 年。试用静态投资回收期法分析项目的可行性。

表 6-2 **现金流量表** 单位：万元

年 序	0	1	2	3	4	5	6
净现金流量	−100	−80	40	60	60	60	90
累积净现金流量	−100	−180	−140	−80	−20	40	130

解：根据公式

$$\text{投资回收期}(P_t)=\text{累计净现金流量开始出现正值的年份}-1+\frac{\text{上年累计净现金流量的绝对值}}{\text{当年净现金流量}}\text{，得}$$

$$\text{投资回收期}(P_t)=5-1+\frac{|-20|}{60}=4.33(\text{年})<5(\text{年})$$

所以，该方案是可行的。

静态投资回收期经济意义明确、直观，计算简便，在一定程度上反映了方案经济效果的优劣。由于它选择方案的标准是回收资金的速度越快越好，但是没有反映资金的时间价值。

［**例 6-3**］某方案投资的净现金流量见表 6-3，假设基准动态投资回收期为 6 年，折现率为 10%。试用动态投资回收期法分析项目技术方案的可行性。

表 6-3 **现金流量表** 单位：万元

年 序	0	1	2	3	4	5	6
净现金流量现值	−100	−72.7	33.1	45.1	41.0	37.3	50.8
累积净现金流量现值	−100	−172.7	−139.6	−94.5	−53.5	−16.2	34.6

解：根据公式

$$\text{投资回收期}(P_t')=\text{累计净现值开始出现正值的年份}-1+\frac{\text{上年累计净现值的绝对值}}{\text{当年净现值}}\text{，得}$$

$$\text{投资回收期（}P_t'\text{）}=6-1+\frac{|-16.2|}{50.8}=5.32(\text{年})<6(\text{年})$$

所以项目技术方案是可行的。

动态投资回收期是反映方案投入资金实际回收能力的动态评价指标，反映了等值回收而不是等额回收全部投资所需的时间，计算较为复杂。

3. 净现值法

净现值（NPV）是反映技术方案在计算期内获利能力的动态评价指标。应用净现值进行比选的步骤如下：

（1）确定现金流量表和基准收益率（i_c）。

（2）计算技术方案的净现值（NPV）。

（3）进行判别，当 NPV≥0，表明方案在经济上是可行的。

需要说明的是：当给定的折现率 $i = i_c$，如果 $NPV(i_c) = 0$，表明项目达到了行业基准收益率标准，而不是表示该项目投资盈亏平衡。当 $NPV(i_c)>0$，表明该项目的技术方案除了实现预定的行业基准收益率，还有超额的收益。当 $NPV(i_c)<0$，表明该项目不能达到行业基准收益率水平，但不能确定项目是否亏损。

［例 6-4］某项目有两个独立方案 A 和 B，其现金流量见表 6-4，基准收益率为 10%。试用净现值法分析两个方案的经济可行性。

表 6-4　　　　**现金流量表**　　　　单位：万元

方　案	0	1～10
A	−200	39
B	−100	20

解：根据公式 $FNPV = \sum_{t=1}^{n}(CI - CO)_t(1 + i_c)^{-t}$，得

$$NPV_A = -200 + 39 \times (P/A, 10\%, 10) = 39.62(\text{万元})$$

$$NPV_B = -100 + 20 \times (P/A, 10\%, 10) = 22.89(\text{万元})$$

$NPV_A > 0$，$NPV_B > 0$，所以 A、B 两方案均可行。

本题没有资金的限制，如果资金足够，A、B 两方案均可实施，它们是互不联系的。

净现值法考虑到了资金时间价值和方案在整个计算期内的费用和收益情况，它以金额表示投资收益的大小，比较直观。但是，它不能说明在项目运营期间各年经营成果和直接反映项目投资中单位投资的使用效率，而且需首先确定一个符合经济现实的基准收益率，确定基准收益率有时是比较难的。

4. 财务内部收益率法

财务内部收益率反映的是方案所能达到的收益率水平，其大小完全取决于方案自身的现金流，因而称为财务内部收益率。财务内部收益率可以理解为方案占用资金的恢复能力，也可以理解为工程项目对初始投资的偿还能力。即对方案来说，如果折现率取其内部收益率（IRR）时，在项目的计算期内，如始终存在未回收投资，且仅在计算期终时，投资完全收回，净现值等于零，动态投资回收期正好等于该方案计算期。财务内部收益率揭示了项目所具有的最高获利能力。

财务内部收益率越高，则该方案的效益越好，其步骤如下：

（1）利用式（4-8）计算内部收益率（IRR），需要求解一元多次方程，比较困难，一般使用式（4-9）线性插值公式求财务内部收益率。

（2）将 IRR 与基准收益率（i_c）比较，当 $IRR \geqslant i_c$ 时，表明方案在经济上可行。

［例 6-5］某项目技术方案的净现金流量见表 6-5，当基准收益率为 10%时，试用财务内部收益率法判断项目的经济性。

表 6-5　　　　**现金流量表**　　　　单位：万元

年　序	0	1	2	3	4	5
净现金流量	−120	30	40	25	30	35

解：净现值的计算如下

$$NPV=-120+30\times(P/F,i,1)+40\times(P/F,i,2)+25\times(P/F,i,3)+30\times(P/F,i,4)+35\times(P/F,i,5)$$

设 $i_1=10\%$, $i_2=12\%$，计算相应的 NPV_1，NPV_2。

$$\begin{aligned}NPV_1(i_1)&=-120+30\times(P/F,10\%,1)+40\times(P/F,10\%,2)+25\times(P/F,10\%,3)+30\\&\quad\times(P/F,10\%,4)+35\times(P/F,10\%,5)\\&=-120+30\times0.9091+40\times0.8264+25\times0.7513+30\times0.6880+35\times0.6209\\&=1.483(\text{万元})\end{aligned}$$

$$\begin{aligned}NPV_2(i_2)&=-120+30\times(P/F,12\%,1)+40\times(P/F,12\%,2)+25\times(P/F,12\%,3)+30\\&\quad\times(P/F,12\%,4)+35\times(P/F,12\%,5)\\&=-120+30\times0.8929+40\times0.7972+25\times0.7118+30\times0.6355+35\times0.5674\\&=-4.606(\text{万元})\end{aligned}$$

利用式（4-9）得

$$\begin{aligned}IRR&=i_1+\frac{NPV_1}{NPV_1+|NPV_2|}(i_2-i_1)\\&=10\%+\frac{1.483}{1.483+|-4.606|}\times(12\%-10\%)=10.5\%\end{aligned}$$

因为 $IRR>i_c=10\%$，所以项目技术方案在经济上是可行的。

财务内部收益率法考虑资金的时间价值及项目在整个寿命期内的经济状况，能够直接衡量项目的真正的投资收益率和直观反映技术方案的最大可能盈利能力或最大的利息偿还能力，不需要事先确定一个基准收益率，而只需要知道基准收益率的大致范围即可，但是需要多次试算，计算烦琐。如果只根据 IRR 指标大小进行方案投资决策，可能会使那些投资大、IRR 低、但收益总额很大、对国民经济有重大影响的方案落选。因此，IRR 指标往往和 NPV 结合起来使用，因为 NPV 值大的方案，其 IRR 未必大，反之亦然。

6.2.2 有资源限制情况

有资源限制情况是一个项目中独立方案间共享的资源是有限的，不能满足所有方案的需求，那么在不超出资源限额的情况下，独立方案的选择方法有方案组合法和净现值率排序法。

1. *方案组合法*

方案组合法是在有限资金限制的情况下，列出独立方案所有可能的组合，每个组合方案的组合投资总额不超过总投资资金（现金流量为组合方案现金流量的叠加），所有可能的组合方案，最终只能选择其中的一种组合方案，因此组合方案间形成了互斥关系，按互斥方案的比较方法确定最优的组合方案。具体步骤如下：

（1）列出方案的所有可能组合。

（2）每个组合的现金流量相叠加。

（3）将所有组合方案按初始投资额从小到大排列。

（4）排除总投资额超过限额的组合方案。

（5）对所剩的组合方案按互斥方案的比较方法确定最优组合方案，其中的独立方案为最佳选择。

［例 6-6］ 某建设项目有 3 个相互独立的方案，资金限额为 5000 万元，寿命期为 8 年，项目各方案的净现金流量见表 6-6。当基准收益率为 10%时，应如何选择方案？

表 6-6　　**现金流量表**　　单位：万元

方　案	初始投资	年净收益
A	1500	300
B	2800	550
C	4000	760

解：采用净现值法，列表 6-7 求解。

表 6-7　　**现金流量表**　　单位：万元

方案组合	初始投资	年净收益	净现值
A	1500	300	100.49
B	2800	550	134.20
C	4000	760	54.52
A + B	4300	850	234.67
A + C	5500	1060	—
B + C	6800	1310	—
A + B+C	8300	1610	—

解：从表 6-7 中可以看出，A + C、B + C、A + B+C 的组合方案初始投资额超过了限额 5000 万元，所以不考虑；A、B、C、A + B 的组合方案初始投资额没有超过限额且 A + B 的组合方案的净现值最大，选择 A + B 的组合方案，最终选择 A 方案、B 方案。

方案组合法能充分考虑到各种组合方案并获得最佳方案，但是组合数目多，计算烦琐。

2. 净现值率排序法

净现值率是项目净现值与项目全部投资现值之比，其经济含义是单位投资现值所能带来的净现值，是一个考察项目单位投资盈利能力的指标。由于净现值不能直接考察（反映）项目投资额的大小，故为了考察投资的利用效率，常用净现值率作为净现值的辅助评价指标。计算公式如下

$$\mathrm{NPVR} = \frac{\mathrm{NPV}}{I_{\mathrm{p}}} \tag{6-1}$$

式中　I_{p}——全部投资的现值之和。

净现值率排序法是将净现值率大于等于零的方案，按照净现值率的大小，从小到大依次排序，按照这个顺序，直到组合方案的投资总额最接近或等于投资的限额的一种选择方法。

具体步骤如下：

（1）计算各种独立方案的净现值率。

（2）按从大到小的顺序排列独立方案。

（3）先将资金分配给净现值率大的方案，直到资金分配完为止。

（4）选择已分配资金的方案组合。

［**例 6-7**］根据例 6-6 的资料，用净现值率排序法选择方案。

解：A、B、C 三个方案的净现值率为

$$\mathrm{NPVR_A} = \frac{\mathrm{NPV}}{K_\mathrm{P}} = \frac{100.49}{1500} \times 100\% = 6.70\%$$

$$\mathrm{NPVR_B} = \frac{\mathrm{NPV}}{K_\mathrm{P}} = \frac{134.20}{2800} \times 100\% = 4.80\%$$

$$\mathrm{NPVR_C} = \frac{\mathrm{NPV}}{K_\mathrm{P}} = \frac{54.52}{4000} \times 100\% = 1.36\%$$

从以上结果可以看出，方案选择的顺序是方案 A、方案 B、方案 C。由于资金的限额是 5000 万元，从方案 A 方案开始选择金额为 1500 万元，再选择方案 B 金额为 2800 万元，A＋B 组合方案投资额为 4300 万元，没有超过限额；如果加入方案 C，投资额超过限额，最后选择方案仍然是 A＋B 组合方案，结论与例 6-6 一样。

净现值率排序法的优点是计算简便，选择方法简明扼要；缺点是由于技术方案的不可分性，即一个方案只能作为一个整体被接受或放弃，经常会出现资金没有被充分利用的情况。

6.3 互斥方案的比选

互斥方案经济效果评价与选择包括两部分：一是进行“绝对效果检验”，即考察各个方案自身的经济效果；二是“相对效果检验”，即考察哪个方案相对效果最优。两种检验的目的和作用不同，通常缺一不可，以确保所选方案不但可行而且最优。在互斥方案比选时，我们可以采用静态评价法或动态评价法进行分析，一般常用动态评价方法进行比较和选择。

进行多方案比选时，评价方案的经济效果还应考虑不同方案的计算期（寿命期）是否相同。事实上，所有经济比选方法都必须建立在各方案计算期相同的条件下，只是在静态评价方法下，计算期不同不影响评价的结果，在某些动态评价方法下，计算期不同也不影响比选的结果。在运用具体比选指标和方法时要特别注意这一特点。

6.3.1 静态评价方法

互斥方案静态评价方法常用的比选方法有增量投资收益率法、增量投资回收期法、年折算费用法等。

1. 增量投资收益率法

增量投资收益率法是增量投资所带来的经营成本上的节约与增量投资之比就叫增量（差额、追加）投资收益率。

现设 I_1、I_2 分别为 A、B 方案的投资额，C_1、C_2 为 A、B 方案的经营成本。如果 $I_2>I_1$，$C_2<C_1$，则增量投资收益率 $R_{(2-1)}$ 为

$$R_{(2-1)}=\frac{C_1-C_2}{I_2-I_1}\times 100\% \tag{6-2}$$

若 $R_{(2-1)}$ 大于基准投资收益率，则投资大的方案可行，说明投资的增量完全可以由经营成本的节约得到补偿；若 $R_{(2-1)}$ 小于基准投资收益率，则投资小的方案可行。

增量投资收益率法适用于对比方案的产出量或生产率、年营业收入等，效用、效益、规模相同的情况。当其产出量不同时，则要先进行产量等同化处理。

［例 6-8］某建设项目有 A、B 两个互斥方案，方案 A 投资额为 400 万元，年经营成本为 300 万元；方案 B 投资额为 650 万元，年经营成本为 250 万元。假定项目所在行业的基准收益率为 15%，试进行方案比选。

解：将有关数据代入计算式，得

$$R_{(2-1)}=\frac{300-250}{650-400}\times 100\%=20\%$$

因为 20%＞15%，所以方案 B 优于方案 A。

2. 增量投资回收期法

增量投资回收期法是用互斥方案经营成本上的节约或增量净收益来补偿其增量投资的年限，假设条件同上，其公式为

$$P_{t(2-1)}=\frac{I_2-I_1}{C_1-C_2} \tag{6-3}$$

若 $P_{t(2-1)}$ 小于基准投资回收期，投资大的方案可行；若 $P_{t(2-1)}$ 大于基准投资回收期，则投资小的方案可行。它的适用范围和增量投资收益率是一样的。由于互斥方案个数较多，用以上两种方法进行经济比较，需两两比较逐个淘汰，比较次数较多。

［例 6-9］某建设项目有 A、B 两个互斥方案，其投资额分别为 300 万元和 500 万元，经营成本分别为 150 万元和 100 万元，假定基准投资回收期为 5 年。要求以增量投资回收期进行方案比选。

解：将有关数据代入计算式，得

$$P_{t(2-1)}=\frac{500-300}{150-100}=4(年)$$

因为 4 年＜5 年，所以方案 B 优于方案 A。

3. 年折算费用法

年折算费用法将投资额用基准投资回收期进行分摊，再与各年的年经营成本相加。运用年折算费用法，只需计算各方案的年折算费用即可。其计算公式为

$$Z_j=\frac{I_j}{P_c}+C_j \tag{6-4}$$

式中　Z_j——第 j 个方案的年折算费用；

I_j——第 j 个方案的总投资；

P_c——基准投资回收期；

C_j——第 j 个方案的年经营成本。

年折算费用小的方案为优。该方法计算简便，评价准则更直观、明确。

4. 综合总费用法

综合总费用法是方案的投资与基准投资回收期内年经营成本的总和。其计算公式为

$$S_j = I_j + C_j \times P_c \tag{6-5}$$

式中 S_j——第 j 个方案的综合总费用。

综合总费用最小的方案即为最优。

以上几种静态评价方法，计算简单，但是没有考虑资金的时间价值及方案未来时期的发展变化情况。因此，静态评价方法仅适用于方案的初步比较选择或作为辅助比选方式采用，主要的比选方法还是采用动态评价方法。

6.3.2 动态评价方法

1. 计算期相同的互斥方案比选

计算期相同的互斥方案比选的条件是寿命期相同，在时间上具有可比性。

（1）净现值法。净现值法就是对互斥方案的净现值进行比较，以净现值最大的方案为经济上最优方案，用净现值法比较方案，要求每个方案的净现值必须大于等于零，净现值小于零的方案要被剔除，计算公式见式（4-7）。具体步骤如下：

1）根据数据计算各方案的 NPV（绝对效果检验）。

2）逐个检验方案，将 NPV＜0 的方案剔除。

3）对所有 NPV＞0 的方案比较其指标的数值（相对效果检验）。

4）NPV 最大的方案为最优方案。

［**例 6-10**］某项目有 3 个互斥方案，寿命期均为 10 年，各方案的相关数据见表 6-8。试在三个方案中选择最优方案（$i_c = 10\%$）。

表 6-8 **现金流量表** 单位：万元

方 案	初始投资	年净收益
A	65	10
B	70	15
C	78	16

解：3 个方案的净现值利用公式 $\text{FNPV} = \sum_{t=1}^{n}(\text{CI}-\text{CO})_t(1+i_c)^{-t}$ 计算，得

$$\text{NPV}_\text{A} = -65 + 10 \times (P/A,10\%,10) = -3.55(\text{万元})$$

$$\text{NPV}_\text{B} = -70 + 15 \times (P/A,10\%,10) = 22.17(\text{万元})$$

$$\text{NPV}_\text{C} = -78 + 16 \times (P/A,10\%,10) = 20.31(\text{万元})$$

从以上结果可以看出，$\text{NPV}_\text{A} < 0$，方案 A 首先被剔除；由于 $\text{NPV}_\text{B} > \text{NPV}_\text{C}$，所以方案 B 为最优方案。

在分析中，对效益相同（或基本相同），但效益无法或很难用货币计量时，常用费用现

值（PC）替代净现值进行评价。我们要计算各方案的费用现值，进行比较，以费用现值最低的方案为最佳。其计算公式为

$$\mathrm{PC}=\sum_{t=1}^{n}(C-B)_t(1+i_c)^{-t} \tag{6-6}$$

式中　C——第 t 期投入资金总额；

B——第 t 期末余值回收。

［例 6-11］有两种设备 A 和 B，寿命期为 5 年，各种费用见表 6-9，在两个设备方案中选择最优方案（$i_c=10\%$）。

表 6-9　　**现金费用表**　　单位：万元

方　案	初始投资	年运营费用	残值
A	30	5	3
B	40	8	5

解：两个方案的费用现值利用式（6-6）计算，得

$$\mathrm{PC_A}=30+5\times(P/A,10\%,5)-3\times(P/F,10\%,5)=47.09(\text{万元})$$

$$\mathrm{PC_B}=40+8\times(P/A,10\%,5)-5\times(P/F,10\%,5)=67.22(\text{万元})$$

从以上结果可以看出，按照费用最小方案最优的原则，方案 A 优于方案 B。

（2）净年值法。净年值法是通过计算各个互斥方案的年值进行比较，以年值最大的方案为最优方案，同样要求各方案的年值要大于等于零，具体步骤如下：

1）根据数据计算各方案的 NAV（绝对效果检验）。

2）逐个检验方案，将 NAV＜0 的方案剔除。

3）对所有 NAV＞0 的方案比较其指标的数值（相对效果检验）。

4）NAV 最大的方案为最优方案。

净年值是以一定的基准收益率将项目计算期内净现金流量等值换算而成的等额年值。它和净现值都是在给出的基准收益率的基础上进行计算。由于同一现金流量的现值和等额年值是等价的，因此，净现值法和净年值法在方案比选中能得出相同的结论。其计算公式为

$$\mathrm{NAV}=\mathrm{FNPV}\times\frac{i_c(1+i_c)^n}{(1+i_c)^n-1} \tag{6-7}$$

NAV≥0，方案可以接受；NAV＜0，方案不可接受。

同理，当方案所产生的效益无法或很难用货币直接计量时，可以用等额年费用（AC）替代净年值进行评价，计算出等额年费用后，以费用最低者为最佳方案。将计算期内所有费用现值，按事先选定的基准收益率折现为每年等额的费用就是等额年费用。其计算公式为

$$\mathrm{AC}=\mathrm{PC}\times\frac{i_c(1+i_c)^n}{(1+i_c)^n-1} \tag{6-8}$$

［例 6-12］根据例 6-10 资料，用净年值法在 3 个方案中选择最优方案（$i_c=10\%$）。

解： 三个方案的净年值利用式（6-7）计算，得

$$NAV_A=-65\times(A/P,10\%,10)+10=-0.58(万元)$$
$$NAV_B=-70\times(A/P,10\%,10)+15=3.61(万元)$$
$$NAV_C=-78\times(A/P,10\%,10)+16=3.31(万元)$$

从以上结果可以看出，$NAV_A<0$，方案 A 首先被剔除；由于 $NAV_B>NAV_C$，所以方案 B 为最优方案。与例 6-10 的结果是一样的。

（3）增量财务内部收益率法。增量财务内部收益率（ΔIRR）是相比较的两个方案的各年净流量差额的现值之和等于零时的折现率，必须指出的是，只有方案的财务内部收益率大于或等于基准收益率的方案，才能参加方案比选。其计算公式为

$$\sum_{t=1}^{n}[(CI-CO)_2-(CI-CO)_1]_t(1+\Delta IRR)^{-1}=0 \tag{6-9}$$

式中 $(CI-CO)_2$——投资额大的方案的净现金流量；

$(CI-CO)_1$——投资额小的方案的净现金流量；

ΔIRR——增量财务内部收益率。

从式（6-9）中可以看出，增量财务内部收益率就是 $NPV_1=NPV_2$ 时的折现率。用增量财务内部收益率比选方案的判别准则是：若 $\Delta IRR\geqslant i_0$(基准折现率)，则投资（现值）大的方案优；若 $\Delta IRR<i_0$，则投资（现值）小的方案为优。其比选互斥方案的步骤如下：

1）根据每个方案自身的净现金流量，计算财务内部收益率，与基准投资收益率比较，$IRR<i_c$ 的方案被淘汰。

2）将方案按投资额由小到大排序。

3）依次计算第二步保留下来的相邻两方案间的ΔIRR。若 $\Delta IRR>i_c$，则保留投资额大的方案；反之，则保留投资额小的方案。直到全部方案比较完毕，最后一个被保留的方案即为最优方案。

［例 6-13］某项目有 4 个互斥方案，数据见表 6-10，寿命期均为 10 年，基准收益率 $i_c=15\%$。试用增量内部收益率法选择方案。

表 6-10 现金流量表 单位：万元

方 案	初始投资	年净收益
A	1000	300
B	1500	500
C	2300	650
D	3300	930

解：

（1）计算 4 个方案的内部收益率

$$-1000+300(P/A,IRR_A,10)=0$$
$$-1500+500(P/A,IRR_B,10)=0$$

$$-2300 + 650(P/A,\mathrm{IRR_C},10) = 0$$

$$-3300 + 930(P/A,\mathrm{IRR_D},10) = 0$$

解得

$$\mathrm{IRR_A} = 27.3\% > i_0 = 15\%$$

$$\mathrm{IRR_B} = 31.4\% > i_0$$

$$\mathrm{IRR_C} = 25.3\% > i_0$$

$$\mathrm{IRR_D} = 25.2\% > i_0$$

4 个方案均为可行方案。排序：B—A—C—D。

（2）按投资从小到大的顺序排列方案：A—B—C—D。

（3）两两方案进行比较，选择最优方案。下面各式均采用用线性内插法计算ΔIRR。

1）计算方案 A 和方案 B 的差额财务内部收益率$\Delta\mathrm{IRR_{B-A}}$。

$$[-1500-(-1000)] + [(500-300)(P/A, \Delta\mathrm{IRR_{B-A}}, 10)] = 0$$

当$\Delta\mathrm{IRR_{(B-A)1}} = 35\%$，$\Delta\mathrm{NPV_{(B-A)1}} = 43$ 万元；$\Delta\mathrm{IRR_{(B-A)2}} = 40\%$，$\Delta\mathrm{NPV_{(B-A)2}} = -17.28$ 万元。所以，$\Delta\mathrm{IRR_{B-A}} = 38.6\% > i_0 = 15\%$，故方案 B 当前最优。

2）计算方案 C 和方案 B 的差额财务内部收益率$\Delta\mathrm{IRR_{C-B}}$。

$$[-2300-(-1500)] + [(650-500)(P/A, \Delta\mathrm{IRR_{C-B}}, 10)] = 0$$

当$\Delta\mathrm{IRR_{(C-B)1}} = 12\%$，$\Delta\mathrm{NPV_{(C-B)1}} = 47.53$ 万元；$\Delta\mathrm{IRR_{(C-B)2}} = 15\%$，$\Delta\mathrm{NPV_{(C-B)2}} = -47.18$ 万元。所以，$\Delta\mathrm{IRR_{C-B}} = 13.5\% < i_0 = 15\%$，故方案 B 当前最优。

3）计算方案 D 和方案 B 的差额财务内部收益率$\Delta\mathrm{IRR_{D-B}}$。

$$[-3300-(-1500)] + [(930-500)(P/A, \Delta\mathrm{IRR_{D-B}}, 10)] = 0$$

当$\Delta\mathrm{IRR_{(D-B)1}} = 20\%$，$\Delta\mathrm{NPV_{(D-B)1}} = 2.78$ 万元；$\Delta\mathrm{IRR_{(D-B)2}} = 25\%$，$\Delta\mathrm{NPV_{(D-B)2}} = -264.69$ 万元。所以，$\Delta\mathrm{IRR_{D-B}} = 20.1\% > i_0 = 15\%$，故方案 D 当前最优。

4）计算方案 A 和方案 C 的差额财务内部收益率$\Delta\mathrm{IRR_{C-A}}$。

$$[-2300-(-1000)] + [(650-300)(P/A, \Delta\mathrm{IRR_{C-A}}, 10)] = 0$$

当$\Delta\mathrm{IRR_{(C-A)1}} = 20\%$，$\Delta\mathrm{NPV_{(C-A)1}} = 167.38$ 万元；$\Delta\mathrm{IRR_{(C-A)2}} = 25\%$，$\Delta\mathrm{NPV_{(C-A)2}} = -50.33$ 万元。所以，$\Delta\mathrm{IRR_{C-A}} = 23.8\% > i_0 = 15\%$，故方案 C 当前最优。

因此，推导得 D—B—C—A，方案 D 为最优方案。

从本题可以看出财务内部收益率计算的结论和增量财务内部收益率的结论是完全不一样的，那么哪一个结论是最准确的？通过上题的净现值法比选结论，发现和增量财务内部收益率的结论是一样的，所以，在进行互斥方案比选时，可以采用增量财务内部收益率法。但是ΔIRR 只能反映增量现金流的经济性（相对经济效果），不能反映各方案自身的经济性（绝对经济效果），故ΔIRR 只能用于方案之间的比较，不能仅根据ΔIRR 值的大小判定方案的取舍。

2. 计算期不相同的互斥方案比选

对于互斥方案，如果其寿命期不相同，就不能直接采用净现值等方法比较，因为寿命期长的方案与寿命期短的方案的净现值不具有可比性。因此，为了满足时间可比的要求，就需要对各备选方案的计算期和计算公式进行适当的处理，使各个对比方案在相同的条件下进行比较，才能得出合理的结论。

(1)净年值法。净年值法是通过分别计算各方案净现金流量的净年值并进行比较，以 NAV ≥0 且 NAV 最大者为最优方案。在运用净年值法时隐含着一种假设，各备选方案在其寿命结束时均可按原方案重复实施。一个方案无论重复实施多少次，其净年值是不变的，从而使寿命不等的互斥方案之间具有可比性。

[**例 6-14**] 某项目有 A 和 B 两个方案，数据见表 6-11，基准收益率 $i_0=10\%$。试用净年值法选择方案。

表 6-11 **净现金流量表** 单位：万元

年　序	0	1～3	4～5
A	−300	80	100
B	−200	90	—

解：求出 A、B 两方案的净年值

$$NAV_A=[-300+80\times(P/A,10\%,3)+100\times(P/A,10\%,2)(P/F,10\%,3)]\times(A/P,10\%,5)$$
$$=7.74(\text{万元})$$

$$NAV_B=[-200+90\times(P/A,10\%,3)]\times(A/P,10\%,3)=9.58(\text{万元})$$

$NAV_B>NAV_A>0$，最优方案为 B 方案。

在对寿命期不等的互斥方案进行比较时，比较净年值是最为简便的方法。

(2) 净现值法。净现值法要考虑时间可比性的要求，需对各备选方案的寿命期做统一处理。处理的方法通常有最小公倍数法和研究期法两种。

1) 最小公倍数法。最小公倍数法又称方案重复法，是取各备选方案寿命期的最小公倍数作为方案比选时共同的计算期（分析期），并假设各个方案均在这样一个共同的计算期内重复进行，直到其寿命期等于最小公倍数为止。在这里对各方案计算期内各年的净现金流量进行重复计算，得出各个方案在共同的计算期的净现值，以净现值最大的方案为最优方案。其步骤如下：

① 根据每个方案的计算期，确定计算期的最小公倍数。

② 将各方案的计算期按最小公倍数确定重复实施的次数。

③ 根据确定的次数对其净现金流量进行重复计算，计算相同计算期的方案净现值。

④ 净现值较大的方案为最佳方案。

[**例 6-15**] 有两种可供选择的设备，A 设备价格为 10 000 元，寿命为 10 年，残值为 1000 元，每年创净效益 3000 元；B 设备价格 16 000 元，寿命为 20 年，无残值，每年创净效益 2800 元。基准收益率为 10%。试对两种设备做比较。

解：A 设备寿命期为 10 年，B 设备寿命期为 20 年，二者的最小公倍数为 20，即 A 设备

要重复投资一次，A 设备的现金流量图如图 6-1 所示。

A 设备的净现值根据图 6-1 计算得到

$$NPV_A = -10\,000 - 10\,000 \times (P/F,10\%,10) + 3000 \times (P/A,10\%,20) + 1000 \times (P/F,10\%,10) + 1000 \times (P/F,10\%,20) = 12\,220(\text{元})$$

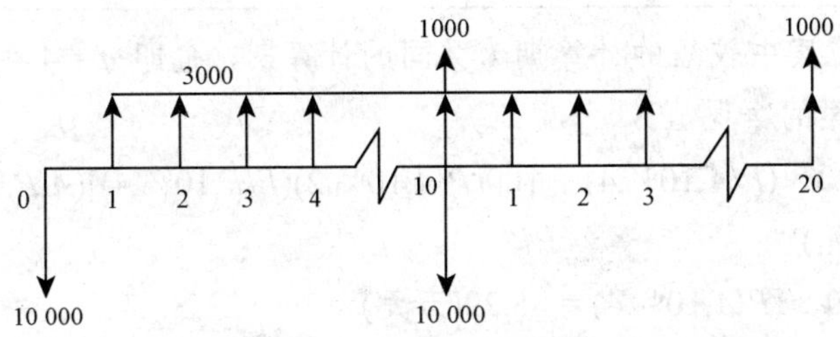

图 6-1　A 设备现金流量图

B 设备的净现值根据图 6-2 计算得到

$$NPV_B = -16\,000 + 2800(P/A,10\%,20) = 7838(\text{元})$$

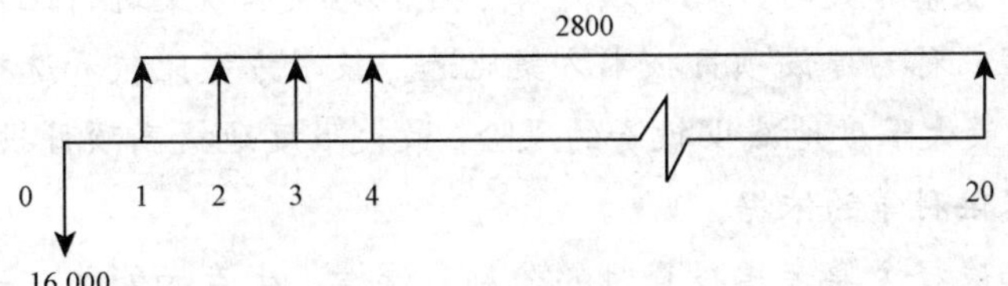

图 6-2　B 设备现金流量图

$NPV_A > 0$，$NPV_B > 0$，两方案均可行。

$NPV_A > NPV_B$，故 A 方案最优。

2）研究期法。研究期法是以相同时间来研究不同期限的方案。寿命不同的互斥方案的评价，需要按实际需要确定一个适宜的分析研究期。例如对于产品和设备更新较快的方案，由于旧技术迅速地为新技术所替代，若仍然以原方案重复更新显然是不合理的。我们以寿命较短的方案的寿命作为比较基础可能更为合理。因此，针对寿命期不相等的互斥方案，直接选取一个适当的分析期作为各个方案共同的计算期，通过比较各个方案在该计算期内的净现值来对方案进行比较。以净现值最大的方案为最佳方案。在实际应用中，为简便起见，往往直接选取诸方案中最短的计算期为各个方案的共同的计算期，所以研究期法又称最小计算期法。

采用研究期法对方案进行比选时，其计算步骤、判别准则均与净现值法完全一致，唯一需要注意的是对于寿命期比共同的计算期长的方案，要对其在计算期以后的现金流量情况进行合理的估算，以免影响结论的合理性。

［例 6-16］有 A、B 两个方案的净现金流量见表 6-12，若已知 $i_c = 10\%$。试用研究期法对方案进行比选。

表 6-12 净现金流量表 单位：万元

方案＼年序	0	1～4	5～6
A	−300	80	100
B	−200	90	—

解：取 A、B 两方案中较短的计算期为共同的计算期，也即 $n=4$ 年，分别计算当计算期为 4 年时 A、B 两方案的净现值。

$$NPV_A=[-300+80\times(P/A,10\%,4)+100(P/A,10\%,2)(P/F,10\%,4)](A/P,10\%,6)(P/A,10\%,4)$$
$$=53.13(万元)$$

$$NPV_B=-200+90\times(P/A,10\%,4)=85.29(万元)$$

$NPV_B>NPV_A>0$，B 方案为最优方案。

本 章 小 结

当项目面临多个技术方案时，就必须对每个可能的技术方案进行比较和选择，最终确定最优方案，这个过程，称为建设项目技术方案比选。技术方案比较和选择的目的是确保决策的正确性和科学性，最大限度地减少投资的风险，最大限度地提高项目投资的综合经济效益，为项目的投资决策提供科学的依据。

技术方案比较和选择主要考虑投资时的盈利、清偿、生存的能力，一般采用动态评价方法和静态评价方法进行经济评价。技术方案的类型有独立型方案、互斥型方案、互补型方案、现金流量相关型方案、组合—互斥型方案、混合相关型方案等。

独立方案的比选从无资源限制和有资源限制两方面评价，无资源限制的评价指标有投资收益率、投资回收期、净现值、财务内部收益率；有资源限制包括方案组合法、净现值率排序法。互斥方案中静态评价方法是了解的内容，重点放在动态评价方法中，从计算期相同和计算期不同进行了详细的讲述，大量的实例能增强学生的理解。

思 考 题

1. 技术方案比选的含义是什么？步骤是什么？
2. 技术方案有哪些基本类型？
3. 独立方案在无资源限制情况下进行比选怎么理解？比选指标有哪些？
4. 互斥方案在计算期相同时采用哪些方法进行比较和选择？它们的公式是什么？

练 习 题

1．某方案投资的净现金流量见表 6-13，假设基准动态投资回收期为 6 年，基准收益率为

10%。试用动态投资回收期法分析项目的可行性。

表 6-13　　现金流量表　　单位：万元

年　序	0	1	2	3	4	5	6
净现金流量	−100	30	20	60	60	60	60
净现金流量现值							
累积净现金流量现值							

2．某项目有两个独立方案 A 和 B，其现金流量见表 6-14，折现率为 10%。试用净现值法比较两个方案的经济可行性。

表 6-14　　现金流量表　　单位：万元

方　案	0	1～10
A	−300	45
B	−150	30

3．根据第 2 题的资料，用财务内部收益率法比较两个方案的经济可行性。

4．有 3 个可供选择的互斥方案，其现金流量及计算期见表 6-15，若基准收益率为 10%。试用净现值法、净年值法确定应选择哪个方案。

表 6-15　　现金流量表　　单位：万元

方　案	0	1～8
A	−200	40
B	−180	32
C	−230	45

5．有两种可供选择的设备，其有关资料见表 6-16。试用最小公倍数法和研究期法选择较优方案。

表 6-16　　方案资料

方案	投资/年	寿命/年	残值/元	年收入/元	年支出/元	基准收益率/%
A	10 000	5	2000	5000	2200	10
B	15 000	10	0	7000	4300	10

第7章 价值工程

学习要点

通过本章的学习，学生应掌握价值工程的定义及价值工程的特点，价值、功能与成本的概念，功能分析与评价的方法；熟悉提高价值的基本途径、方案创新和综合评价的方法；了解价值工程产生的背景、价值工程的工作程序。

7.1 价值工程概述

7.1.1 价值工程的产生与发展

价值工程也称价值分析，产生于20世纪40年代的美国。

此时的美国正处于第二次世界大战，军火工业迅猛发展，资源被大肆滥用，导致资源短缺，因此如何合理使用原材料和在保证质量的前提下寻找代用材料成为重要课题。

美国通用电气公司采购工程师麦尔斯用价格较低且货源充足的材料来代替市场短缺的石棉板。

1947年，麦尔斯在《美国机械师》杂志上将自己的观点加以总结，发表“价值分析”（Value Analysis，VA）的文章，核心内容是：①用户在购买产品时，实际上购买的并非产品本身，而是产品所具有的功能；②用户在购买产品所具备的功能时，希望所花的费用越少越好；③从功能和购买功能所花费用之间的关系，提出了“价值”的概念；④研究产品的功能和实现这种功能所投入的资源之间的关系，提出提高价值的方法，从而提高产品价值，就是价值分析。

1954年，作为美国政府部门的美国海军舰船局，也开始采用价值分析方法进行舰船的设计，并将“价值分析”更名为“价值工程”（Value Engineering，VE）。美国海军舰船局应用价值工程技术后，仅第一年就节约了3500万美元。

之后，价值工程在美国各个领域得到了广泛运用。

接着，日本、瑞典、挪威、丹麦、英国、法国等引用价值工程并得到了发展，不仅将价值工程应用于重点材料代用，而且着重应用与决策、改进设计、改进工艺、改进生产计划等领域，以及新产品的开发设计中。

1959 年，美国在哥伦比亚特区成立了价值工程师协会。

1971 年，美国出版的《工业管理工程手册》把价值工程作为第二次世界大战后在工业管理领域出现的 6 种信息技术的一种。

中国于 1979 年引进价值工程理论，现已在机械、电气、化工、纺织、建材、冶金、物资等多个行业中应用。同时，高校也开始设立价值工程课程，不管是管理专业，还是设计与制造专业，它都成为必修课之一。目前，价值工程在我国建筑业中的应用还处于比较初级的阶段。但从世界范围来看，建筑业一直是价值工程实践的热点领域，究其原因是它能适应建筑业发展的自身需求，在降低工程成本、保证业主投资效益方面具有显著的功效。根据美国建筑业应用价值工程的统计结果表明：一般情况下应用价值工程可以降低整个建设项目初始投资 5%～10%，同时可以降低项目建成后的运行费用 5%～10%。而在某些情况下这一节约的比例更是可以高达 35%以上。而整个价值工程研究的投入经费仅为项目建设成本的 0.1%～0.3%。因此，推动价值工程在我国建筑业中的发展和应用，不仅可以获得良好的经济效益，而且也可以提高我国建筑业的整体经营管理水平。

7.1.2 价值工程的定义与特点

1. 价值工程的定义

价值工程是以提高产品（或作业）价值和有效利用资源为目的，通过有组织的创造性工作，寻求用最低的寿命周期成本，可靠地实现使用者所需功能，以获得最佳的综合效益的一种管理技术。价值工程中“工程”的含义是指为实现提高价值的目标，所进行的一系列分析研究的活动。价值工程中所述的“价值”也是一个相对的概念，是指作为某种产品（或作业）所具有的功能与获得该功能的全部费用的比值。它不是对象的使用价值，也不是对象的交换价值，而是对象的比较价值，是作为评价事物有效程度的一种尺度。这种尺度可用数学公式表示为

$$V=\frac{F}{C} \tag{7-1}$$

式中 V——研究对象的价值；

F——研究对象的功能，广义指产品或作业的功用和用途；

C——研究对象的寿命周期成本。

定义中的“产品”泛指以实物形态存在的各种产品，如材料、制成品、设备、建设工程等；“作业”是指提供一定功能的工艺、工序、作业、活动等。

2. 价值工程的特点

价值工程作为一种现代管理技术和思想方法，有其自身独到的特点，具体表现为以下几个方面：

（1）以使用者的功能需求为出发点。功能是所有物品最本质的特点。用户购置和使用物品实质上是购买和使用物品所具有的功能。因此，确定物品的功能及其水平只能以用户的需求为依据，那种脱离用户的实际需求，盲目追求多功能、高水平的想法及做法是不符合价值

工程原理的，势必会造成成本的增加和价值的降低。

（2）对所研究的对象进行功能分析，系统研究功能与成本之间的关系。通过功能分析，准确掌握了用户所需的功能，以此作为新产品开发设计或老产品改造的依据，使用户的功能需求得到可靠的满足。同时，通过功能分析判断产品整体和各组成部分是否存在不必要功能和过剩功能，采取有效措施消除这些功能，以及由此而多花费的费用，降低产品成本。

（3）致力于提高价值的创造性活动。提高价值就是全面而有效地利用社会资源，提高经济效益以最少的社会资源消耗取得最大的综合效益，这就是开展价值工程的目的所在。而提高价值的关键则在于有效地开展创造性活动。创造性活动应当紧紧围绕用户所需的功能进行思考、分析和综合，充分发挥人们的智慧和创造力，打破原有产品结构的框框，提出更多的改进方案，从中选出价值更高的方案。

总之，创造性活动是开展价值工程最重要、最关键的一步。离开有效的创造性活动，价值工程将失去它应有的生命力。

（4）有组织、有计划地按一定工作程序进行。在开展价值工程活动时，特别是针对一些较复杂的产品和重大项目时，为达到以最低的寿命周期成本、可靠地实现用户要求的功能、切实提高产品价值的目的，使其整体化，必须有组织保障。要把企业有关各方面的人员充分组织起来、密切配合，发挥集体智慧和创造力，以保证卓有成效并最大限度地提高价值的目的。

7.1.3 提高价值的途径

从公式 $V=F/C$ 出发，我们可以定性地得出提高价值的 5 条途径。

（1）既提高功能，又降低寿命周期费用：$\dfrac{F\uparrow}{C\downarrow}=V\uparrow$。

这是提高价值的最理想途径，它可以使产品价值有较大幅度的提高，这也是价值工程追求的主要目标。例如，价值工程对象原有功能与寿命周期费用与用户的要求差距较大，通过补充必要功能，消除不必要功能，降低多余费用，就可以做到这一点。

（2）在保证对象必要功能的前提下，采取措施降低寿命周期费用，提高价值：$\dfrac{F\rightarrow}{C\downarrow}=V\uparrow$。

例如，价值工程对象原来存在不必要功能，通过消除不必要功能，降低寿命周期费用，而必要功能保持不变，从而提高价值。

（3）控制寿命周期费用不变，采取措施提高功能，达到提高价值的目的：$\dfrac{F\uparrow}{C\rightarrow}=V\uparrow$。

例如，价值工程对象原有的必要功能不足，采取措施补充不足的必要功能，虽然生产过程中的花费随之上升，但使用费用下降，结果寿命周期费用保持不变，最终使价值提高。

（4）寿命周期费用略有增加，功能大大提高：$\dfrac{F\uparrow\uparrow}{C\uparrow}=V\uparrow$。

在保证寿命周期费用增加幅度不大的情况下，使功能提高幅度大于寿命周期费用增加的幅度，从而提高产品的价值。例如随着情况的变化，用户对对象的功能要求提高了，为了弥补功能不足，适当提高了寿命周期费用，但由于消除了不必要功能或采取的其他降低寿命周期费用的措施，而使寿命周期费用的增长幅度低于功能提高的幅度，则提高了价值。

（5）功能稍有降低，而寿命周期费用大幅度下降：$\frac{F\downarrow}{C\downarrow\downarrow}=V\uparrow$。

只要功能满足用户要求，且下降的幅度小于寿命周期费用下降的幅度，就可以提高价值。例如某些对象降低某些功能或性能指标，可以带来寿命周期费用大幅度下降，当用户认为功能下降不妨碍使用时，就可以提高其价值。

以上5种提高研究对象价值的途径，可以归纳为表7-1。

表7-1 提高价值的途径

序　号	模　式	办　法	特　点
1	$\frac{F\uparrow}{C\downarrow}=V\uparrow$	提高功能，降低寿命周期费用	是价值工程主攻方向
2	$\frac{F\rightarrow}{C\downarrow}=V\uparrow$	功能不变，降低寿命周期费用	着眼于降低寿命周期费用
3	$\frac{F\uparrow}{C\rightarrow}=V\uparrow$	提高功能，寿命周期费用不变	着眼于提高功能
4	$\frac{F\uparrow\uparrow}{C\uparrow}=V\uparrow$	功能大大提高，寿命周期费用略有降低	着眼于提高功能
5	$\frac{F\downarrow}{C\downarrow\downarrow}=V\uparrow$	功能略有下降，寿命周期费用大大下降	着眼于降低寿命周期费用

7.2 价值、功能与成本

7.2.1 价值

价值工程中价值的含义既有别于政治经济学中所说的价值，即“凝结在商品中的一般人类劳动”，又有别于统计学中用货币表示的价值。它更接近于人们日常生活中常用的“值得还是不值得”的意思，是指事物的有益程度，它反映了功能和成本的关系，为分析与评价产品的价值提供了一种科学的标准。

根据式（7-1），价值是功能与成本的比值，即V＝F/C。

对用户来说，价值是产品的功能与所花费的费用的比值，即

$$V_a=\frac{F}{P} \tag{7-2}$$

从企业角度来讲，价值是生产该产品所消耗的费用，即成本与出售产品所得收入的比值，即

$$V_b=\frac{P}{C} \tag{7-3}$$

根据式（7-2）和式（7-3）可得

$$V=\frac{F}{C}=\frac{F}{P}\times\frac{P}{C}$$

由此可知，价值是用户价值与企业价值的统一。企业提高功能，降低成本，既可以提高用户价值，又可以扩大产品销售数量，从而使企业价值提高。

7.2.2 功能

1. 功能的定义

功能可以解释为用途、效能、作用等。对于一件产品来说，功能就是产品的用途、产品所担负的职能或所起的作用。功能所回答的是“它的作用或用途是什么”。在价值工程中，功能含义很广。功能本身必须表达它的有用性，没有用的东西就没有什么价值，就谈不到价值分析了。以产品来说，人们在市场上购买商品的目的是购买它的功能，而非产品本身的结构。功能是各种事物所共有的属性。价值工程自始至终都要求围绕用户要求的功能，对事物本质进行思考。

2. 功能的分类

功能包括多种属性，为分清它的性质，价值工程中一般将其分为以下几类。

（1）按功能的重要程度。

按功能的重要程度，产品的功能一般可分为基本功能和辅助功能。

基本功能就是要达到这种产品的目的所必不可少的功能，是产品的主要功能。如果不具备这种功能，这种产品就失去其存在的价值。例如承重外墙的基本功能是承受荷载，室内间壁墙的基本功能是分隔空间。基本功能一般可以产品基本功能的作用为什么是必不可少的、其重要性如何表达、其作用是不是产品的主要目的，如果作用变化了则相应的工艺和构配件是否要改变等方面来确定。

辅助功能是为了更有效地实现基本功能而添加的功能，是次要功能，是为了实现基本功能而附加的功能。例如墙体的隔声、隔热就是墙体的辅助功能。辅助功能可以从它是不是对基本功能起辅助作用、它的重要性和基本功能的重要性相比是不是起次要作用等方面来确定。

（2）按功能的性质分类。

按功能的性质，功能可划分为使用功能和美学功能。

使用功能从功能的内涵上反映其使用属性（包括可用性、可靠性、安全性、易维修性等），如住宅的使用功能是提供人们“居住的空间功能”，桥梁的使用功能是交通，使用功能最容易为用户所了解。而美学功能是从产品外观（造型、形状、色彩、图案等）反映功能的艺术属性。无论是使用功能和美学功能，它们都是通过基本功能和辅助功能来实现的。产品的使用功能和美学功能要根据产品的特点而有所侧重。有的产品应突出其使用功能，如地下电缆、地下管道等；有的应突出其美学功能，如墙纸、陶瓷壁画等。当然，有的产品如房屋建筑、桥梁等二者功能兼而有之。

（3）按用户的需求分类。

按用户的需求，功能可分为必要功能和不必要功能。

在价值工程分析中，功能水平是功能的实现程度。但并不是功能水平越高就越符合用户的要求，价值工程强调产品的功能水平必须符合用户的要求。必要功能就是指用户所要求的功能，以及与实现用户所需求功能有关的功能，使用功能、美学功能、基本功能、辅助功能等均为必要功能。不必要功能是指不符合用户要求的功能。不必要功能包括 3 类：一是多余功能，二是重复功能，三是过剩功能。不必要的功能必然产生不必要的费用，这不仅增加了用户的经济负担，而且还浪费资源。因此，价值工程的功能，一般是指必要功能，即充分满足用户必不可少的功能要求。

（4）按功能的量化标准。

按功能的量化标准，产品的功能可分为过剩功能与不足功能。

过剩功能是指某些功能虽属必要，但满足需要有余，在数量上超过了用户的要求或标准功能水平，这将导致成本增加，给用户造成不合理的负担。不足功能是相对于过剩功能而言的，表现为产品整体功能或构配件功能水平在数量上低于标准功能水平，不能完全满足用户需要，将影响产品正常安全使用，最终也将给用户造成不合理的负担。因此，不足功能和过剩功能要作为价值工程的对象，通过设计进行改进和完善。

（5）按总体与局部分类。

按总体与局部，产品的功能可划分为总体功能和局部功能。

总体功能和局部功能是目的与手段的关系，产品各局部功能是实现产品总体功能的基础，而产品的总体功能又是产品各局部功能要达到的目的。

（6）按功能整理的逻辑关系分类。

按功能整理的逻辑关系，产品功能可以分为并列功能和上下位功能。

并列功能是指产品功能之间属于并列关系，如住宅必须具有遮风、避雨、保温、隔热、采光、通风、隔声、防潮、防火、防震等功能，这些功能之间属于并列关系。上下位功能也是目的与手段的关系，上位功能是目的性功能，下位功能是实现上位功能的手段性功能。如住宅的最基本功能是居住，是上位功能；而上述所列的并列功能则是实现居住目的所必需的下位功能。但上下位关系是相对的，如为达到居住的目的必须通风，则居住是目的，是上位功能；通风是手段，是下位功能。而为了通风必须组织自然通风，则通风又是目的，是上位功能；组织自然通风是手段，是下位功能。

价值工程通过对产品功能的分析研究，正确、合理地确定产品的必要功能，消除不必要功能，加强不足功能，削弱过剩功能，改进设计，降低产品成本。因此，可以说价值工程是以功能为中心，在可靠地实现必要的功能基础上来考虑降低产品成本的。

7.2.3　成本

1. 成本的定义与类型

价值工程中的“成本”是实现功能所支付的全部费用，即全寿命周期成本。寿命周期是指产品从构思、调研、设计、制造、流通、使用到报废为止的整个时期。一般从以下几个方面来理解成本的定义。

（1）寿命周期成本。

价值工程中所指的成本，通常是指产品的寿命周期成本。寿命周期成本是根据用户对产品所要求的必要功能，在寿命周期内所花费的所有费用。产品从投料到制造出来，并检验合格，称为产品的生产周期，产生的费用是生产成本；产品从市场上售出到报废为止为使用期，产生的费用为使用成本。寿命周期成本包括生产成本和使用成本，也包括产品从构思设计完成，即研制过程的费用。

降低产品的寿命周期成本，不仅符合用户与生产企业双方的利益，也是社会人力、物力资源合理的利用和节约。

寿命周期成本的高低与产品的功能水平具有内在联系，一般来说，随着产品功能水平的提高，制造上升成本，使用成本下降。只有功能适宜才能使寿命周期成本最低。

（2）功能现实成本。

功能现实成本是指目前实现功能的实际成本。在计算功能现实成本时，需要将产品或构配件的现实成本转换成功能的现实成本。当产品的一项功能与一个构配件之间是“一对一”的关系，即一项功能通过一个构配件实现，并且该零件只有一项这样的功能，则功能成本就等于构配件成本；当一个构配件具有多项功能或者与多项功能有关时，将构配件的成本分摊到各个功能上；当一项功能是由多个构配件提供的，其功能成本应是各相关构配件分摊到本功能上的成本之和。

（3）功能目标成本。

功能目标成本是指可靠地实现用户要求功能的最低成本。通常根据国内外先进水平或者市场竞争的价格，确定实现用户功能需求的产品最低成本。再根据各功能的重要程度，将产品的成本分摊到产品的各功能，则得到功能目标成本。

2. 建设工程寿命周期成本的构成

建设工程寿命周期成本是建设工程在设计、开发、建造、使用、维修和报废等过程中发生的费用，亦即该项工程项目在其确定的寿命周期内或在预定的有效期内所需支付的研究开发费、制造安装费、运行维修费、报废维修费等费用的总和。不同阶段寿命周期的构成情况如图 7-1 所示。

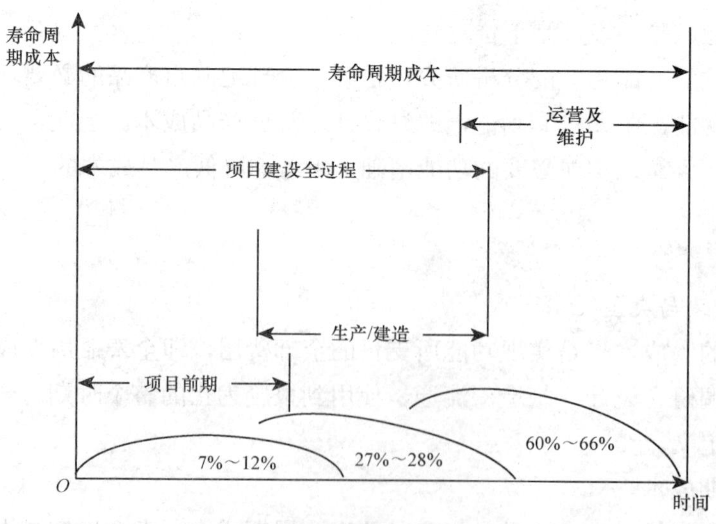

图 7-1　典型寿命周期成本状态

图 7-2 为典型的费用构成体系，寿命周期成本的一级构成包括设置费（或建设成本）和维持费（或使用成本）。在项目竣工验收之前发生的成本费用归入建设成本，项目竣工验收之后发生的成本费用（贷款利息除外）归入使用成本。

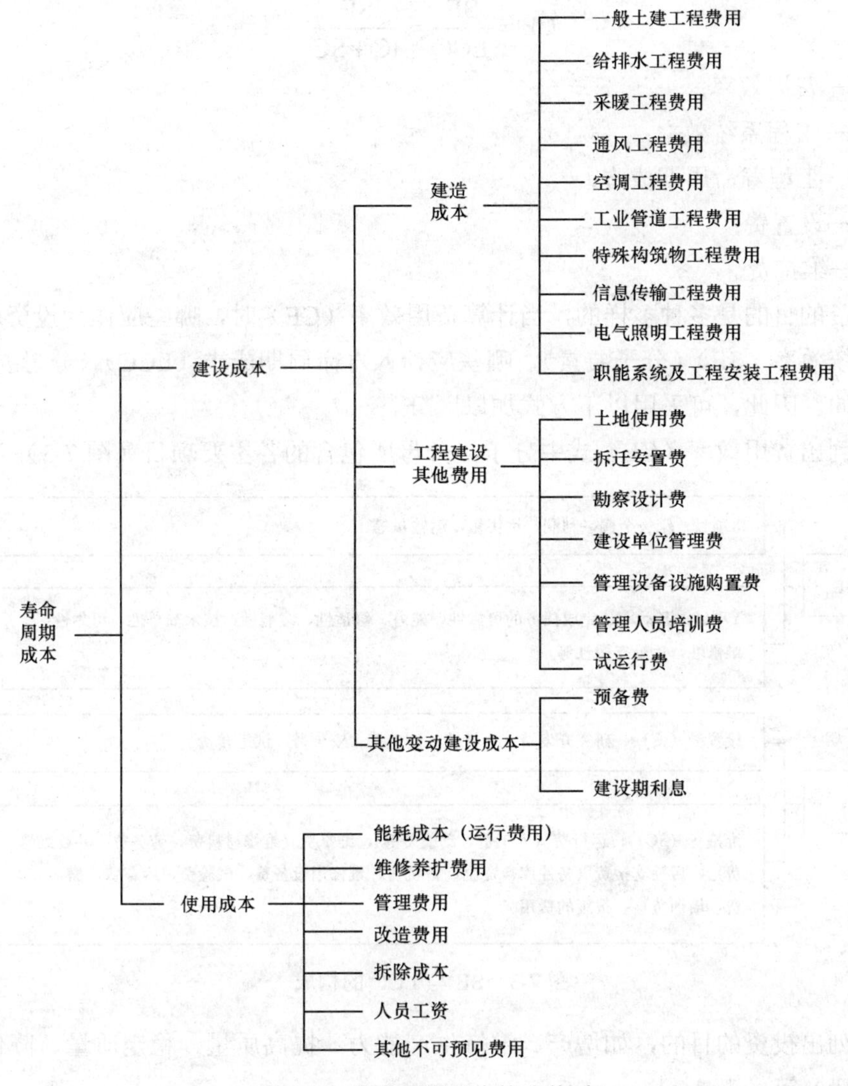

图 7-2 寿命周期成本构成体系

3. *建设工程寿命周期成本评价方法*

在通常情况下，从追求寿命周期成本最低的立场出发，首先，确定寿命周期成本的各要素，将各要素的成本降低到普通水平；其次，将设置费和维持费两者进行权衡，以便确定研究的侧重点从而使总费用更为经济；再次，从寿命周期成本和系统效率的关系这个角度进行研究。此外，由于寿命周期成本是在长时期内发生的，对费用发生的时间顺序必须加以掌握。器材和劳务费用的价格一般都会发生波动，在估算时要对此加以考虑。同时，在寿命周期成本分析中必须考虑资金的时间价值。

常用的寿命周期成本评价方法有费用效率法、固定效率法和固定费用法、权衡分析法等。

（1）费用效率法。

费用效率（CE）是指工程系统效率（SE）与工程寿命周期成本（LCC）的比值。其计算公式为

$$CE=\frac{SE}{LCC}=\frac{SE}{IC+SC} \tag{7-4}$$

式中　CE——费用效率；

SE——工程系统效率；

LCC——工程寿命周期成本；

IC——设置费；

SC——维持费。

项目投资的目的是多种多样的，当计算费用效率（CE）时，哪些应作为投资所得的“成果”计入系统效率（SE）（分子要素），哪些应计入寿命周期成本（LCC）（分母要素），有时是难以区分的。因此，可采用以下方式加以区分。

首先，列出费用效率（CE）式中分子、分母所包含的各主要项目（图 7-3）。

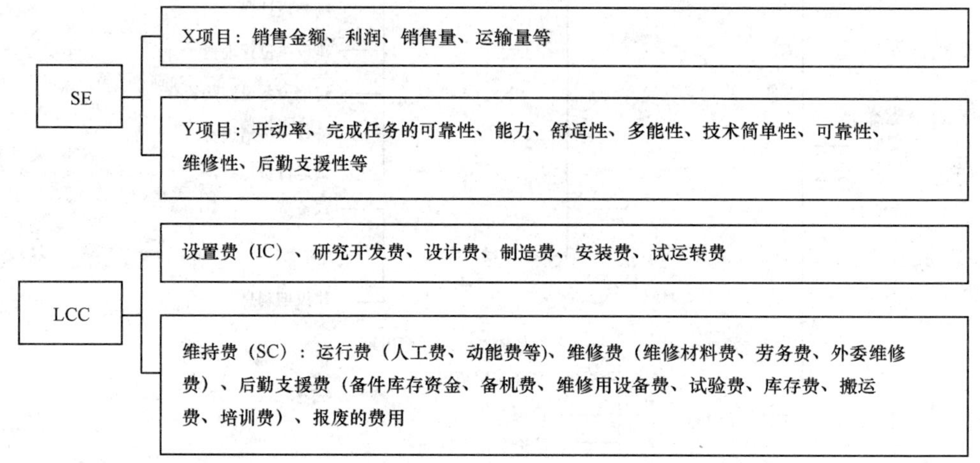

图 7-3　SE 与 LCC 的构成

其次，列出投资的目的，如增产、维持生产能力、提高质量、稳定质量、降低成本（材料费、劳务费）等（表 7-2）。

表 7-2　项目投资目的和成果的计算方法

项　目	投 资 目 的	在 CE 式中所属项目（SE，LCC）
A	增产 保持生产能力	增产所得的增收额列入 X 项 防止生产能力下降的部分相当于 Y 项
B	提高质量 稳定质量	提高质量所得的增收额列入 X 项： 提高质量的增收额＝平均售价提高部分×销售量 防止质量下降而投入的部分列入 Y 项
C	降低成本 材料费 劳务费	由于节约材料所得的增收额列入 X 项（注意：产品的材料费、节约额不包括在 LCC 的 SC 中，应计入 SE 中） 由于减少劳动量而节省的劳务费应计入 SC 的费用科目中，SE 不变

费用效率（CE）公式的分子需根据对象和目的的不同，用不同的量化值来表示。究竟采用何种量化值，有时较难确定。相比之下，分母是系统寿命周期内的总费用，故比较明确。可以把费用效率（CE）公式看成是单位费用的输出值。因此，CE值越大越好。如果CE公式的分子为一定值，则可认为寿命周期成本少者为好。

费用效率包括以下两个内容：

1）系统效率。系统效率是项目投入寿命周期成本后所取得的效果或者说明任务完成到何种程度的指标。如以寿命周期成本为输入，则系统效率为输出。通常，系统的输出为经济效益、价值、效率（效果）等。由于系统的目的不同，输出系统效率的具体表现方式也有所不同。它可以用完成任务的数量、年平均产量、利用率、可靠性、维修性、后勤支援效率等来表示，也可以用销售额、附加价值、利润、产值等来表示。用来表示系统效率的量化值有很多。如果系统效率（SE）可以由销售额、附加值、利润、销售量中的一项来表示，则在计算上非常方便。当不能用一个综合要素来表示时，就必须取用几个单项要素。但是，为了求出费用效率，在任何情况下都必须进行定量计算。当系统的寿命很长时，它在寿命周期内的全部输出都要列为计算对象。

2）寿命周期成本。寿命周期成本为设置费和维持费的合计额，也就是系统在寿命周期内的总费用。对于寿命周期成本的估算，必须尽可能地在系统开发的初期进行。由于在初期阶段还没有作出完整而详尽的设计，所以，在此时进行费用估算并不是一件容易的事情。如果设计进行到了相当的程度，估算费用会比较容易些。但是，即使是达到可以看清楚具体内容的程度，也需要花费相当多的人力和时间进行费用估算。估算寿命周期成本时，可先粗分为设置费和维持费。至于如何进一步分别对设置费和维持费进行估算，则要根据估算时所处的阶段，以及设计内容的明确程度来决定。对设置费而言，当掌握了工程的内容之后，则要根据过去的资料按物价上涨率加以修正，折算成现在的价格后方可使用。过去的实际业务资料、专业公司的投标资料和估算书等，都是非常有用的估算资料。对于维持费的估算，如果存有过去的资料，能够说明在什么条件下支出了什么费用，花费的金额有多少等，则在估算时就方便得多。

常用的费用估算方法有以下几种。

① 费用模型估算法。费用模型是指汇总各项实际资料后用某种统计方法分析求得的数学模型，它是针对所需计算的费用（因变量），运用对其起作用的要因（自变量）经简化归纳而成的数学表达式。

② 参数估算法。这种方法在研制设计阶段运用。该方法将系统分解为各个子系统和组成部分，运用过去的资料制定出物理的、性能的、费用的适当参数逐个分别进行估算，将结果累计起来便可求出总估算额。所用的参数有时间、重量、性能、费用等。

③ 类比估算法。这种方法在开发研究的初期阶段运用。通常在不能采用费用模型法和参数估算法时才采用，但实际上它是应用得最广泛的方法。这种方法是参照过去已有的相似系统或其“部分”，作类比后算出估算值。为了更好地进行这种类比，需要有相当的经验和专门知识，而且由于在时间上有过去和将来的差别，还必须考虑通货膨胀和当地的具体情况。

④ 费用项目分别估算法。进行系统总费用的估算，无论运用哪一种现成的方法，都要充

分研究使用的条件，必要时应进行适当的修正。

（2）固定效率法和固定费用法。

所谓固定费用法，是将费用值固定下来，然后选出能得到最佳效率的方案。反之，固定效率法是将效率值固定下来，然后选取能达到这个效率而费用最低的方案。

（3）权衡分析法。

权衡分析是对性质完全相反的两个要素做适当的处理，其目的是为了提高总体的经济性。寿命周期成本评价法的重要特点是进行有效的权衡分析。通过有效的权衡分析，可使系统的任务能较好地完成，既保证了系统的性能，又可使有限的资源（人、财、物）得到有效的利用。

在寿命周期成本评价法中，权衡分析的对象包括以下 5 种情况：①设置费与维持费的权衡分析；②设置费中各项费用之间的权衡分析；③维持费中各项费用之间的权衡分析；④系统效率和寿命周期成本的权衡分析；⑤从开发到系统设置完成这段时间与设置费的权衡分析。

7.3 价值工程的实施步骤

7.3.1 价值工程的工作程序

价值工程应用遵循一套合理的程序。在工程建设中，价值工程的工作程序实质就是针对工程产品（或作业）的功能和成本提出问题、分析问题、解决问题的过程，一般包括准备阶段、分析阶段、创新阶段、实施阶段，见表 7-3。

表 7-3　　价值工程的工作程序

<table>
<tr><th rowspan="2">工作阶段</th><th rowspan="2">设计程序</th><th colspan="2">工作步骤</th><th rowspan="2">对应问题</th></tr>
<tr><th>基本步骤</th><th>详细步骤</th></tr>
<tr><td rowspan="2">准备阶段</td><td rowspan="2">制定工作计划</td><td rowspan="2">确定目标</td><td>① 工作对象选择</td><td rowspan="2">① 价值工程的研究对象是什么？</td></tr>
<tr><td>② 信息资料搜集</td></tr>
<tr><td rowspan="5">分析阶段</td><td rowspan="5">功能评价</td><td rowspan="2">功能分析</td><td>③ 功能定义</td><td rowspan="2">② 这是干什么用的?</td></tr>
<tr><td>④ 功能整理</td></tr>
<tr><td rowspan="3">功能评价</td><td>⑤ 功能成本分析</td><td>③ 成本是多少？</td></tr>
<tr><td>⑥ 功能评价</td><td rowspan="2">④ 价值是多少？</td></tr>
<tr><td>⑦ 确定改进范围</td></tr>
<tr><td rowspan="5">创新阶段</td><td>初步设计</td><td rowspan="5">制定创新方案</td><td>⑧ 方案创造</td><td>⑤ 有无其他方法实现同样功能？</td></tr>
<tr><td rowspan="3">评价各设计方案，改进、优化方案</td><td>⑨ 概略评价</td><td rowspan="3">⑥ 新方案的成本是多少？</td></tr>
<tr><td>⑩ 调整完善</td></tr>
<tr><td>⑪ 详细评价</td></tr>
<tr><td>提出方案</td><td>⑫ 提出方案</td><td>⑦ 新方案能满足功能的要求吗？</td></tr>
<tr><td rowspan="3">实施阶段</td><td rowspan="3">检查实施情况并评价活动成果</td><td rowspan="3">方案实施与成果评价</td><td>⑬ 方案审批</td><td rowspan="3">⑧ 偏离目标了吗？</td></tr>
<tr><td>⑭ 方案实施与检查</td></tr>
<tr><td>⑮ 成果评价</td></tr>
</table>

价值工程的实施就是按照上述工作程序展开的。

7.3.2 价值工程的准备工作

1. 工作对象的选择

价值工程的对象选择过程就是逐步收缩研究范围、寻找目标、确定主攻方向的过程。因为生产建设中的技术经济问题很多，涉及的范围也很广，为了节省资金，提高效率，只有精选其中的一部分来实施，并非企业生产的全部产品，也不一定是构成产品的全部零部件。因此，能否正确选择对象是价值工程收效大小与成败的关键。

（1）对象选择的原则。一般来说，选择价值工程的对象需遵循以下原则：

1）从设计方面看，对工程结构复杂、性能和技术指标差距大、工程量大的部位进行价值工程活动，可使工程结构、性能、技术水平得到优化，从而提高工程价值。

2）从施工方面看，对量多面广、关键部位、工艺复杂、原材料和能源消耗高、废品率高的部品部件，特别是量多、成本比重大的部品部件，只要成本能下降，所取得的经济效果就大。

3）从市场方面看，选择用户意见多和竞争力差的产品进行价值工程活动，以赢得消费者的认同，占领更大的市场份额。

4）从成本方面看，选择成本高于同类产品、成本比重大的，如材料费、管理费、人工费等。

（2）对象选择的方法。价值工程对象选择的方法有很多种，应根据具体的情况选用适当的方法。常用的方法有以下几种。

1）因素分析法，又称经验分析法，是一种定性分析方法，依据分析人员经验作出选择，简便易行。特别是在被研究对象彼此相差比较大及时间紧迫的情况下比较适用。因素分析法的缺点是缺乏定量依据、准确性较差，对象选择的正确与否，主要决定于价值工程活动人员的经验及工作态度，有时难以保证分析质量。为了提高分析的准确程度，可以选择技术水平高、经验丰富、熟悉业务的人员参加，并且要发挥集体智慧，共同确定对象。

2）ABC 分析法，又称重点选择法或不均匀分布定律法，是指应用数理统计分析的方法来选择对象。这种方法由意大利经济学家帕累托提出，其基本原理为“关键的少数和次要的多数”，抓住关键的少数可以解决问题的大部分，在价值工程中，这种方法的基本思路是：首先将一个产品的各种部件（或企业各种产品）按成本的大小由高到低排列起来，然后绘成费用累积分配图（图 7-4）。然后将占总成本 70%～80%而占零部件总数 10%～20%的零部件划分为 A 类部件；将占总成本 5%～10%而占零部件总数 60%～80%的零部件划分为 C 类；其余为 B 类。其中，A 类零部件是价值工程的主要研究对象。

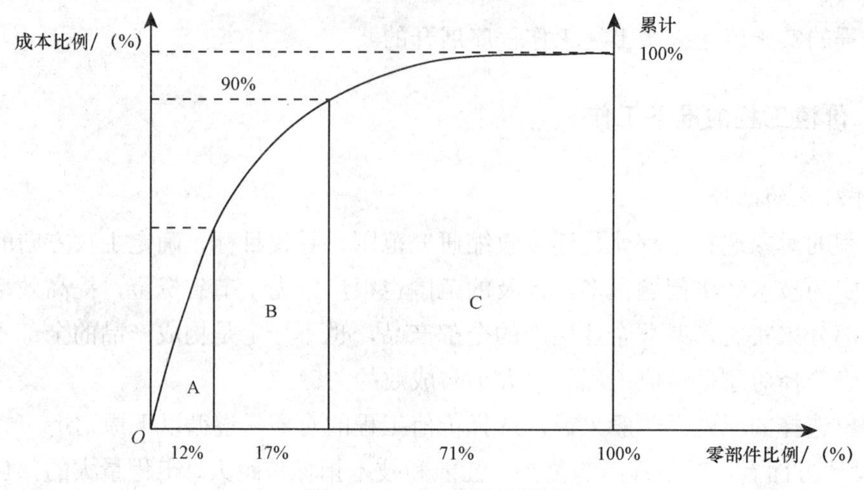

图 7-4 ABC 分析法原理

3）强制确定法，是以功能重要程度作为选择价值工程对象的一种分析方法。具体做法是：先求出分析对象的成本系数、功能系数，然后得出价值系数，以揭示出分析对象的功能与成本之间是否相符。如果不相符。价值低的则被选为价值工程的研究对象。这种方法在功能评价和方案评价中也有应用。强制确定法从功能和成本两方面综合考虑，能够明确揭示价值工程的研究对象。但是，这种方法是人为打分，不能准确反映功能差距的大小，只适用于部件间功能差别不太大且比较均匀的对象，而且一次分析的部件数目也不能太多，以不超过 10 个为宜。当部件很多时，可以先用 ABC 分析法、经验分析法选出重点部件，然后再用强制确定法细选；也可以用逐层分析法，从部件选起，然后在重点部件中选出重点零件。

4）百分比分析法，指通过分析某种费用或资源对企业的某个技术经济指标的影响程度大小（百分比）来选择价值工程对象。

5）价值指数法，指通过比较各个对象（或构配件）之间的功能水平位次和成本位次，寻找价值较低对象（构配件），并将其作为价值工程研究对象。

2. 信息资料的搜集

价值工程所需的信息资料，应视具体情况而定。对于一般工程产品（或作业）分析来说，应收集以下几方面的信息资料：

（1）用户方面的信息资料。例如用户性质、经济能力；使用产品的目的、使用环境、使用条件；所要求的功能和性能；对产品外观要求，如造型、体积、色彩等；对产品价格、交货期、构配件供应、技术服务等方面的要求等。

（2）市场方面的信息资料。例如产品产销量的演变及目前产销情况、市场需求量及市场占有率的预测；产品竞争的情况，目前有哪些竞争企业和产品，其产量、质量、价格、销售服务、成本、利润、经营特点、管理水平等情况；同类企业和同类产品的发展计划、拟增投资额、规模大小、重新布点、扩建改建或合并调整情况等。

（3）技术方面的信息资料。例如与产品有关的学术研究或科研成果、新结构、新工艺、新材料、新技术及标准化方面的资料；该产品研制设计的历史及演变、本企业产品及国内外同类产品有关的技术资料等。

（4）经济方面的信息资料。包括产品及构配件的工时定额、材料消耗定额、机械设备定额、各种费用定额、企业历年来各种有关成本费用数据、国内外其他厂家与价值工程对象有关的成本费用资料等。

（5）本企业的基本资料。包括企业的内部供应、生产、组织，以及产品成本等方面的资料，如生产批量、生产能力、施工方法、工艺装备、生产节拍、检验方法、废次品率、运输方式等。

（6）环境保护方面的信息资料。包括环境保护的现状，“三废”状况，处理方法和国家法规标准；改善环境和劳动条件，减少粉尘、有害液体和气体外泄，减少噪声污染，减轻劳动强度，保障人身安全等相关信息等。

（7）外协方面的信息资料。例如原材料及外协或外购件种类、质量、数量、交货期、价格、材料利用率等情报；供应与协作部门的布局、生产经营情况、技术水平、价格、成本、利润等；运输方式及运输经营情况等。

（8）政府和社会有关部门的法规、条例等方面信息资料。信息资料的收集不是一项简单的工作，应收集何种信息资料很难完全列举出来，但收集的信息资料要求准确可靠，并且要求经过归纳、鉴别、分析、整理，剔除无效资料，使用有效资料，以利于价值工程活动的分析研究。

7.3.3 功能的系统分析

1. 功能定义

功能定义就是把价值工程对象及其各组成部分的功能用最简明扼要的语言明确表达出来。功能定义的过程就是一种创造性的思维过程，是透过现象看本质的过程。事实上，价值工程对象的现有方案，仅仅是实现用户所要求功能的一种手段。在产品设计的最初阶段，并没有具体的结构，只有该对象功能这一抽象的概念。只有通过设计过程，才能逐步形成既定功能的具体结构（图 7-5）。从这种意义上讲，功能定义就是确认产品设计或计划制定的出发点。

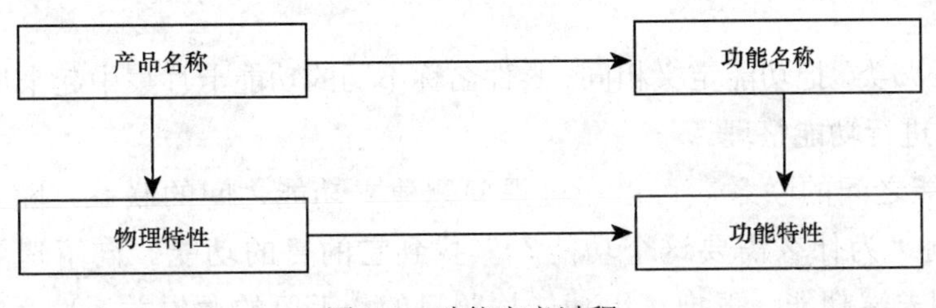

图 7-5 功能定义过程

总之，功能定义的目的和作用主要有以下三点：

（1）明确用户或业主所要求的功能。

（2）便于进行功能评价。

（3）有助于开阔思路，使构思不受现行方案的约束。

2. 功能整理

所谓功能整理，就是按照用户需求的逻辑，把已定义的各个功能进行分类，并形成一个完整的功能体系。这个功能体系所描述的是各功能之间的相互关系及其相对重要程序。功能整理是功能定义后必不可少的一个步骤。

功能整理的常用方法就是系统化功能分析技术（FAST）图解法。目前，FAST 已经发展成为一项非常有效的工具，它不仅能够用于解决现有的计划、目标等问题，而且也可用来为某一将来需求的功能规划出可能的解答。简而言之，FAST 的目的就是要将设计、运行、计划或问题等简化到可以辨识的各个功能“构配件”，从而简化问题的一般解决框架。

一个产品通常是由许多构配件组成的，构配件各有各的功能，功能整理时依据功能之间的逻辑关系对功能进行分析、归类，建立功能之间的联系并画出反映功能关系的功能系统图。有了功能系统图，就可以对价值工程对象进行以功能为中心的研究。

（1）功能的逻辑关系。产品的功能结构一般以基本功能为始端，各种辅助功能按一定的逻辑关系连接、排列于基本功能之后，形成一个树形结构。同一个功能既可能是目的功能也可能是手段功能，图 7-6 表示了白炽灯功能的目的、手段逻辑关系。一个目的功能之后可能存在若干相对独立的手段功能，形成功能的并列逻辑关系。每一个并列功能和从属它的下位功能形成一些相对独立的功能子系统，成为“功能域”。

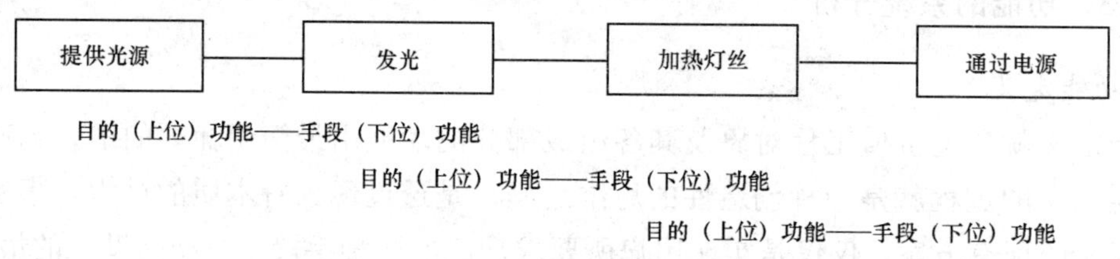

图 7-6 功能的目的、手段逻辑关系

（2）功能整理的方法。

1）编制功能卡片。把定义好的功能按零件逐个填写卡片，每张卡片只填写一个零件的一种功能。

2）功能卡片归类。把功能定义相同、零件名称不同的功能卡片集中起来形成一个卡片组，以卡片组为单位进行功能整理。

3）建立功能之间的联系。可以通过提问题建立功能之间的联系，随意取出一张功能卡片，通过提问“为什么需要这个功能？”找到它的目的功能。向下追寻每一个功能的手段功能，直到末端功能，再把一组功能按照目的、手段的逻辑关系联系起来，形成一个功能序列。连续提问式的寻找，等所有功能都建立起这种联系之后，功能系统图就建立起来了。

4）编制功能系统图，如图 7-7 所示。

3. 功能计量

功能计量是以功能系统图为基础，依据各个功能之间的逻辑关系，以对象整体功能的定量指标为出发点，从左向右地逐级测算、分析，定出各级功能的数量指标，揭示出各级功能领域有无功能不足或功能过剩，从而为保证必要功能、剔除过剩功能、补足不足功能的后续活动（功能评价、方案创新）提供定性与定量结合的依据。

功能计量又分整体功能的量化和各级子功能的量化。

（1）整体功能的量化应以使用者的合理要求为出发点，以一定的手段、方法确定其必要的数量标准，应能在质和量两个方面充分满足使用者的功能要求而无过剩或不足。

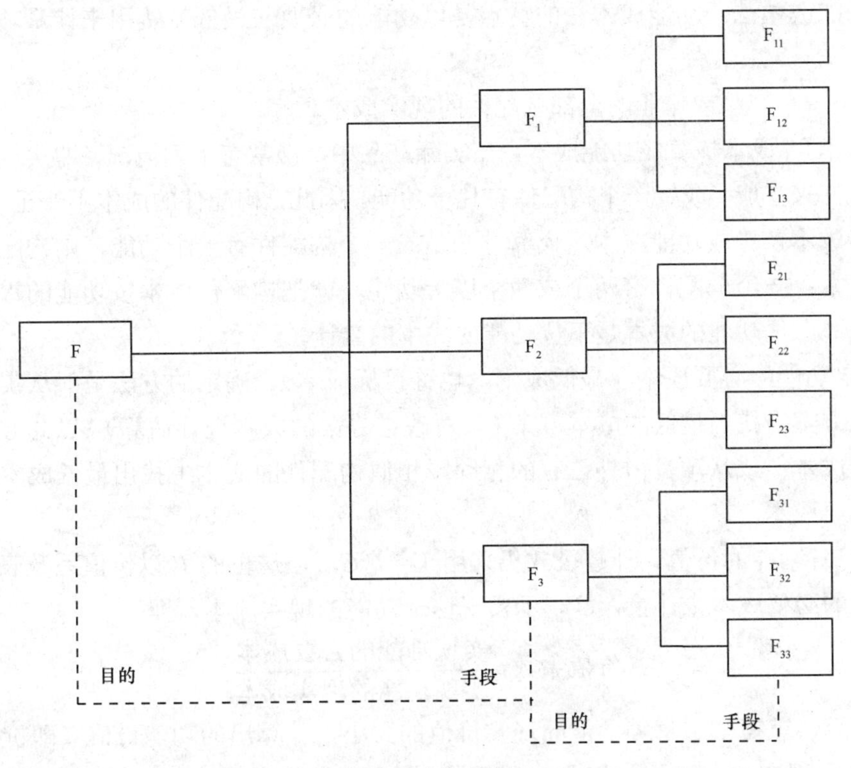

图 7-7 功能系统图

（2）各级子功能的量化。产品整体功能的数量标准确定之后，就可依据“手段功能必须满足目的功能”要求的原则，运用目的—手段的逻辑判断，由上而下逐级推算、测定各级手段功能的数量标准。

7.3.4 功能评价

1. 功能评价的步骤

评价功能所解答的是“成本是多少”和“价值是多少”的问题。其目的是寻求功能最低的成本。它是用量化的手段来描述功能的重要性程度和价值，以找出低价值区域，明确实施价值工程的目标、重点和大致的经济效果。功能评价的主要尺度是价值系数，可由功能和费用来求得。此时，要将功能用成本来表示，以此将功能量化，并可确定于功能的重要程度相对应的功能成本。

进行功能评价的一般步骤如下：

（1）确定构配件或功能的现实成本。

（2）采用一定的方式使功能定量化。

（3）计算构配件或功能的价值。

（4）确定改善幅度。

（5）按价值从小到大的顺序排队，确定价值工程活动的首选对象。

2. *功能评价方法*

（1）功能成本法。功能成本法的特点是以功能的必要（最低）费用来计量功能，其步骤如下：

1）确定一个产品或作业的全部构配件的现实成本。

2）将构配件成本核算成功能成本。在实际产品中，常常有下列情况，即实现一个功能要由几个构配件来完成，或者一个构配件有几个功能。因此，构配件的成本不等于功能的成本，要把构配件成本换算成功能成本。换算方法是：一个构配件有一个功能，则构配件的成本就是功能的成本；一个构配件有两个或两个以上功能，就把构配件成本按功能的重要程度分摊给各个功能；上位功能的成本是下位功能的成本的合计。

3）确定功能的必要成本（最低成本，也称目标成本）。确定的方法是：从实现每个功能的初步改进方案中找出最低的成本方案（要对改进方案的成本进行估算），以此方案的成本为功能的必要成本；或从项目内外已有的相同或相似构配件的成本中找出最低成本，以此来确定功能的必要成本。

4）计算各功能的价值。计算公式仍采用 $V=F/C$，但这里的 V 以价值系数表示，F 以实现这一功能的必要成本来计量，C 表示实现这一功能的现实成本，即

$$价值系数=\frac{实现功能的必要成本}{实现功能的现实成本} \tag{7-5}$$

通过计算，就可知道每种功能的现实价值的大小，计算出的功能价值（即价值系数）小于 1 时，表示现实成本高于必要成本，现实成本和必要成本之差（$C-F$）就是改善的幅度，也称期望值；计算出的功能价值（即价值系数）等于 1 时，表示实现功能所花费的费用与其成本相适应，可不必分析；计算出的功能价值大于 1，即功能现实成本大于功能评价值，表明该部件功能比较重要，但分配的成本较少。此时，应进行具体分析，功能与成本的分配问题可能已较理想，或者有不必要的功能，或者应该提高成本。

应注意一个情况，即 $V=0$ 时，要进一步分析。如果是不必要的功能，该部件应取消，但如果是最不重要的必要功能，则要根据实际情况处理。

5）按价值系数排序。按价值系数从小到大的顺序排队，确定价值工程对象、重点、顺序和目标。

［**例 7-1**］某小型建筑工程由 5 个构配件组成，其目标成本与现实成本资料见表 7-4。试计算价值系数并作相应判断。

表 7-4　　某工程目标成本与现实成本　　单位：万元

构配件名称	必要成本（目标成本）	现实成本	价值系数	改善幅度
A	2.70	7.00	0.39	4.30
B	1.80	4.00	0.45	2.20
C	1.80	2.00	0.90	0.20
D	3.70	1.80	2.06	−1.90
E	0.10	0.20	0.50	0.10
合计	10.10	15.00		4.90

解：利用式（7-5），将价值系数计算出来并填列在表 7-4 中，当价值系数小于 1 时，C–F 就是改善幅度。当价值系数大于 1 时，考虑是否存在多余功能，可降低功能，或可提高成本，以补足功能。

（2）功能评价系数法。功能评价系数法又称相对值法，在功能评价系数法中，功能的价值用价值系数来表示，它是通过评定各对象功能的重要性系数，用功能重要性系数来表示其功能重要程度的大小，然后将评价对象的功能系数与相对应的成本系数进行比较，得出该评价对象的价值系数，从而确定改进对象，并求出该对象的成本改进期望值。具体步骤如下：

1）计算功能重要性系数。功能重要性系数的确定方法有很多，如强制确定法、多比例评分法、逻辑评分法、环比评分法等。强制确定法中又包括 0～1 打分法和 0～4 打分法。下面简要介绍一下 0～1 打分法。

0～1 打分法是指将构配件排列起来后，就其功能的重要性逐一进行比较，重要的得 1 分，不重要的得 0 分。然后用每个构配件所得的分数乘以各构配件得分总和，求得各自的功能重要性系数，见表 7-5。

表 7-5　　0～1 打分法功能重要性系数计算表

构配件名称	A	B	C	D	E	F	G	H	得分	功能重要性系数
A	×	1	1	0	1	1	1	1	6	0.214
B		×	1	0	1	1	1	1	5	0.179
C			×	0	1	1	1	0	3	0.107
D	1	1	1	×	1	1	1	1	7	0.250
E					×	0	1	0	1	0.036
F					1	×	1	0	2	0.071
G							×	0	0	0.000
H			1	0	1	1	1	×	4	0.143
总分									28	1.000

功能重要性系数的计算公式为

$$功能重要性系数=\frac{构配件的功能得分}{全部构配件功能总分} \tag{7-6}$$

功能重要性系数的大小，说明该构配件在全部构配件中的重要程度。功能重要性系数越大越重要。在对功能进行打分时应有10个人左右参加，这样可以减少个体误差，使评出的结果更符合实际情况。

2）计算成本系数。调查得出各构配件（研究对象）的目前成本，相加后得出成本总合，每个构配件的单项成本与总成本的比值就是成本系数，即

$$\text{成本系数}=\frac{\text{各构配件的目前成本}}{\text{全部构配件的目前成本之和}} \tag{7-7}$$

3）计算价值系数。价值系数是功能重要性系数与成本系数的比值，即

$$\text{价值系数}=\frac{\text{功能重要性系数}}{\text{成本系数}} \tag{7-8}$$

根据表7-5功能重要性系数计算结果，可以计算成本系数和价值系数，见表7-6。

表7-6 **价值系数计算表**

构配件名称	功能重要性系数	目前成本/万元	成本系数	价值系数
A	0.214	1828	0.253	0.85
B	0.179	3000	0.416	0.43
C	0.107	285	0.040	2.86
D	0.250	284	0.039	6.41
E	0.036	612	0.085	0.42
F	0.071	407	0.056	1.28
G	0.000	82	0.011	0
H	0.143	720	0.100	1.43
合计	1.000	7218	1.000	

［例7-2］某市高新技术开发区有两幢科研楼和一幢综合楼，为控制工程造价和进一步降低费用，针对所选的设计方案的土建工程部分，以工程材料费为对象开展价值工程分析。将土建工程划分为4个功能项目，各功能项目评分值及其目前成本见表7-7。按限额设计要求，目标成本额应控制在12 170万元。试分析各功能项目和目标成本及其可能降低的额度，并确定功能改进顺序。

表7-7 **设计方案各功能组成功能得分及目前成本**

功能项目	功能得分	目前成本/万元
A．桩基围护工程	10	1520
B．地下室工程	11	1482
C．主体结构工程	35	4705
D．装饰工程	38	5105
合　计	94	12 812

解：根据题意进行功能重要性系数、成本系数、价值系数计算，结果见表 7-8。

表 7-8　设计方案功能重要性系数、成本系数、价值系数表

功能项目	功能得分	功能重要性系数	目前成本（万元）	成本系数	价值系数	目标成本（万元）	成本降低额（万元）
桩基围护工程	10	0.1064	1520	0.1186	0.8971	1295	225
地下室工程	11	0.1170	1482	0.1157	1.0112	1424	58
主体结构工程	35	0.3723	4705	0.3672	1.0139	4531	174
装饰工程	38	0.4043	5105	0.3985	1.0146	4920	185
合计	94	1.0000	12 812	1.0000		12 170	642

由表 7-8 的计算结果可知，桩基围护工程、地下室工程、主体结构工程和装饰工程均应通过适当方式降低成本。根据成本降低额的大小，功能改进顺序依次为桩基围护工程、装饰工程、主体结构工程、地下室工程。

价值工程的分析阶段结束后，紧接着应进行价值工程的创新和实施阶段。将在下一节进行介绍。

7.4　方案的创新与评价

7.4.1　方案的创新

方案创新的理论依据是功能载体具有替代性。这种功能载体替代的重点应放在以功能新产品替代原有产品和以功能创新的结构替代原有结构方案。而方案创新的过程是思想高度活跃、进行创造性开发的过程。为了引导和启发创造性的思考，可采用以下几种方法：

1. 头脑风暴法

这种方法以开小组会的方式进行，人数不宜过多，以 5～10 人为宜。人们的关系要非常融洽，会中的气氛要轻松愉快。会议有 4 个原则：

（1）不评论好坏。

（2）鼓励自由开放地提出想法。

（3）要求提出大量方案。

（4）相互启发，要求结合别人的意见提出设想。

经验证明，采用这种方法提方案比同样的人数单独提方案的方案数量要大 65%～90%，因而应用很多。

2. 哥顿法

这是美国人哥顿在 1964 年提出的方法。这种方法的指导思想是：把要研究的问题适当抽象，以利于开拓思路。会议主持者并不把要解决的问题全部摊开，只把问题抽象地介绍给大家，要求海阔天空地提出各种设想。例如，要研制一种新型收割机，则只提出如何把东西割断和分开，大家围绕这一问题提方案。会议主持者要善于引导，步步深入，等到适当时机，再把问题讲明，以做进一步研究。

3. 专家意见法

这种方法又称德尔菲（Delphi）法，是由组织者将研究对象的问题和要求，函寄给若干有关专家，使他们在互不商量的情况下提出各种建议和设想，专家返回设想意见，经整理分析后，归纳出若干较合理的方案和建议，再函寄给有关专家征求意见，再回收整理，如此经过几次反复后专家意见趋向一致，从而最后确定出新的功能实现方案。这种方法的特点是专家们彼此不见面，研究问题时间充裕，可以无顾虑、不受约束地从各种角度提出意见和方案。缺点是花费时间较长，缺乏面对面的交谈和商议。

4. 专家检查法

这个方法不是靠大家想办法，而是由主管设计的工程师作出设计，提出完成所需要功能的办法和生产工艺，然后顺序请各方面的专家（材料方面的、生产工艺的、工艺装备的、成本管理的、采购方面的）审查。这种方法先由熟悉的人进行审查，以提高效率。

7.4.2 方案的评价

在方案创新阶段提出的设想和方案是多种多样的，能否付诸实施，就必须对各个方案的优缺点和可行性进行分析、比较、论证和评价，并在评价过程中进一步完善有希望的方案。方案评价包括概略评价和详细评价两个阶段。其评价内容包括技术评价、经济评价、社会评价及综合评价。

1. 概略评价

概略评价是对方案创新阶段提出的各个方案设想进行初步评价，目的是淘汰那些明显不可行的方案，筛选出少数几个价值较高的方案，以供详细评价做进一步的分析。概略评价的内容包括以下几个方面。

（1）技术可行性方面。应分析和研究创新方案能否满足所要求的功能及其本身在技术上能否实现。

（2）经济可行性方面。应分析和研究产品成本能否降低和降低的幅度，以及实现目标成本的可能性。

（3）社会评价方面。应分析研究创新方案对社会利害影响的大小。

（4）综合评价方面。应分析和研究创新方案能否使价值工程活动对象的功能和价值有所提高。

2. 详细评价

详细评价是在掌握大量数据资料的基础上，对通过概略评价的少数方案，从技术、经济、社会 3 个方面进行详尽的评价分析，为提案的编写和审批提供依据。

详细评价的内容应包括以下几个方面。

（1）技术可行性方面。主要以用户需要的功能为依据，对创新方案的必要功能条件实现的程度作出分析评价，特别对产品或构配件，一般要对功能的实现程度（包括性能、质量、寿命等）、可靠性、维修性、操作性、安全性及系统的协调性等进行评价。

（2）经济可行性方面。主要考虑成本、利润、企业经营的要求；创新方案的适用期限与数量；实施方案所需费用、节约额与投资回收期，以及实现方案所需的生产条件等。

（3）社会评价方面。主要研究和分析创新方案给国家和社会带来的影响（如环境污染、生态平衡、国民经济效益等）。

（4）综合评价方面。是在上述3种评价的基础上，对整个创新方案的诸因素作出全面系统的评价。为此，首先要明确评价项目，即确定评价所需的各种指标和因素；然后分析各个方案对每一评价项目的满足程度；最后根据方案对各评价项目的满足程度来权衡利弊，判断各方案的总体价值，从而选出总体价值最大的方案，即技术上先进、经济上合理和社会上有利的最优方案。

3. *方案综合评价的方法*

在进行方案的综合评价时，既可采用定性的评价方法，也可采用定量的评价方法。

（1）优缺点列举法。优缺点列举法是从质量、性能、成本等各个方面详细列出各方案的优缺点，根据方案的优缺点对比，评价选择最优方案。这种方法灵活简便，也便于全面的考虑问题，但评价比较粗糙，缺乏定量依据。

（2）定量评价法。定量评价法又分两类。第一类是直接打分法。这种方法是根据各种方案能够达到各项功能要求的程度，按10分制进行打分，然后算出每个方案达到功能要求的总分。比较各方案的总分，初步分出不用、保留、采纳的方案。然后再算出保留、采纳方案的成本，进行成本比较，决定最优方案。

第二类是加权打分法。这种方法的特点是把成本、功能等各种因素，根据要求的不同予以加权计算，然后算出综合分数，再加以选择。

［例7-3］某建筑产品主要由A、B、C、D、E构配件组成，现状成本分别为4.76万元、3.64万元、3.50万元、1.12万元、0.98万元，现组织5位评委对各构配件的重要性评分，试在此基础上分析开展价值工程活动对象的确定。

解：应用强制确定法求解本题，其步骤如下：

（1）对各构配件的重要性评分。请5位评委各自对本项目的各构配件的重要性进行排序。例如评委1任为各构配件的功能重要性排序是C＞A＞E＞B＞D，同时认为各构配件都不可取消或合并，因此评委1的评分结果见表7-9。其他评委的评分结果分别见表7-10～表7-13。

表7-9　　**评委1对各构配件的评分**

项目构配件名称	一对一比较评分法					得分累计
	A	B	C	D	E	
A	1	1	0	1	1	4
B	0	1	0	1	0	2
C	1	1	1	1	1	5
D	o	0	0	1	0	1
E	0	1	0	1	1	3

表 7-10 **评委 2 对各构配件的评分**

项目构配件名称	一对一比较评分法					得分累计
	A	B	C	D	E	
A	1	1	1	1	1	5
B	0	1	0	0	0	1
C	0	1	1	1	1	4
D	0	1	0	1	1	3
E	0	1	0	0	1	2

表 7-11 **评委 3 对各构配件的评分**

项目构配件名称	一对一比较评分法					得分累计
	A	B	C	D	E	
A	1	1	0	1	0	3
B	0	1	0	1	0	2
C	1	1	1	1	1	5
D	0	0	0	1	0	1
E	1	1	0	1	1	4

表 7-12 **评委 4 对各构配件的评分**

项目构配件名称	一对一比较评分法					得分累计
	A	B	C	D	E	
A	1	1	1	1	1	5
B	0	1	0	0	1	2
C	0	1	1	0	1	3
D	0	1	1	1	1	4
E	0	0	0	0	1	1

表 7-13 **评委 5 对各构配件的评分**

项目构配件名称	一对一比较评分法					得分累计
	A	B	C	D	E	
A	1	1	1	1	1	5
B	0	1	0	0	0	1
C	0	1	1	1	1	4
D	0	1	0	1	0	2
E	0	1	0	1	1	3

（2）确定功能重要性系数。综合 5 位评委的评分结果，并确定各构配件功能的重要性系数，见表 7-14。对构配件 A 来说，5 位评委的评分合计为 22，除以总得分 75，即得构配件 A 的功能重要性系数为 0.293。

表 7-14　　评分结果综合与确定功能重要性系数表

项目构配件名称	一对一比较评分					合计得分	功能重要性系数
	第 1 位评委	第 2 位评委	第 3 位评委	第 4 位评委	第 5 位评委		
A	4	5	3	5	5	22	0.293
B	2	1	2	2	1	8	0.107
C	5	4	5	3	4	21	0.280
D	1	3	1	4	2	11	0.147
E	3	2	4	1	3	13	0.173
累 计 分 值						75	1.000

（3）计算成本系数。成本系数的计算结果见表 7-15。

表 7-15　　价值系数计算结果表

项目构配件名称	目前成本/万元	成本系数	功能重要性系数	价值系数
A	4.67	0.34	0.293	0.86
B	3.64	0.26	0.107	0.41
C	3.50	0.25	0.280	1.12
D	1.12	0.08	0.147	1.84
E	0.98	0.07	0.173	2.47
合计	14	1.00	1.000	

（4）计算价值系数与确定价值工程对象。价值系数的计算结果见表 7-15。根据价值系数进行对象的选择，优先选择构配件 B 作为分析对象；构配件 D 和构配件 E 属于价值系数大于 1 的情况，要视情况而定；构配件 A 和构配件 C 属于价值系数接近于 1 的情况，一般不作为活动的对象。

通过综合评价选出的方案，报送决策部门审批后便可实施。在方案实施过程中，应该对方案的实施情况进行检查，发现问题及时解决。方案实施完成后，要进行总结评价和验收。

本 章 小 结

价值工程也称价值分析，是一种有效地降低成本、提高经济效益的技术经济分析方法。它通过集体智慧和有组织的活动对产品或服务进行功能分析，使目标以最低的总成本，可靠地实现产品或服务的必要功能，从而提高产品或服务的价值。

价值工程的主要思想是通过对选定研究对象的功能及费用分析，提高对象的价值。其基本途径包括应用新技术，提高功能，降低成本，大幅度提高价值；功能不变，降低成本，提高价值；功能有所提高，成本不变，提高价值；功能略有下降，成本大幅度降低，提高价值；提高功能，适当提高成本，大幅度提高功能，从而提高价值等。

价值工程的基本工作程序和步骤：选择价值工程对象→收集信息→进行功能分析→提出改进方案→分析与评价方案→实施方案→评价活动成果。其中，功能定义、功能整理、功能评价是价值工程的核心。

思 考 题

1. 什么是价值工程？价值工程的特点是什么？
2. 简述价值工程的实施步骤。
3. 功能的系统分析是价值工程活动的一个重要环节，它包括哪些内容？
4. 方案创新是价值工程活动成败的关键，在价值工程中常用的方法有哪些？
5. 方案综合评价的方法有哪些？主要原理是怎样的？

练 习 题

某开发公司的造价工程师针对设计院提出的某商住楼的3个设计方案进行技术经济分析和专家调查，结果见表7-16。试利用价值工程原理判断选择最优设计方案。

表7-16　　某项目方案功能得分

构配件	功能权重	A方案功能得分	B方案功能得分	C方案功能得分
F1	0.25	9	9	8
F2	0.05	8	10	10
F3	0.25	10	7	9
F4	0.35	9	10	9
F5	0.10	8	8	6
单位价格		1325	1118	1226

第 8 章　建设项目的国民经济评价

学习要点

通过本章的学习，学生应掌握影子价格的真正含义及国民经济评价指标的公式及判别准则；熟悉国民经济评价和经济效果评价的关系，效益和费用的识别；了解国民经济评价的基本概念、目的和作用。

8.1　国民经济评价概述

8.1.1　基本概念

1. 国民经济评价

国民经济评价是项目经济评价的重要组成部分。它是按照资源合理配置的原则，从全社会的角度考察和确定项目的效益和费用，用影子价格、影子汇率和社会折现率等国民经济评价参数，分析计算项目对国民经济带来的净利益，来考察投资项目能否做到社会资源的最优利用，取得最佳的社会经济效益。

国民经济评价是一种考虑大局和国家利益，从宏观上对项目经济性的评价，在项目评价中占主导地位；另外，宏观经济是广义的，从这一角度去评价经济效果，存在着复杂性的特点。为此，原国家计委颁布了《建设项目经济评价方法与参数》（第三版），以此来确定和指导评价的规范性和合理化。

在市场经济充分发达的条件下，依赖市场调节的行业项目，政府不必参与具体的项目决策，项目的生存与发展完全由市场竞争机制所决定，因此，这类项目不必进行国民经济评价。但是需要由政府行政干预的建设项目要进行国民经济评价，主要有国家及地方政府参与投资的项目；国家给予财政补贴或间面积税费的项目；主要基础设施项目，包括铁路、公路、航道整治疏浚等交通基础设施建设项目；较大的水利水电项目；国家控制的战略性资源开发项目；动用社会资源和自然资源较多的大型外商投资项目；主要产出物和投入物的市场价格严重扭曲，不能反映其真实价值的项目。

2. 影子价格

影子价格在国民经济评价中，是区别于现行的市场价格而采用的能够反映其实际价值的一种价格。这种影子价格反映劳动产品、自然资源、劳动力的最优使用效果，用于效用与费用分析，广泛地被用于投资项目和进出口活动的经济评价。影子价格是人为确定的，比交换价格更合理的价格。

3. 影子汇率

影子汇率指能正确反映国家外汇经济价值的汇率。建设项目国民经济评价中，项目的进口投入物和出口产出物，应采用影子汇率换算系数调整计算进出口外汇收支的价值。影子汇率的计算公式为

$$影子汇率 = 外汇牌价 \times 影子汇率换算系数 \tag{8-1}$$

根据我国外汇收支、外汇供求、进出口关税、进出口结构、进出口增值税及出口退税补贴等情况，影子汇率换算系数为1.08。

［**例8-1**］已知影子汇率换算系数为1.08，国家外汇牌价为6.85元/美元，则影子汇率为多少？

解： 影子汇率＝6.85×1.08＝7.40（元/美元）

4. 社会折现率

社会折现率是指建设项目国民经济评价中衡量经济内部收益率的基准值，也是计算项目经济净现值的折现率，是项目可行性研究和方案比选的判别依据。社会折现率应根据国家的社会经济发展目标、发展战略、发展水平、宏观调控意图、资金供给状况等因素综合测定。结合当前实际情况，测定的社会折现率为8%；对于受益期长的建设项目，如果远期效益较大，效益实现的风险较小，社会折现率可适当降低，但不能低于6%。

8.1.2 国民经济评价的目的和作用

1. 国民经济评价的目的

（1）国民经济评价可保证拟建项目符合社会主义生产目的的要求，拟建项目的产品符合社会的需要。国民经济评价是以社会需求作为项目取舍的依据，而不是单纯地看项目是否盈利。

（2）进行国民经济评价可避免拟建项目的重复和盲目建设，并有利于避免投资决策的失误。国民经济评价是从国家的角度（即宏观角度）出发，而不是从地区或企业的角度（即微观角度）出发考察项目的效益和费用，可避免地方保护主义和企业的片面性、局限性。

（3）进行国民经济评价可以全面评价项目的综合效益。因为它既分析项目的直接经济效益，也分析项目的间接经济效益。

（4）进行国民经济评价可以确定项目消耗社会资源的真实价值。有些项目的投入物和产出物的国内市场价格，往往不能反映真实的经济价值，从而导致项目财务效益的虚假性。国民经济评价则可以通过影子价格对财务价格进行修正，能够真实地反映项目消耗社会资源的价值量。

2. 国民经济评价的作用

（1）正确反映项目对社会经济的净贡献，评价项目的经济合理性和项目的财务盈利性，但是在以下几个方面难以全面正确地反映项目的经济合理性：①国家给予项目补贴；②企业

向国家缴税；③某些货物市场价格可能扭曲；④项目的外部效果。

（2）为政府合理资源配置提供依据。包括：①对那些本身财务效益好但经济效益差的项目进行调控；②对那些本身财务效益差而经济效益好的项目予以鼓励。

（3）可作为政府审批或核准项目的重要依据。

（4）为市场化运作的基础设施等项目提供财务方案的制定依据。

（5）必选和优化项目（方案）具有重要作用。

（6）有助于实现企业利益、地区利益与全社会利益有机地结合和平衡。

8.1.3　国民经济评价与经济效果评价的关系

1. 共同点

（1）评价方法相同。两者都是经济评价，都使用费用与效益比较的理论方法，都要寻求以最小投入获取最大的产出，都采用现金流量、报表分析方法，都采用 IRR、NPV 等指标。

（2）评价的基础工作相同。两种分析都要在项目完成产品需求预测、工艺技术选择、设备选型、投资估算、资金筹措等基础上进行。

2. 区别

（1）评价角度和基本出发点不同。经济效果评价是从企业财务角度考察收支和盈利状况及偿还借款能力，以确定建设项目的财务可行性。国民经济评价是从国家整体（社会的）角度考察项目需要国家付出的代价和对国家的贡献，以确定建设项目的经济合理性。

（2）项目的费用和效益的划分不同。经济效果评价是根据项目直接发生的实际收支而确定项目的效益和费用，凡是项目的货币支出都视为费用，税金、利息等也均计为费用。国民经济评价则着眼于项目所耗费的全社会有用资源来考察项目的费用，并根据项目对社会提供的有用产品（包括服务）来考察项目的效益。税金、国内借款利息和财政补贴等一般并不发生资源的实际增加和耗用，多是国民经济内部的“转移交付”，因此，不列为项目的费用和效益。另外，国民经济还需要考虑间接费用与效益。

（3）所使用价格体系不同。经济效果评价要确定投资项目在财务上的现实可行性，因而对投入物和产出物均采用财务价格，即现行市场价格（预测值）。国民经济评价采用根据机会成本和供求关系确定的影子价格。

（4）使用不同的评价参数。经济效果评价采用的汇率一般选用当时的官方汇率，折现率是因行业而异的基准收益率。国民经济评价则采用国家统一测定和颁布的影子汇率和社会折现率。

（5）经济效果评价有两个方面，即盈利性评价和清偿能力分析，而国民经济评价仅仅有盈利性分析而无清偿能力分析。

3. 两者结论的关系

由于国民经济评价与经济效果评价有所区别，对于两者评价结论有可能出现以下 4 种情况。

（1）经济效果评价和国民经济评价均可行的项目，应予通过。

（2）经济效果评价和国民经济评价均不可行的项目，应予否定。

（3）经济效果评价不可行、国民经济评价可行的项目，应予通过。但国家和主管部门应采取相应的优惠政策，如减免税、给予补贴等，使项目在财务上也具有生存能力。

（4）经济效果评价可行、国民经济评价不可行的项目，应该否定，或者重新考虑方案，进行“再设计”。

8.1.4 工程项目国民经济评价内容和方法的选择

工程项目的类型、性质、目标和行业特点等都会影响项目国民经济评价的方法、内容和参数。

（1）对于一般项目，财务分析（经济效果评价）结果将对其决策、实施和运营产生重大影响，经济效果评价必不可少。由于这类项目产出品的市场价格基本能够反映其真实价值，当经济效果评价的结果能够满足决策需要时，可以不进行国民经济评价。

（2）对于那些关系国家安全、国土开发、市场不能有效配置资源等具有较明显外部效果的项目（一般为政府审批或核准项目），需要从国家经济整体利益角度来考察项目，并以能反映资源真实价值的影子价格来计算项目的经济效益和费用，通过经济评价指标的计算和分析，得出项目是否对整个社会经济有益的结论。

（3）对于特别重大的工程项目，除进行经济效果评价与经济费用效益分析外，还应专门进行项目对区域经济或宏观经济影响的研究和分析。

8.2 国民经济效益与费用的识别

8.2.1 效益和费用的识别原则

1. “有无对比”原则

国民经济评价通过项目的实施效果与无项目情况下可能发生的情况进行对比分析，计算机会成本或增量效益。不应考虑沉没成本和已实现的效益。

2. 关联效果原则（边界原则）

经济效果评价从项目本身的利益出发，其系统分析的边界是项目；国民经济评价则从国民经济的整体利益出发，其系统分析的边界是整个国家。国民经济评价不仅要识别项目自身的内部效果，而且需要识别项目对国民经济其他部门和单位产生的外部效果。

3. 资源变动原则

由于经济资源的稀缺性，就意味着一个项目的资源投入会减少这些资源在国民经济其他方面的可用量，从而减少了其他方面的国民收入，从这种意义上说，该项目对资源的使用产生了国民经济费用。因此，在考察国民经济费用和效益的过程中，我们的依据不是货币，而是社会资源真实的变动量。凡是减少社会资源的项目投入都产生国民经济费用，凡是增加社会资源的项目产出都产生国民经济收益。

8.2.2 效益和费用的识别

国民经济效益，是指项目对国民经济所做的贡献，即项目的投资建设和投产为国民经济提供的所有经济效益，它一般包括直接效益和间接效益。国民经济费用指国民经济为项目所付出的代价，它分为直接费用和间接费用。

1. 直接效益和直接费用的识别

（1）直接效益的识别。直接效益是指由项目产出物生成或直接生成，并在项目范围内用影子价格计算的经济效益。增加项目产出物（或服务）的数量以增加国内市场的供应量，直接效益表现为增加该产出物数量满足国内需求的效益；项目产出物（或服务）替代效益较低的相同或类似企业的产出物（或服务），使被替代企业减（停）产从而减少国家有用资源的耗费，即整个社会没有增加产品的数量，只是代替了其他企业的等量产品。项目的直接效益是减少国家有用资源耗费（或损失）的效益；项目产出物（或服务）增加了出口量。增加出口就是项目投产以后增加国家出口产品的数量，其效益是增加出口所增收的国家外汇；项目产出物（或服务）减少了进口量。减少进口是指项目投产以后，其产品可以替代进口产品，其效益是减少进口所节约的外汇效益。例如，利用现有的水资源进行发电，产生的电服务于社会，属于直接效益。

（2）直接费用的识别。直接费用是指项目使用投入物所产生的并在项目范围内用影子价格计算的经济费用。直接费用的识别是国内其他部门为本项目提供投入物，而扩大其他部门的生产规模，其费用为增加生产所耗用的资源费用，项目投入物本来用于其他项目，由于改用于拟建项目而减少的对其他项目（或最终消费）投入物的供应，其费用为其他项目（或最终消费）因此而放弃的效益；项目的投入物来自国外，即增加进口，是指因为项目存在，国家不得不为增加进口而多支付的外汇；项目的投入物减少了出口，为满足项目需求而减少了出口，其费用为减少出口所减少的外汇收入。例如，建设水电站所耗用的资源为直接费用。

2. 间接效益和间接费用的识别

间接效益与间接费用，或称外部效果，是指项目对国民经济做出的贡献与国民经济为项目付出的代价中，在直接效益与直接费用中未得到反映的那部分效益与费用。外部效果的计算应考虑环境及生态影响效果，主要是指工业项目排出“三废”造成的环境污染和生态破坏，是一种间接费用；技术扩散效果通常包括技术培训和技术推广等，这是一种比较明显的技术外部效果，是一种间接效益；产业关联效果包括对上游企业和下游企业的关联效果，对下游企业的关联效果主要是指生产初级产品的项目对以其产出物为原料的经济部门产生的效果；对上游企业的关联效果是指一个项目的建设会刺激那些为该项目提供原材料或半成品的经济部门的发展。另外，对显著的外部效果能定量的要做定量分析，计入项目的效益和费用，不能定量的，应做定性描述。为防止计算外部效果的扩大化，项目的外部效果一般只计算一次相关效果，不应连续扩展。

（1）间接效益的识别。间接效益又称外部效益，是指由项目引起的而在直接效益中未得到反映的那部分效益，是由于项目的投资兴建、经营，使配套项目和相关部门因增加产量和劳务量而获得的效益。比如产业的关联效果，建一座钢铁厂的同时，又建了一套厂外运输系统，运输系统除了为钢铁厂服务，还为当地的人们生活和工农业生产提供帮助，运输系统就是项目引起的外部效益。建设技术先进的项目会培养和造就大量的技术人员和管理人员，他们除了服务于本项目外，自身技术水平提升对整个社会经济发展也会带来好处。

（2）间接费用的识别。间接费用又称外部费用，是指由项目引起而在直接费用中未得到反映的那部分费用。例如项目对自然环境造成的损害，发电厂排放的烟尘可使附近田园的作物产量减少，化工厂排放的污水可使附近江河的鱼类资源骤减。这些废水、废气和废渣引起的环境污染及对生态平衡的破坏，项目并不支付任何费用，而国民经济付出了代价。项目产品大量出口引起国内相同产品出口价格的下降等。

3. 转移支付

转移支付是指在国民经济内部各部门发生的，没有造成国内资源的真正增加或耗费的支付行为。即项目与各种社会实体之间的货币转移，如税金、国内借款利息、职工工资等，不列为项目的效益和费用。

（1）税金。税金是调节分配的一种手段。从国民经济角度看，税收实际上并未花费国家任何资源，它只是企业和税收部门之间的一项资金转移。在经济效果评价中，税金包括销售税和所得税，对企业来说，这些税金都是财务支出。但是，对国民经济整体而言，企业纳税并未减少国民收入，只不过是将企业的这笔货币收入转移到政府手中而已，是收入的再分配。因此，在国民经济评价中既不能把税金列为收益，也不能把税金列为费用。

（2）补贴。补贴是货币在政府和项目之间的转移，一种货币流动方向与税金相反的转移支付。政府如果对某些产品实行价格补贴，可能会降低项目投入的支付费用，或者会增加项目的收入，从而增加项目的净收益。但是这种收益的增加仍然是国民收入从政府向企业的一种转移，它使资源的支配权发生变动，但是既未增加社会资源，也未减少社会资源，因而补贴不被视作国民经济评价中的费用和收益。

（3）利息。项目支付的国内借款利息，是国民经济内部企业与银行之间的资金转移，并不涉及社会资源的增减变化，是转移支付，应剔除。国外借款的利息由国内向国外转移，应列为费用。

（4）土地费用。为项目建设征用土地（主要是可耕地或已开垦土地）而支付的费用，是由项目转移给地方、集体或个人的一种支付行为，故在国民经济效益评价时不列为费用。应列为费用的是被占用土地的机会成本和使国家新增的资源消耗（如拆迁费用等）。

8.3 影子价格

影子价格是指依据一定原则确定的，能够反映投入物和产出物真实经济价值，反映市场供求状况，反映资源稀缺程度，使资源得到合理配置的价格。影子价格是根据国家经济增长的目标和资源的可获性来确定的。如果某种资源数量稀缺，同时，有许多用途完全依靠于它，那么它的影子价格就高。如果这种资源的供应量增多，那么它的影子价格就会下降。进行国民经济评价时，项目的主要投入物和产出物价格，原则上都应采用影子价格。

确定影子价格时，对于投入物和产出物，首先要区分为市场定价货物、政府调控价格货物和特殊投入物三大类别，然后根据投入物和产出物对国民经济的影响分别处理。

8.3.1 市场定价货物的影子价格

1. 外贸货物的影子价格

外贸货物是指其生产或使用会直接或间接影响国家出口或进口的货物，原则上石油、金属材料、金属矿物、木材及可出口的商品煤，一般都划为外贸货物，即产出物中直接出口、间接出口或替代进口的货物；投入物中直接进口、间接进口或减少出口的货物。外贸货物影子价格的定价基础是国际市场价格。尽管国际市场价格并非就是完全理想的价格，但在国际市场上起主导作用的还是市场机制，各种商品的价格主要由供需规律所决定，多数情况下不受个别国家和集团的控制，一般比较接近物品的真实价值。

本节涉及的到岸价格（CIF）与离岸价格（FOB）统称口岸价格。到岸价格，是抵达买方边境港口或边境车站的价格，由成本、运费和保险费组成；离岸价格，意为装运港船上交货，当产品在指定的装运港越过船舷，卖方即完成交货义务。在国民经济评价中，口岸价格应按本国货币计算，故口岸价格的实际计算公式为

$$\text{到岸价格（人民币）}=\text{美元结算的到岸价格}\times\text{影子汇率} \tag{8-2}$$

$$\text{离岸价格（人民币）}=\text{美元结算的离岸价格}\times\text{影子汇率} \tag{8-3}$$

贸易费用在项目的国民经济评价中用以计量货物在商贸部门的流通费用，包括储运、再包装、短途运输、装卸、保险、检验等环节的费用支出，以及资金占用的机会成本，但不包括长途运输费用。贸易费用率为6%。

（1）投入物的影子价格计算。

1）直接进口产品。某影子价格的计算公式为

$$\text{影子价格}=\text{CIF}\times\text{影子汇率}+\text{项目到口岸的国内运费}+\text{贸易费用} \tag{8-4}$$

[例8-2]项目使用的某种原料为进口产品，其到岸价格为120美元/件，项目离口岸600km，该材料影子运费为0.3元/（件·km），贸易费用为货价的6%，外汇的汇率6.85元/美元，影子汇率调整系数1.08。试计算该原材料的影子价格。

解：根据式（8-1）得

$$\text{影子汇率}=6.85\times1.08=7.40\text{（元/美元）}$$

根据式（8-4）得

$$\text{影子价格}=120\times7.40+600\times0.3+120\times7.40\times6\%=1121.28\text{（元/件）}$$

2）间接进口产品。其影子价格的计算公式为

$$\text{影子价格}=\text{CIF}\times\text{影子汇率}+\text{口岸到原用户的运输费用及贸易费用}-\text{供应厂到用户的运输费用及贸易费用}+\text{供应厂到项目的运输费用及贸易费用} \tag{8-5}$$

[例8-3] 江苏某厂所用木材由江西某林场供应，现拟在江西某地新建木器厂并由江西林场供应木材后，江苏某厂所用木材只能通过上海进口供应，汇率为6.85元/美元，影子汇率调

整系数为 1.08，木材进口到岸价为 160 美元/m^3，上海离江苏 200km，江西林场离江苏 400km、距拟建项目 200km，木材影子运费 0.20 元/（$m^3 \cdot km$），贸易费用为货价的 6%。试计算江西拟建项目耗用木材的影子价格。

解：根据式（8-2）得

$$到岸货价 = 160 \times 6.85 \times 1.08 = 1183.68（元/m^3）$$

根据式（8-5）得

$$影子价格=1183.68+(200\times0.2+1183.68\times6\%)-(400\times0.2+1183.68\times6\%)+(200\times0.2+1183.68\times6\%)$$
$$=1254.70（元/m^3）$$

3）减少出口产品。其影子价格的计算公式为

影子价格 = FOB（离岸价格）× 影子汇率–供应厂到口岸的运输费用及贸易费用
+供应厂到项目的运输费用及贸易费用　　（8-6）

［**例 8-4**］呼和浩特市某拟建项目，耗用可供出口的准格尔煤矿的原煤，其离岸价格为 80 美元/t，汇率为 6.11 元/美元，影子汇率调整系数为 1.08，准格尔煤矿离二连浩特口岸 500km，离呼和浩特 150km，原煤影子运费 0.20 元/（$t \cdot km$），贸易费用为货价的 6%。试计算原煤的影子价格。

解：根据式（8-3）得

$$离岸货价 = 80 \times 6.11 \times 1.08 = 527.90（元/t）$$

根据式（8-6）得

$$影子价格 = 527.90-(500 \times 0.2 + 527.90 \times 6\%) + (150 \times 0.2 + 527.90 \times 6\%)$$
$$= 457.90（元/t）$$

（2）产出物的影子价格计算。

1）直接出口产品。其影子价格的计算公式为

影子价格 = FOB（离岸价格）× 影子汇率–项目到口岸的运输费用–贸易费用　（8-7）

［**例 8-5**］某项目的产出物为出口产品，其离岸价为 20 美元/单位，外汇的汇率 6.11 元/美元，影子汇率调整系数为 1.08，项目离口岸 200km，影子运费为 0.20 元/（单位 · km），贸易费用为货价的 6%。试计算该产出物的影子价格。

解：根据式（8-7）得

$$影子价格 = (20 \times 6.11 \times 1.08) - (200 \times 0.20) - (20 \times 6.11 \times 1.08 \times 6\%)$$
$$= 84.06（元/单位）$$

2）间接出口产品。

影子价格 = FOB（离岸价格）× 影子汇率–原供应厂到口岸的运输费用及贸易费用+ 原供应厂到用户的运输费用及贸易费用–项目到用户的运输费用及贸易费用　（8-8）

［**例 8-6**］某项目所需的某种原材料原由江苏某厂供应，现在浙江新建某一供应厂并由其供应，使原江苏某厂增加出口。该原材料离岸价格为 300 美元/t，影子汇率为 6.60 元/美元，影子运费为 0.20 元/（$t \cdot km$），江苏离口岸 300km，江苏离项目所在地 200km，浙江离项目所在地 150km，贸易费用为货价的 6%。试计算该原材料的影子价格。

解：根据式（8-3）得

$$离岸货价 = 300 \times 6.6 = 1980（元/t）$$

根据式（8-8）得

$$影子价格 = 1980 - (300 \times 0.2 + 1980 \times 6\%) + (200 \times 0.2 + 1980 \times 6\%) - (150 \times 0.2 + 1980 \times 6\%)$$
$$= 1811.20（元/t）$$

（3）替代进口产品。

$$影子价格 = CIF（到岸价格）\times 影子汇率 + 口岸到用户的运输费用及贸易费用 - 项目到用户的运输费用及贸易费用 \quad (8-9)$$

［**例 8-7**］某厂需进口原材料，现在某地新建项目生产此种原材料并由新项目供应，其进口到岸价 100 美元/单位，影子汇率为 7.40 元/美元，影子运费为 0.20 元/（单位 · km），某厂到口岸的距离为 200km，到新建项目的距离 100km，贸易费用为货价的 6%。试计算新建项目生产该原材料的影子价格。

解：根据式（8-2）得

$$到岸货价 = 100 \times 7.40 = 740（元/单位）$$

根据式（8-9）得

$$影子价格 = 740 + (200 \times 0.2 + 740 \times 6\%) - (100 \times 0.2 + 740 \times 6\%) = 760（元/单位）$$

2. 非外贸货物的影子价格

非外贸货物是指其生产或使用不会直接或间接影响国家出口或进口的货物。工程项目非外贸货物的影子价格的计算公式为

$$产出物的影子价格（产出物的出厂价格）= 市场价格 - 国内运杂费 \quad (8-10)$$

$$投入物的影子价格（投入物的到厂价格）= 市场价格 + 国内运杂费 \quad (8-11)$$

8.3.2　政府调控价格货物的影子价格

在市场经济条件下，有些货物或者服务不能完全由市场机制形成价格，而需由政府调控价格，政府调控的货物或者服务的价格不能完全反映其真实价值，确定这些货物或者服务的影子价格的原则是：投入物按机会成本分解定价，产出物按经济增长的边际贡献率或消费者支付意愿定价。在此原则上，水、电、铁路运输等属于政府调控价格的货物或服务。水价作为项目投入物的影子价格，按后备水源的边际成本分解定价，或按恢复水功能的成本计算；当它为产出物的影子价格，按消费者支付意愿（一般消费者承受能力加政府补贴）计算。电价作为项目投入物的影子价格，一般按完全成本分解定价，电力过剩时按可变成本分解定价；当它为产出物的影子价格，可按电力对当地经济边际贡献率定价。铁路运价作为项目投入物的影子价格，一般按完全成本分解定价，对能力有富裕的路段，按可变成本分解定价。

8.3.3　特殊投入物的影子价格

项目的特殊投入物是指项目在建设、生产运营中使用的劳动力、土地和自然资源等物品。

1. 劳动力费用

劳动力作为一种资源被项目使用时，国民经济评价采用“影子工资”计算其费用。影子工资是国民经济为项目使用劳动力所付出的真实代价，由劳动力机会成本和由于劳动力的转移而引起的新增资源耗费两部分构成。劳动力的机会成本指该劳动力不被拟建项目招用，而从事其他生产经营活动所创造的最大效益。新增资源耗费是指社会为劳动力就业而付出的，但职工又未得到的其他代价，如为劳动力就业而支付的搬迁费、培训费、城市交通费等。影子工资与劳动力的技术熟练程度和供求状况（过剩与稀缺）有关，技术越熟练，稀缺程度越高，其机会成本越高，反之，越低。

2. 土地的影子价格

土地影子价格反映土地用于拟建项目而使社会为此放弃的国民经济效益，以及国民经济为此增加的资源消耗。

（1）农用土地的影子价格。农用土地的影子价格是指项目占用农用土地使国家为此损失的收益，由土地的机会成本和占用土地而引起的新增资源消耗两部分构成，也可在经济效果评价土地费用的基础上调整计算得出。土地机会成本按项目占用土地而使国家为此损失的该土地可行最佳替代用途的净效益计算。新增资源消耗一般包括拆迁费用和劳动力安置费用。在项目实际征地财务费用基础上调整计算包括 3 部分：

1）机会成本性质的费用，如土地补偿费、青苗补偿费等，应按机会成本的计算方法调整计算。

2）新增资源消耗，如拆迁费用、剩余劳动力安置费用、养老保险费用等，应按影子价格调整计算。

3）转移支付，如粮食开发基金、耕地占用税等，则应予以剔除。

（2）城镇土地影子价格计算。城镇土地影子价格通常按市场价格计算：包括出让金、征地费、拆迁安置补偿费等。

3. 自然资源影子价格

各种自然资源是一种特殊的投入物，项目使用的矿产资源、水资源、森林资源等都是对国家资源的占用和消耗。矿产等不可再生资源的影子价格按资源的机会成本计算，水和森林等可再生自然资源的影子价格按资源再生费用计算。

8.4 国民经济评价的指标及步骤

8.4.1 国民经济评价指标

1. 经济净现值

经济净现值（ENPV）是反映项目对国民经济净贡献的绝对指标。它是指用社会折现率将项目计算期内各年的净收益流量折算到建设期初的现值之和。其表达式为

$$\mathrm{ENPV}=\sum_{t=1}^{n}(B-C)_t(1+i_s)^{-t} \tag{8-12}$$

式中　ENPV——经济净现值；

$(B-C)_t$——第 t 年的净效益流量；

i_s——社会折现率。

判别准则：工程项目经济净现值等于或大于零表示国家拟建项目付出代价后，可以得到符合社会折现率的社会盈余，或除了得到符合社会折现率的社会盈余外，还可以得到以现值计算的超额社会盈余，这时就认为项目是可以考虑接受的。

2. 经济内部收益率

经济内部收益率（EIRR）是反映项目对国民经济净贡献的相对指标，它表示项目占用的资金所能获得的动态收益率，是项目在计算期内各年经济净效益流量的现值累计等于零时的折现率。其表达式为

$$\sum_{t=1}^{n}(B-C)_t(1+\mathrm{EIRR})^{-t}=0 \tag{8-13}$$

式中　EIRR——经济内部收益率；

B——效益流量；

C——费用流量；

$(B-C)_t$——第 t 年的净效益流量；

n——计算期。

判别准则：经济内部收益率等于或大于社会折现率，表明项目对国民经济的净贡献达到或超过了要求的水平，这时应认为项目是可以接受的。

3. 经济效益费用比

经济效益费用比（R_{BC}）指项目在计算期内效益流量的现值与费用流量的现值之比。其计算公式为

$$R_{BC}=\frac{\sum_{t=1}^{n}B_t(1+i_s)^{-t}}{\sum_{t=1}^{n}C_t(1+i_s)^{-t}} \tag{8-14}$$

式中　B_t——第 t 期的经济效益；

C_t——第 t 期的费用效益。

判别准则：如果经济效益费用比大于 1，表明项目资源配置的经济效率达到了可以被接受的水平。

8.4.2　国民经济评价的步骤

1. 在经济效果评价基础上进行国民经济评价的步骤

（1）效益和费用范围的调整。

1）剔除转移支付。

2）识别项目——间接费用和间接效益，可定量的计算，不能定量的定性。

（2）效益和费用数值的调整。

1）固定资产投资的调整和流动资金调整，编制经济费用效益分析投资费用估算调整表（表 8-1）。

表 8-1　　经济费用效益分析投资费用估算调整表

单位：万元

序号	项　　目	财务分析（经济效果评价）			经济费用效益分析			经济费用效益分析比财务分析增减（±）
		外汇	人民币	合计	外汇	人民币	合计	
1	建设投资							
1.1	建设工程费							
1.2	设备购置费							
1.3	安装工程费							
1.4	其他费用							
1.4.1	其中：土地费用							
1.4.2	专利及专有技术费							
1.5	基本预备费							
1.6	涨价预备费							
1.7	建设期利息							
2	流动资金							
	合计（1+2）							

注：若投资费用是通过直接估算得到的，本表应略去财务分析（经济效果评价）的相关栏目。

2）经营类（外购材料、燃料、工资福利修理费）费用的调整，编制经济费用效益分析经营费用估算调整表（表 8-2）。

表 8-2　　经济费用效益分析经营费用估算调整表

单位：万元

序号	项　　目	单位	投入量	财务分析（经济效果评价）		经济费用效益分析	
				单价/元	成本	单价/元	费用
1	外购原材料						
1.1	原材料 A						
1.2	原材料 B						
1.3	原材料 C						
1.4	……						
2	外购燃料和动力						
2.1	煤						
2.2	水						
2.3	电						

续表

序号	项　目	单位	投入量	财务分析（经济效果评价）		经济费用效益分析	
				单价/元	成本	单价/元	费用
2.4	重油						
2.5	……						
3	工资及福利费						
4	修理费						
5	其他费用						
	合计						

注：若经营费用是通过直接估算得到的，本表应略去财务分析（经济效果评价）的相关栏目。

3）项目直接效益的调整，编制项目直接效益估算调整表（表 8-3）。

4）项目间接效益和费用调整，编制项目间接效益和费用估算调整表（表 8-4）。

表 8-3　　项目直接效益估算调整表

单位：万元

产出物名称			投产第一期负荷/%				投产第二期负荷/%				……	正常生产年份/%			
			A 产品	B 产品	……	小计	A 产品	B 产品	……	小计		A 产品	B 产品	……	小计
年产出量	计算单位														
	国内														
	国际														
	合计														
财务分析	国内市场	单价/元													
		现金收入													
	国际市场	单价/美元													
		现金收入													
经济费用效益分析	国内市场	单价/元													
		直接效益													
	国际市场	单价/美元													
		直接效益													
合计/万元															

注：若直接效益是通过直接估算得到的，本表应略去财务分析（经济效果评价）的相关栏目。

表 8-4　　项目间接效益（费用）估算表

单位：万元

序　号	项　目	合　计	计　算　期					
			1	2	3	4	……	*n*

（3）编制效益费用流量表。根据以上表内信息编制效益费用流量表（表 8-5），计算各评价指标。

表 8-5 效益费用流量表

单位：万元

序号	项目	合计	计算期					
			1	2	3	4	……	*n*
1	效益流量							
1.1	项目直接效益							
1.2	资产余值回收							
1.3	项目间接效益							
2	费用流量							
2.1	建设投资							
2.2	维持运营投资							
2.3	流动资金							
2.4	经营费用							
2.5	项目间接费用							
3	净效益流量（1–2）							

计算指标：
经济内部收益率/%
经济净现值（i_s=%）

2. 直接做国民经济评价的步骤

识别或计算直接、间接费用和效益，再以影子价格工资、汇率计算固定资产投资、流动资金、经营费用、销售收入、计算评价指标。

本章小结

国民经济评价按照资源合理配置的原则，从国家整体角度考察项目的效益和费用，用货物影子价格、影子汇率和社会折现率等经济参数，分析、计算项目对国民经济带来的净贡献，评估项目的经济合理性，为项目的投资决策提供依据。

国民经济评价要清楚它与经济效果评价的关系，在此基础上首先进行费用和效益的识别，包括直接、间接的费用和效益识别及转移支付，通过影子价格在各种条件下的计算方法得到进出口货物的真实价格，包括市场定价的外贸货物、非外贸货物的影子价格；政府调控价格货物的影子价格；特殊投入物的影子价格，再利用经济净现值、经济内部收益率等评价指标进行评价，看项目在国民经济评价角度是否可行。

思　考　题

1. 国民经济评价的内容是什么？
2. 什么是国民经济评价？它与经济效果评价的异同有哪些？
3. 简述费用和效益的识别。
4. 简述影子价格的分类及计算。

练　习　题

1．某贸易货物的到岸价格为 280 美元/t，国内运费为到岸价的 3%，贸易费用为到岸价格的 1%。求该货物的影子价格。（外汇牌价为 6.58 元/美元）

2．某项目正式投产时要购置两台新型机器设备，一台在国内购得，其国内市场价格为 200 万元/台，影子价格与国内市场价格的换算系数为 1.25，另一台设备必须进口，其到岸价格为 50 万美元一台，影子汇率换算系数为 1.08，外汇牌价为 6.58 元/美元，进口设备的国内运杂费为 10 万元，贸易费用为 5 万元。试求该种产品进行生产时，两台设备的影子价格和所需设备的总成本。

3．某项目的产出物为出口产品，其离岸价为 40 美元/单位，外汇的汇率 6.70 元/美元，影子汇率调整系数为 1.08，项目离口岸 300km，影子运费为 0.20 元/（单位·km），贸易费用为货价的 6%。试计算该产出物的影子价格。

4．某家企业为出口创汇，生产了一种新型产品，每年的效益流量为 300 万美元，费用流量为 120 万美元，该产品生产 5 年，每年的净外汇流量相同，社会折现率取 10%。试求其国民经济外汇净现值。

第 9 章　设备更新的经济分析

学习要点

通过本章的学习，学生应掌握设备磨损的度量方法、设备经济寿命的计算方法、设备租赁与购买方案的比选方法；熟悉设备磨损的类型、设备寿命形态的种类、设备更新时机的选择；了解设备磨损的补偿方式、设备更新的类型及策略。

9.1　设备的磨损与补偿

9.1.1　设备的磨损

随着机器设备运行时间的增加，其工作效率与价值也会逐渐降低。这种因时间影响而导致设备性能降低的现象称为磨损，主要包括有形磨损与无形磨损两种形式。

1. 有形磨损

有形磨损又称物质磨损，包括设备在使用和闲置两种过程中的两种磨损。

（1）设备在使用过程中，在外力的作用下实体产生的磨损、变形和损坏，称为第Ⅰ类有形磨损。这种磨损的程度与使用强度和使用时间长度有关。

（2）设备在闲置过程中受自然力的作用而产生的实体磨损，如金属件生锈、腐蚀、橡胶件老化等，称为第Ⅱ类有形磨损。这种磨损与闲置的时间和所处环境有关。

上述两种有形磨损都造成设备的性能、精度等的降低，使得设备的运行费用和维修费用增加，效率低下，反映了设备使用价值的降低。

2. 无形磨损

设备的无形磨损也称精神磨损或经济磨损，指由于社会技术进步而引起设备原始价格的降低。无形磨损形成的原因主要有两种：

（1）设备的技术结构和性能并没有变化，但由于技术进步、设备制造工艺不断改进、社会劳动生产率水平的提高、同类设备再生产价值的降低，从而引起设备的市场价格降低，致使原设备相对贬值。这种磨损称为第一种无形磨损。这种无形磨损的后果只是现有设备原始价值部分贬值，设备本身的技术特性和功能（即使用价值）并未发生变化，故不会影响现有设备的使用。因此，不产生提前更换现有设备的问题。

（2）第二种无形磨损是由于科学技术的进步，不断创新出结构更先进、性能更完善、效率更高、耗费原材料和能源更少的新型设备，使原有设备相对陈旧落后，其经济效益相对降低而发生贬值。第二种无形磨损的后果不仅是使原有设备价值降低，而且由于技术上更先进的新设备的发明和应用会使原有设备的使用价值局部或全部丧失，这就产生了是否用新设备代替现有陈旧落后设备的问题。

有形和无形两种磨损都引起设备原始价值的贬值，这一点两者是相同的。不同的是：遭受有形磨损的设备，特别是有形磨损严重的设备，在修理之前，常常不能工作；而遭受无形磨损的设备，并不表现为设备实体的变化和损坏，即使无形磨损很严重，其固定资产物质形态却可能没有磨损，仍然可以使用，只不过继续使用它在经济上是否合算，需要分析研究。

3. 设备的综合磨损

设备的综合磨损是指同时存在有形磨损和无形磨损的损坏和贬值的综合情况。对任何特定的设备来说，这两种磨损必然同时发生和互相影响。某些方面的技术要求可能加快设备有形磨损的速度，如高强度、高速度、大负荷技术的发展，必然使设备的物质磨损加剧。同时，某些方面的技术进步又可提供耐热、耐磨、耐腐蚀、耐振动、耐冲击的新材料，使设备的有形磨损减缓，但是其无形磨损加快。

9.1.2　设备磨损的度量

1. 设备有形磨损的度量

可以用经济指标对设备有形磨损加以度量，首先可从设备各个零件的磨损程度及价值来进行度量，计算公式为

$$\alpha_{\mathrm{p}}=\frac{\sum_{i=1}^{n}\alpha_i K_i}{\sum_{i=1}^{n}K_i} \tag{9-1}$$

式中　α_{p}——设备有形磨损程度；

n——磨损零件总数；

α_i——设备中 i 零件的磨损程度；

K_i——i 零件的价值。

其次，可以用设备修理费用估算有形磨损，计算公式为

$$\alpha_{\mathrm{p}}=\frac{R}{K_1} \tag{9-2}$$

式中　R——修复全部磨损零件所用的修理费用；

K_1——在确定设备磨损程度时该种设备再生产的价值。

2. 设备无形磨损的度量

设备无形磨损的度量，计算公式为

$$\alpha_1 = \frac{K_0 - K_1}{K_0} = 1 - \frac{K_1}{K_0} \tag{9-3}$$

式中 α_1——设备无形磨损程度；

K_0——设备的原始价值；

K_1——考虑到第Ⅰ、Ⅱ类无形磨损时设备的再生产价值。

3. 设备综合磨损的度量

设备综合磨损的度量可按照下列方法进行：

设备遭受有形磨损后尚余部分为 $1-\alpha_p$（用百分数表示）；设备遭受无形磨损后尚余部分为 $1-\alpha_1$（用百分数表示）；设备遭受综合形磨损后尚余部分为$(1-\alpha_p)$ $(1-\alpha_1)$（用百分数表示），由此可得设备综合磨损程度（用占设备原始价值的比率表示的计算公式）为

$$\alpha = 1 - (1 - \alpha_p)(1 - \alpha_1) \tag{9-4}$$

式中 α——设备综合磨损程度。

设备在遭受综合磨损后的净值为

$$K = (1 - \alpha)K_0 = K_1 - R \tag{9-5}$$

从式(9-5)可看出设备遭受综合磨损后的净值等于等效设备的再生产价值减去修理费用。

[例 9-1] 若某施工设备原始价值为 12 000 元，再生产价值为 8000 元，此时大修理需要费用 2000 元。该设备遭受何种磨损？磨损程度为多少？

解：有形磨损程度

$$\alpha_p = \frac{R}{K_1} = \frac{2000}{8000} = 0.25$$

无形磨损程度

$$\alpha_1 = \frac{K_0 - K_1}{K_0} = \frac{12\,000 - 8000}{12\,000} = 0.33$$

综合磨损程度

$$\alpha = 1 - (1 - 0.25) \times (1 - 0.33) = 0.50$$

9.1.3 设备磨损的补偿方式

要维持项目再生产的正常进行，必须对设备的磨损进行补偿，要支付相应的补偿费用，以抵偿相应贬值的部分，其目的在于减轻设备的物质和技术劣化，保持设备良好的技术状态，防止设备故障停机等所造成的损失。

由于设备遭受磨损的形式不同，补偿磨损的方式也不同。补偿分为局部补偿和完全补偿。设备有形磨损的局部补偿是修理，设备无形磨损的局部补偿是现代化改装。设备有形磨损和无形磨损的完全补偿是更新（图 9-1）。设备大修理是更换部分已磨损的零部件和调整设备，以恢复设备的生产功能和效率为主；设备现代化改造是对设备的结构作局部的改进和技术上的革新，如增添新的、必需的零部件，以增加设备的生产功能和效率为主；更新是对整个设备进行更换。

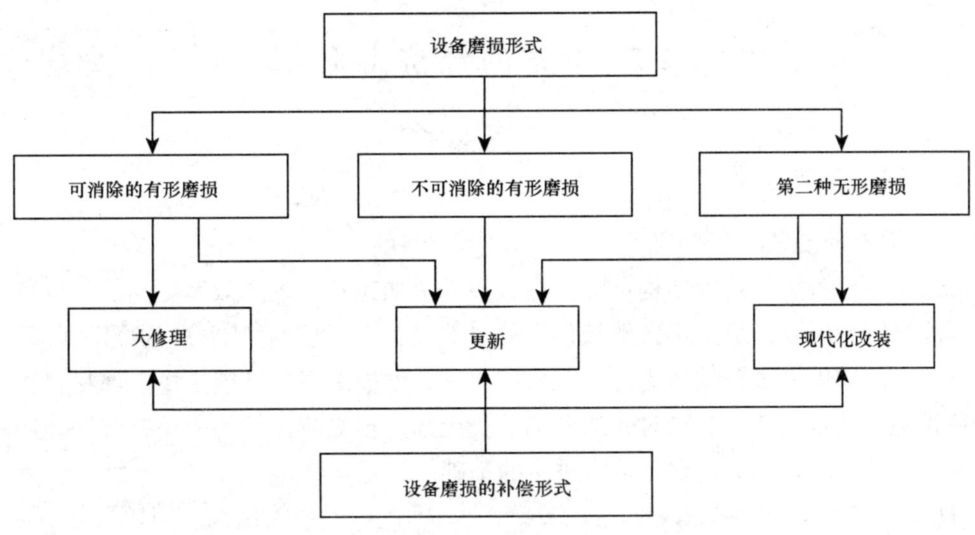

图 9-1　设备磨损的补偿形式

由于设备总是同时遭受到有形磨损和无形磨损，因此，对其综合磨损后的补偿形式应进行更深入的研究，以确定恰当的补偿方式。对于陈旧落后的设备，即消耗高、性能差、使用操作条件不好、对环境污染严重的设备，应当尽早用较先进的设备替代；对整机性能尚可、有局部缺陷、个别技术经济指标落后的设备，应选择适应技术进步的发展需要，吸收国内外的新技术，不断地加以改造和现代化改装。

9.1.4　设备的寿命形态

设备的使用年限与设备磨损息息相关，设备的使用年限（即寿命），主要有以下几种形态。

（1）物理寿命。指一台设备从全新状态开始使用直到不能保持正常状态以致不堪再用而予以报废为止的全部时间期限。它与使用、维护、保养的好坏有关，又可以通过恢复性大修理延长使用期限。

（2）使用寿命。指一台设备在其所有者手中产生有用的服务所经历的时期，即以市场上的买卖或转让为起止点。

（3）技术寿命。指一种设备在市场上维持其价值的时期（设备产品寿命周期），即一种使现有设备报废的新设备出现之前的一段时期。

（4）折旧寿命。指一台设备按财政税务部门规定的把设备价值折旧至等于其残值所经历的时间，它既不等于物理寿命也不等于技术寿命或使用寿命。

（5）经济寿命。指给定的设备具有最低等值年成本的时期，或最高的等值年净收益的时期。所以，设备的经济寿命就是从成本观点或收益观点确定的设备更新的最佳时刻。

（6）表观经济寿命。又称现有设备剩余经济寿命，意指以现有设备目前真正可以实现的残值作为新设备的初始投资值计算出来的现有设备的经济寿命。

9.2 设备的经济寿命

9.2.1 设备更新类型

1. 设备更新的定义

狭义地讲，设备更新是以结构更加先进、技术更加完善、生产效率更高的新设备去代替物理上不能继续使用或经济上不宜继续使用的“旧设备”，更新意味着更为经济（节约）。换言之，只有用结构更先进、技术更完善、效率更高、性能更好、耗能更少、原材料更省的新型设备替代那些技术上陈旧、过时、遭到第Ⅱ类无形磨损影响，经济上不宜继续使用的设备时，才具有设备更新的意义，它是技术进步的基础。

2. 设备更新类型

设备更新根据设备磨损的特征，可分为两种类型：

（1）设备在使用期间效能突然丧失。这类设备平时不必维修，事后也无法或不值得修理，其对策属于重置问题。

（2）设备在使用期间效能逐渐降低，大部分机器设备都属于这一类。这类更新问题的核心是确定设备的经济寿命和表观经济寿命。

3. 设备更新策略

设备更新是企业生产发展和技术进步的客观需要，对企业的经济效益有着重要的影响。过早地更新设备，无论是由于设备暂时出故障就报废的草率决定，还是片面追求现代化购买最新式设备的决定，都将造成资金的浪费，失去其他的收益机会。对资金十分紧张的企业可能走向另一个极端，如果拖延设备的更新，将造成生产成本的迅速上升，失去竞争的优势。因此，设备是否更新？何时更新？选用何种设备更新？既要考虑技术发展的需要，又要考虑经济方面的效益。

设备更新策略应在全面系统地了解企业现有设备的性能、磨损程度、服务年限、技术进步等情况后，分轻重缓急，有重点有区别地对待。凡修复比较合理的，不应过早更新；可以修中有改进，通过改进工装就能使设备满足生产技术要求的不要急于更新；更新个别关键零部件就可达到要求的，不必更换整台设备；更换单机能满足要求的，不必更换整条生产线。通常，优先考虑更新的设备是：

（1）设备损耗严重，大修后性能、精度仍不能满足规定工艺要求的。

（2）设备耗损虽在允许范围之内，但技术已经陈旧落后，能耗高、使用操作条件不好、对环境污染严重，技术经济效果很不好的。

（3）设备役龄长，大修虽然能恢复精度，但经济效果比更新要差。

综上所述，设备更新与设备经济寿命紧密联系。下面介绍经济寿命的计算方法。

9.2.2 经济寿命的静态计算方法

静态计算方法是在不考虑资金时间价值的因素下，对设备的经济寿命进行计算的方法，使设备年平均使用成本最小的年限（n_0）就是设备的经济寿命，包括公式计算和列表计算两种方法。

1. 公式计算法

设备的年平均使用成本的计算公式为

$$AC = \frac{P - L_n}{n} + \frac{1}{n}\sum_{t=1}^{n} C_t \tag{9-6}$$

式中　AC——n 年内设备的年平均使用成本；

n——设备的使用年限；

P——设备目前实际价值，如果是新设备包括购置费和安装费，如果是旧设备包括旧设备现在的市场价值和继续使用旧设备追加的投资；

L_n——第 n 年年末的设备净残值；

C_t——设备第 t 年的运行成本，包括人工费、材料费、能源费、维修费、停工损失、废品次品损失等。

在式（9-6）中，$\frac{P-L_n}{n}$ 为设备的平均年度资产消耗成本，而 $\frac{1}{n}\sum_{t=1}^{n} C_t$ 为设备的平均年度运行成本。

假设设备年运行成本是线性增长的，即每年运行成本增加额（劣化值）为λ，则设备第 n 年的运行成本为

$$C_n = C_1 + (n-1)\lambda \tag{9-7}$$

式中　C_n——设备第 n 年的运行成本；

C_1——运行成本初始值；

n——设备的使用年数。

n 年内设备运行成本 C_n' 的平均值为

$$C_n' = C_1 + \frac{(n-1)}{2}\lambda \tag{9-8}$$

设 L_n 为常数，则设备的年平均使用成本（AC）的计算公式为

$$AC = C_1 + \frac{(n-1)}{2}\lambda + \frac{P - L_n}{n} \tag{9-9}$$

令 $\frac{d(AC)}{dn} = 0$，则设备的经济寿命为

$$n_0 = \sqrt{\frac{2(P - L_n)}{\lambda}} \tag{9-10}$$

［例 9-2］某设备当前总价值为 20 000 元，设备的净残值为 1000 元，每年运行成本增加额为 600 元/年。试计算其经济寿命。

解： $n_0 = \sqrt{\frac{2(P-L_n)}{\lambda}} = \sqrt{\frac{2\times(20\,000-1000)}{600}} = 7.96$（年）

即设备的经济寿命为 7.96 年。

2. 列表计算法

设备的维修保养费用会随着有形磨损的增加而递增，同时，由于无形磨损会导致设备生产效率的降低。因此，设备每年运行费用增加额必然是递增的，但不一定是线性变化，更多实际情况下是没有规律的。这样，就必须依据对现场实际运行情况的记录，采用列表法对设备的经济寿命进行计算。

[**例 9-3**] 某设备当前总价值为 10 000 元，设备的物理寿命为 10 年，第一年的运行成本为 600 元，每年运行成本增加额见表 9-1 第三栏，年末残值见表第四栏，试计算其经济寿命。

表 9-1 **设备经济寿命计算表**

使用年限	运行成本	年劣化值	年末残值	年均运行成本与劣化值	年均资产消耗	年均总成本
①	②	③	④	⑤$=\frac{\sum(②+③)}{①}$	⑥$=\frac{10000-④}{①}$	⑦=⑤+⑥
1	600	0	7200	600	2800	3400
2	600	100	5300	650	2350	3000
3	600	200	3500	700	2167	2867
4	600	300	2200	750	1950	2700
5	600	450	1100	810	1780	2590
6	600	650	900	883	1517	2400
7	600	900	700	971	1329	2300
8	600	1200	500	1075	1188	2263
9	600	1550	300	1194	1078	2272
10	600	1950	100	1330	990	2320

解：由计算表可以看出该设备第 8 年的年均总成本最低，所以该设备经济寿命为 8 年。

9.2.3 经济寿命的动态计算方法

购置设备的资金在生产过程中同样会随时间的推移而增值，因此，在考虑资金时间价值的前提下进行经济寿命的计算才更加准确。

1. 单利计算法

假设设备年使用费是线性增长的，即每年运行成本增加额为 λ，则设备第 n 年的运行成本为

$$C_n = C_1 + (n-1)\lambda$$

则 n 年内设备运行成本的平均值 C_n' 为

$$C_n' = C_1 + \frac{(n-1)}{2}\lambda$$

除设备运行成本外，还有购置设备的资金（资本）在每年中的消耗分摊部分为

$$\frac{P - L_n}{n}$$

另外，在考虑单利的情况下，购置设备占用资金（资本）的利息为

$$\frac{P-L_n}{n}i \tag{9-11}$$

式中　i——银行利率。

则设备的年平均使用成本（AC）的计算公式为

$$\mathrm{AC}=C_1+\frac{(n-1)}{2}\lambda+\frac{P-L_n}{n}+\frac{P-L_n}{n}i \tag{9-12}$$

对式（9-12）进行求导，并令$\frac{\mathrm{d(AC)}}{\mathrm{d}n}=0$，求 AC 的最小值，得

$$\frac{\mathrm{d(AC)}}{\mathrm{d}n}=\frac{\lambda}{2}-\frac{P-L_n}{n^2}=0$$

则设备的经济寿命为

$$n_0=\sqrt{\frac{2(P-L_n)}{\lambda}}$$

则设备的最小年使用成本为

$$\mathrm{AC_{min}}=C_1+\frac{\sqrt{\frac{2(P-L_n)}{\lambda}}-1}{2}+\sqrt{\frac{(P-L_n)\lambda}{2}}+\frac{P-L_n}{2}i \tag{9-13}$$

若不考虑设备的期末净残值，其最小年使用成本为

$$\mathrm{AC_{min}}=C_1+\sqrt{2P\lambda}+\frac{Pi-\lambda}{2} \tag{9-14}$$

设备的经济寿命为

$$n_0=\sqrt{\frac{2P}{\lambda}} \tag{9-15}$$

[例 9-4] 设有一台设备，初始投资 50 000 元，第一年运行成本为 10 000 元，每年运行成本递增 6000 元，期末残值为零。计算该设备的最小年使用成本和经济寿命（利率为 8%）。

解：最小年使用成本为

$$\mathrm{AC_{min}}=10\,000+\sqrt{2\times50\,000\times6000}+\frac{50000\times8\%-6000}{2}=33\,495\text{（元）}$$

经济寿命为

$$n_0=\sqrt{\frac{2P}{\lambda}}=\sqrt{\frac{2\times50\,000}{6000}}=4.08\text{（年）}$$

2. 复利计算法

设基准收益率为 i，则到 n 年时设备的资产消耗成本为

$$\begin{aligned}P(A/P,i,n)-L_n(A/F,i,n)&=P(A/P,i,n)-L_n[(A/P,i,n)-i]\\&=(P-L_n)(A/P,i,n)+L_n i\end{aligned} \tag{9-16}$$

年运行成本为

$$\sum_{t=1}^{n}C_t(P/F,i,t)(A/P,i,n) \tag{9-17}$$

到 n 年年末时设备的年使用成本为

$$AC=[P-L_n(P/F,i,n)+\sum_{t=1}^{n}C_t(P/F,i,t)](A/P,i,n) \qquad (9\text{-}18)$$

或

$$AC=(P-L_n)(A/P,i,n)+L_n i+\sum_{t=1}^{n}C_t(P/F,i,t)(A/P,i,n) \qquad (9\text{-}19)$$

可以通过列表法计算得出年度最小使用成本的使用年限，即为设备的经济寿命。

[例 9-5] 某设备目前实际价值为 30 000 元，有关资料见表 9-2，折现率为 10%。计算设备的经济寿命。

表 9-2　设备有关统计资料

单位：元

继续使用年限（t）	1	2	3	4	5	6	7
年运行成本	5000	6000	7000	9000	11 500	14 000	17 000
年末残值	15 000	7500	3750	1875	1000	1000	1000

解：计算设备不同使用年限的年使用成本（AC），见表 9-3。

表 9-3　设备在不同使用年限时的动态年平均使用成本

单位：元

n	$P-L_n$	$(A/P, 10\%, n)$	$L_n\times 10\%$	②×③+④	C_t	$(P/F, 10\%, t)$	[Σ⑥×⑦]×③	AC=⑤+⑧
①	②	③	④	⑤	⑥	⑦	⑧	⑨
1	15 000	1.1000	1500	18 000	5000	0.9091	5000.1	23 000.1
2	22 500	0.5762	750	13 714.5	6000	0.8264	5476.1	19 190.6
3	26 250	0.4021	375	10 930.1	7000	0.7513	5936.2	16 866.3
4	28 125	0.3155	187.5	9060.9	9000	0.6830	6597.1	15 658.0
5	29 000	0.2638	100	7750.2	11 500	0.6209	7399.7	15 149.9
6	29 000	0.2296	100	6758.4	14 000	0.5645	8254.9	15 013.3
7	29 000	0.2054	100	6056.6	17 000	0.5132	9176.8	15 233.4

由表 9-3 可以看出，第 6 年的年使用成本最小，因此该设备的经济寿命为 6 年。

9.3 设备租赁与购买方案的比选

9.3.1 设备更新方案的比选

设备更新方案的比选就是对新设备方案与旧设备方案进行比较分析，也就是决定现在马上购置新设备或淘汰旧设备，还是至少保留使用旧设备一段时间，再用新设备替换旧设备。新设备原始费用高，营运费和维修费低；旧设备目前净残值低，营运费和维修费高，必须进行权衡判断，才能作出正确的选择，一般情况要进行逐年比较。

在静态模式下进行设备更新方案比选时，可按以下步骤进行。

（1）计算新旧设备方案不同使用年限的静态年平均使用成本和经济寿命。

（2）确定设备更新时机。设备更新即便在经济上是有利的，却也未必应该立即更新。换言之，设备更新分析还包括更新时机选择的问题。现有已用过一段时间的旧设备究竟在什么时机更新最经济？

1）如果旧设备继续使用 1 年的年平均使用成本低于新设备的年平均使用成本，即

$$AC_{旧}<AC_{新}$$

此时，不更新旧设备，继续使用旧设备 1 年。

2）当新旧设备出现，则

$$AC_{旧}>AC_{新}$$

此时，应更新现有设备，即此时是设备更新的最佳时机。

［例 9-6］某建筑企业有一台旧设备，目前可以转让，价格为 25 000 元，下一年将贬值 10 000 元，以后每年贬值 5000 元。由于性能退化，它今年的运行成本为 80 000 元，预计今后每年将增加 10 000 元。它将在 4 年后报废，残值为 0，如果持续使用此设备直至报废，年平均使用成本约为 101 819 元/年。现有一台新型的同类设备，购置费为 160 000 元，年平均运行成本为 60 000 元，经济寿命为 7 年，期末设备残值 15 000 元，并预计该设备在 7 年内保持较为先进的技术水平。如果基准利率为 12%，那么，是否需要更新现有设备？如果需要更新，合理的更新时机在什么时间？

解：确定新设备的年均使用成本为

$$AC_{新}=(160\,000-15\,000)\times(A/P,12\%,7)+15\,000\times12\%+60\,000=93\,572（元/年）$$

对比新旧设备，继续使用 4 年旧设备的年均使用成本是 10 189 元/年，$AC_{旧}>AC_{新}$，显然需要更新旧设备。合理更新时机分析如下：

如果旧设备再保留使用 1 年，则年均使用成本为

$$AC_{旧}=(25\,000-15\,000)\times(A/P,12\%,1)+15\,000\times12\%+80\,000=93\,000（元/年）$$

$AC_{旧}<AC_{新}$，所以旧设备在第一年应该继续使用。

如果旧设备再保留使用 2 年，则年均使用成本为

$$AC_{旧}=(15\,000-10\,000)\times(A/P,12\%,2)+10\,000\times12\%+90\,000=96\,800（元/年）$$

$AC_{旧}>AC_{新}$，说明设备不宜再继续使用到第 2 年，应在第一年结束后就更换新设备。

9.3.2　设备租赁的基本概念

1. 设备租赁的概念

设备租赁是设备使用者（承租人）按照合同规定，按期向设备所有者（出租人）支付一定费用而取得设备使用权的一种经济活动。设备租赁一般有经营租赁和融资租赁两种方式。

（1）经营租赁。经营租赁是出租者与承租者通过订立租约维系的租赁业务。出租者除向承租者提供租赁物外，还承担租赁设备的保养、维修、老化、贬值及不再续租的风险。这种方式带有临时性，因而租金较高。承租者往往用这种方式租赁技术更新较快、租期较短的设

备，承租设备的使用期往往也短于设备的寿命期；并且经营租赁设备的租赁费计入企业成本，可减少企业所得税。承租人可视自身情况需要决定是终止还是继续租赁设备。

（2）融资租赁。融资租赁是一种融资和融物相结合的租赁方式。它是由双方明确租让的期限和付费义务，出租者按照要求提供规定的设备，然后以租金形式回收设备的全部资金。这种租赁方式是以融资和对设备的长期使用为前提的，租赁期相当于或超过设备的寿命期，租赁对象往往是一些贵重和大型设备。由于设备是承租者选定的，出租者对设备的整机性能、维修保养、老化等不承担责任。对于承租者来说，融资租入的设备属于固定资产，可以计提折旧计入企业成本，而租赁费一般不直接列入企业成本，由企业税后支付。但租赁费中的利息和手续费（按租赁合同约定，手续费可包括在租赁费中，或者一次性支付）可在支付时计入企业成本，作为纳税所得额中准予扣除的项目。

2. 设备租赁的优缺点

由于租赁具有把融资和融物结合起来的特点，这使得租赁能够提供及时而灵活的资金融通方式，是企业取得设备进行生产经营的一个重要手段。

对于承租人来说，设备租赁与设备购买相比的优越性在于：

（1）在资金短缺的情况下，既可用较少资金获得生产急需的设备，也可以引进先进设备，加速技术进步的步伐。

（2）可以获得良好的技术服务。

（3）可以保持资金的流动状态，防止呆滞，也不会使企业资产负债状况恶化。

（4）可以避免通货膨胀和利率波动的冲击，减少投资风险。

（5）设备租金可在所得税前扣除，能享受税费上的利益。

设备租赁的不足之处在于：

（1）在租赁期间承租人对租用设备无所有权，只有使用权，故承租人无权随意对设备进行改造，不能处置设备，也不能用于担保、抵押贷款。

（2）承租人在租赁期间所交的租金总额一般比直接购置设备的费用要高。

（3）长年支付租金，形成长期负债。

（4）融资租赁合同规定严格，毁约要赔偿损失，罚款较多等。

正是由于设备租赁有利有弊，故在租赁前要进行慎重的决策分析。

9.3.3 设备经营租赁与设备购买方案的经济比选方法

进行设备经营租赁与购买方案的经济比选，必须详细地分析各方案寿命期内各年的现金流量情况，据此分析方案的经济效果，确定以何种方式投资才能获得最佳。

1. 设备经营租赁方案的净现金流量

采用设备经营租赁的方案，租赁费可以直接计入成本，但为与设备购买方案具有可比性，特将租赁费用从经营成本分离出来，则现金流量见表 9-4，其任一期净现金流量可表示为

$$净现金流量 = 营业收入 - 租赁费用 - 经营成本 - 与营业相关的税金 - 所得税 \quad (9\text{-}20)$$

或

净现金流量 = 营业收入–租赁费用–经营成本–与营业相关的税金–所得税率 × (营业收入–租赁费用–经营成本–与营业相关的税金)　(9-21)

式中，租赁费用主要包括租赁保证金、租金、担保费。

表 9-4　**设备经营租赁方案现金流量表**

单位：万元

序号	项　目	合　计	计 算 期					
			1	2	3	4	……	n
1	现金流入							
1.1	营业收入							
2	现金流出							
2.1	租赁费用							
2.2	经营成本							
2.3	营业税金及附加							
2.4	所得税							
3	净现金流量（1-2）							
4	累计净现金流量							

（1）租赁保证金。为了确认租赁合同并保证其执行，承租人必须先交纳租赁保证金。当租赁合同结束时，租赁保证金将被退还给承租人或在偿还最后一期租金时加以抵消。保证金一般按合同金额的一定比例计算，或是某一基期数的金额（如一个月的租金额）。

（2）担保费。出租人一般要求承租人请担保人对该租赁交易进行担保，当承租人由于财务危机付不起租金时，由担保人代为支付租金。一般情况下，承租人需要付给担保人一定数目的担保费。

（3）租金。租金是签订租赁合同的一项重要内容，直接关系到出租人与承租人双方的经济利益。出租人要从取得的租金中得到出租资产的补偿和收益，即要收回租赁资产的购进原价、贷款利息、营业费用和一定的利润。承租人则要比照租金核算成本。影响租金的因素很多，如设备的价格、融资的利息及费用、各种税金、租赁保证金、运费、租赁利差、各种费用的支付时间，以及租金采用的计算公式等。

对于租金的计算主要有附加率法和年金法。

1）附加率法，是在租赁资产的设备货价或概算成本上加上一个特定的比率来计算租金。每期租金（R）的表达式为

$$R = P\frac{(1+n\times i)}{n} + P\times r \tag{9-22}$$

式中　P——租赁资产的价格；

n——租赁期数，可按月、季、半年、年计；

i——与租赁期数相对应的利率；

r——附加率。

［例 9-7］某建筑企业拟租赁一台设备，设备的价格为 80 万元，租赁期为 5 年，每年年末支付租金，利率为 10%，附加率为 5%，则每年租金为多少？

解：

$$R = 80 \times \frac{(1+5\times 10\%)}{5} + 80 \times 5\% = 28 \text{（万元）}$$

2）年金法，是将一项租赁资产价值按动态等额分摊到未来各租赁期间内的租金计算方法。年金法计算有期末支付和期初支付租金之分。

当在期末支付租金时，期末支付租金 R_a 的表达式为

$$R_a = P\frac{i(1+i)^n}{(1+i)^n - 1} \tag{9-23}$$

式中 R_a——每期期末支付的租金额；

P——租赁资产的价格；

n——租赁期数，可按月、季、半年、年计；

i——与租赁期数相对应的利率或折现率。

当在期初支付租金时，要比期末支付提前一期支付租金，每期租金 R_b 的表达式为

$$R_b = P\frac{i(1+i)^{n-1}}{(1+i)^n - 1} \tag{9-24}$$

例 9-7 中，若采用年金法进行租金的计算，每年租金为

$$R_a = 80 \times \frac{10\% \times (1+10\%)^5}{(1+10\%)^5 - 1} = 21.10 \text{（万元）}$$

2. 设备购买方案的净现金流量

在与租赁设备方案相同的条件下，购买设备方案的现金流量见表 9-5，则任一期净现金流量可表示为

净现金流量 = 营业收入–设备购置费–经营成本–贷款利息
–与营业相关的税金–所得税 （9-25）

或

净现金流量 = 营业收入–设备购置费–经营成本–贷款利息–与营业相关的税金
–所得税率 ×（营业收入–设备购置费–经营成本–贷款利息
–与营业相关的税金） （9-26）

3. 设备租赁与购买方案的经济比选

对于承租人来说，关键的问题是决定租赁设备，还是购买设备。而设备租赁与购买的经济比选也是互斥方案选优问题，一般寿命相同时可以采用净现值（或费用现值）法，设备寿命不同时可以采用净年值（或年成本）法。无论用净现值法，还是净年值法，均以收益效果较大（或成本较少）的方案为宜。

表 9-5　　设备购买方案现金流量表

单位：万元

序号	项　目	合　计	计　算　期					
			1	2	3	4	……	n
1	现金流入							
1.1	营业收入							
2	现金流出							
2.1	设备购置费							
2.2	经营成本							
2.3	贷款利息							
2.4	营业税金及附加							
2.5	所得税							
3	净现金流量（1-2）							
4	累计净现金流量							

在工程经济互斥方案分析中，为了简化计算，通常只需比较它们之间的差异部分。而设备租赁与购买方案经济比选，最简单的方法是在假设所得到设备的营业收入相同的条件下，将租赁方案和购买方案的费用进行比较。根据互斥方案比选的增量原则，只需比较它们之间的差异部分。从式（9-21）和式（9-26）两式可以看出，只需比较式（9-27）和式（9-28）即可。

设备租赁

$$\text{所得税率} \times \text{租赁费} - \text{租赁费} \tag{9-27}$$

设备购买

$$\text{所得税率} \times (\text{折旧} + \text{贷款利息}) - \text{设备购置费} - \text{贷款利息} \tag{9-28}$$

由于每个企业都要依利润大小缴纳所得税，按财务制度规定，租赁设备的租金允许计入成本；购买设备每期计提的折旧费也允许计入成本；若用借款购买设备，其每期支付的利息也可以计入成本。在其他费用保持不变的情况下，计入成本越多，则利润总额越少，企业交纳的所得税也越少。因此，在充分考虑各种方式的税收优惠影响下，应该选择税后收益更大或税后成本更小的方案。

［例 9-8］某建筑企业急需一种设备，其购置费为 25 万元，可贷款 10 万元，贷款利率为 8%，在贷款期 3 年内每年年末等额还本付息。设备可使用 5 年，期末残值为 5000 元。此设备也可租赁，每年年末租赁费为 60 000 元。企业所得税税率为 25%，折旧采用直线法，基准收益率为 10%。该企业应如何选择设备方案？

解：

（1）企业如果采用购买方案：

1）计算年折旧费

$$\text{年折旧费} = \frac{250\,000 - 5000}{5} = 49\,000 \text{（元）}$$

2）计算贷款利息

$$A = P\frac{i(1+i)^n}{(1+i)^n - 1} = 100\,000 \times \frac{8\%(1+8\%)^3}{(1+8\%)^3 - 1} = 38\,803\text{（元）}$$

各年支付的利息见表 9-6。

表 9-6　各年支付的利息

单位：元

年份	期初剩余本金	本期还款金额	本期支付本金	本期支付利息
1	100 000	38 803	30 803	8000
2	69 197	38 803	33 267	5536
3	35 930	38 803	35 929 + 1	2874

注：第 3 年剩余本金"+1"是约去尾数误差的累计值。

3）计算设备购买方案的净现值 $NPV_{购}$。当贷款购买时，企业可以将所支付的利息及折旧从成本中扣除而免税，并且可以收回残值

$$\begin{aligned} NPV_{购} = & 0.25 \times [(49\,000 + 8000)(P/F, 10\%, 1) + (49\,000 + 5536)(P/F, 10\%, 2) \\ & + (49\,000 + 2874)(P/F, 10\%, 3) + 49\,000(P/F, 10\%, 4) + 49\,000(P/F, 10\%, 5)] \\ & -250\,000 + 5000(P/F, 10\%, 5) - 8000(P/F, 10\%, 1) - 5536(P/F, 10\%, 2) \\ & -2874(P/F, 10\%, 3) \\ = & -210\,963.66\text{（元）} \end{aligned}$$

（2）计算设备租赁方案的净现值 $NPV_{租}$。当租赁设备时，承租人可以将租金计入成本而免税

$$\begin{aligned} NPV_{租} = & 0.25 \times 60\,000(P/A, 10\%, 5) - 60\,000(P/A, 10\%, 5) \\ = & -170\,585.40\text{（元）} \end{aligned}$$

因为 $NPV_{租} > NPV_{购}$，所以，应选择租赁设备的方案。

本 章 小 结

因时间影响而导致设备性能降低的现象称为磨损，主要包括有形磨损与无形磨损两种形式。由于设备遭受磨损的形式不同，补偿磨损的方式也不同。补偿分为局部补偿和完全补偿。设备有形磨损的局部补偿是修理，设备无形磨损的局部补偿是现代化改装。设备有形磨损和无形磨损的完全补偿是更新。设备的使用年限即寿命年限，有物理寿命、使用寿命、技术寿命、折旧寿命、经济寿命、表观经济寿命等形态。设备的经济寿命可以分为静态和动态两种计算方式，都可以用公式法和列表法来进行计算。设备租赁是设备使用者（承租人）按照合同规定，按期向设备所有者（出租人）支付一定费用而取得设备使用权的一种经济活动。设备租赁有经营租赁和融资租赁两种方式。进行设备经营租赁与购买方案的经济比选，必须详细地分析各方案寿命期内各年的现金流量情况，据此分析方案的经济效果，确定以何种方式投资才能获得最佳。

思　考　题

1. 设备磨损包括哪些形式？如何度量？
2. 设备的寿命形态有哪些种类？
3. 设备更新的策略是怎样的？
4. 如何选择设备更新时机？
5. 简述设备租赁的优点和不足。

练　习　题

1．某机械厂决定购买一条流水线扩大生产，现在有两种选择：一是买国产设备，需要资金 1000 万元，安装运行后年使用成本为 116.8 万元；二是买进口设备，需要资金 1500 万元，年使用成本为 65.5 万元，假设寿命期均为 15 年，折现率为 10%。试比选两个方案。

2．某制造商为了生产一种新产品需要一台专有设备，这种设备有手动和半自动两种类型，各自相关的数据见表 9-7。试比选两种设备（基准折现率为 10%）。

表 9-7　　两种设备基本资料

项目 / 方案	初期投资/元	服务年限/年	年支付费用/元	最后净残值/元
手动	6000	10	7000	0
半自动	14 400	6	4000	2000

3．某公司拟生产市场急需的某新产品，需要一台电瓶车。某型电瓶车价值 10 000 元，使用寿命 4 年，残值为 1000 元。这台电瓶车每年扣除燃料、维修费和保险费后可获得销售收入 10 000 元，公司要按 25%交纳所得税。假设公司可以直接一次性付款购买设备；也可以租赁，每月需要支付租金 3000 元。在基准收益率为 10%的情况下，比选购买和租赁方案。

4．某化工厂根据国家要求必须处理污水，现该厂有一台旧设备，其年均使用成本为 1000 万元，估计还可以使用 10 年并不计残值。现在，该厂又有一个机会花 2700 万元购买新设备，同时旧设备可以 200 万元售出，新设备年均使用成本为 300 万元，也假定可使用 10 年并不计残值。基准折现率为 10%。试比较两个方案的优劣。

第10章　建设项目的可行性研究

学习要点

通过本章的学习，学生应掌握可行性研究的阶段与可行性研究报告的编制要求；熟悉建设项目的程序、可行性研究的工作程序与内容、可行性研究报告的结构；了解建设项目的概念、划分、分类，可行性研究的概念与作用、编制依据。

10.1　建设项目概述

10.1.1　建设项目的概念与划分

1. 建设项目的基本概念

建设项目（construction project），是一个建设单位在一个或几个建设区域内，根据上级下达的计划任务书和批准的总体设计和总概算书，经济上实行独立核算，行政上具有独立的组织形式，严格按基建程序实施的基本建设工程。建设项目符合国家总体建设规划，能独立发挥生产功能或满足生活需要，其项目建议书经批准立项，可行性研究报告经国家有关部门批准。例如工业建设中的一座工厂、一个矿山，民用建设中的一个居民区、一幢住宅、一所学校等，均为一个建设项目。

凡属于一个总体设计中的主体工程和相应的附属配套工程、综合利用工程、环境保护工程、供水供电工程及水库的干渠配套工程等，都统作为一个建设项目；凡是不属于一个总体设计、经济上分别核算、工艺流程上没有直接联系的几个独立工程，应分别列为几个建设项目；现有企业、事业单位按照规定用固定资产投资单纯购置设备、工具、器具（包括车、船、飞机、勘探设备、施工机械等），不作为建设项目。

2. 建设项目的细分

根据工程设计要求及编审建设预算、制定计划、统计、会计核算的需要，建设项目一般进一步细分为单项工程、单位工程、分部工程及分项工程。

（1）单项工程，一般是指有独立设计文件，建成后能独立发挥效益或生产设计规定产品的车间（联合企业的分厂）、生产线或独立工程等。一个项目在全部建成投产以前，往往陆续建成若干个单项工程，所以单项工程也是考核投产计划完成情况和计算新增生产能力的基础。

（2）单位工程，是单项工程中具有独立施工条件的工程，是单项工程的组成部分。通常按照不同性质的工程内容，根据组织施工和编制工程预算的要求，将一个单项工程划分为若干个单位工程。例如工业建设中一个车间是一个单项工程，车间的厂房建筑是一个单位工程，车间的设备安装又是一个单位工程。

（3）分部工程，是单位工程的组成部分，是按建筑安装工程的结构、部位或工序划分的，如一般房屋建筑可分为土方工程、打桩工程、砖石工程、混凝土工程、装饰工程等。

（4）分项工程，是对分部工程的再分解，指在分部工程中能用较简单的施工过程生产出来，并能适当计量和估价的基本构造。一般是按不同的施工方法，不同的材料，不同的规划划分的，如砖石工程就可以分解成砖基础、砖内墙、砖外墙等分项工程。

10.1.2　建设项目的分类

建设项目可以从不同角度进行分类。

1. 按建设性质分类

（1）新建项目，是指从无到有，“平地起家”，新开始建设的项目。有的建设项目原有基础很小，经扩大建设规模后，其新增加的固定资产价值超过原有固定资产价值3倍以上的，也算新建项目。

（2）扩建项目，是指原有企业、事业单位，为扩大原有产品生产能力（或效益）或增加新的产品生产能力，而新建主要车间或工程的项目。

（3）改建项目，是指原有企业，为提高生产效率，改进产品质量，或改变产品方向，对原有设备或工程进行改造的项目。有的企业为了平衡生产能力，增建一些附属、辅助车间或非生产性工程，也算改建项目。

（4）迁建项目，是指原有企业、事业单位，由于各种原因经上级批准搬迁到另地建设的项目。迁建项目中符合新建、扩建、改建条件的，应分别作为新建、扩建或改建项目。迁建项目不包括留在原址的部分。

（5）恢复项目，是指企业、事业单位因自然灾害、战争等原因使原有固定资产全部或部分报废，以后又投资按原有规模重新恢复起来的项目。在恢复的同时进行扩建的，应作为扩建项目。

2. 按建设规模大小分类

基本建设大中小型项目是按项目的建设总规模或总投资来确定的。习惯上将大型和中型项目合称为大中型项目。新建项目按项目的全部设计规模（能力）或所需投资（总概算）计算；扩建项目按扩建新增的设计能力或扩建所需投资（扩建总概算）计算，不包括扩建以前原有的生产能力。但是，新建项目的规模是指经批准的可行性研究报告中规定的近期建设的总规模，而不是指远景规划所设想的长远发展规模。明确分期设计、分期建设的，应按分期规模来计算。

基本建设项目大中小型划分标准，是国家规定的。按总投资划分的项目，能源、交通、原材料工业项目5000万元以上，其他项目3000万元以上属于大中型，在此标准以下的为小型项目。

3. 按建设阶段分类

（1）筹建项目，是指尚未开工，正在进行选址、规划、设施等施工前各项准备工作的建设项目。

（2）施工项目，是指报告期内实际施工的建设项目，包括报告期内新开工的项目、上期跨入报告期续建的项目、以前停建而在本期复工的项目、报告期施工并在报告期建成投产或停建的项目。

（3）投产项目，是指报告期内建成设计规定的内容，形成设计规定的生产能力（或效益）并投入使用的建设项目，包括部分投产项目和全部投产项目。

（4）竣工项目，是指已经建成投产和已经组织验收，设计能力已全部建成，但还遗留少量尾工需继续进行扫尾的建设项目。

4. 按在国民经济中的用途分类

（1）生产性项目，是指直接用于物质生产或直接为物质生产服务的项目，主要包括工业项目（含矿业）、建筑业和地区资源勘探事业项目、农林水利项目、运输邮电项目、商业和物资供应项目等。

（2）非生产性项目，是指直接用于满足人民物质和文化生活需要的项目，主要包括住宅、教育、文化、卫生、体育、社会福利、科学实验研究项目、金融保险项目、公用生活服务事业项目、行政机关和社会团体办公用房等项目。

此外，建设项目还可按管理系统或国民经济部门分类，前者不论其建设内容属于哪一国民经济部门，只按项目的所在单位在行政上（或业务上）属于哪个主管部归口管理而定；后者是按项目建成投产后的主要产品种类或工程的主要用途划分，而不论其隶属于哪个管理系统。例如，冶金工业部建设的冶金机械厂和学校，按管理系统划分，属于冶金工业部系统；按国民经济部门分类，则分别属于机械工业项目和教育事业项目。

[**例 10-1**] 某投资者投资兴建的一所医院，属于（　）。

A. 单位工程　　B. 单项工程　　C. 分部工程　　D. 分项工程

[**解析**] 单位工程是单项工程中具有独立施工条件的工程，是单项工程的组成部分；分部工程是单位工程的组成部分，是按建筑安装工程的结构、部位或工序划分的；分项工程是对分部工程的再分解，指在分部工程中能用较简单的施工过程生产出来，并能适当计量和估价的基本构造；而单项工程是有独立设计文件，建成后能独立发挥效益或生产设计规定产品的车间（联合企业的分厂）、生产线或独立工程。因此，应选择B项。

[**例 10-2**] 建设项目按在国民经济中的用途可以分为（　）。

A. 大型项目　　B. 中型项目　　C. 小型项目

D. 生产型项目　　E. 非生产性项目

[**解析**] 基本建设大中小型项目是按项目的建设总规模或总投资来确定的；建设项目按在国民经济中的用途则分为生产性项目和非生产性项目。因此，应选择D、E项。

10.1.3 建设项目的程序

建设项目从决策到投产运营，要经过的主要程序有投资决策时期、建设时期和交付使用时期，分为项目建议书阶段、可行性研究报告阶段、设计文件（初步设计、施工图设计）阶段、建设准备阶段、建设实施阶段、投产试运行阶段、竣工验收阶段、后评价阶段。

1. 项目建议书阶段

项目建议书是项目建设筹建单位或项目法人单位，根据国民经济和社会发展的长远规划、行业规划、产业政策、生产力布局、市场、所在地的内外部条件等要求，经过调查、预测分析后，提出的某一具体项目的建议文件。它是基本建设程序中最初阶段的工作，是对拟建项目的框架性设想，也是政府选择项目和可行研究的依据。

项目建议书编制完成后，项目筹建单位一是应到规划部门办理建设项目选址规划意见书手续；二是应将项目申请报告、项目建议书和选址规划意见书上报审批部门审批（基本建设由发改部门审批；更新改造由商务部门审批）。

项目建议书经批准后，不得随意修改和变更。如果在建设规模、建设方案、建设地区或建设地点、主要协作关系等方面有变动，以及突破投资控制数时，应经原批准机关同意重新审批。经过批准的项目建议书，是确定建设项目、编制可行性研究报告的依据。

2. 可行性研究报告阶段

可行性研究是对项目在技术上是否可行和经济上是否合理进行科学的分析和论证。通过对建设项目在技术上、工程上和经济上的合理性进行全面分析论证和多种方案比较，提出评价意见。

由经过国家资格审定的适合本项目的等级和专业范围的规划、设计、工程咨询单位承担项目可行性研究，并形成报告。

项目建设筹建单位提交书面报告附可行性研究报告文本、其他附件（如建设用地规划许可证、工程规划许可证、土地使用手续、环保审批手续、拆迁评估报告、可行性研究报告的评估论证报告、资金来源和筹措情况等手续）上报原项目审批部门审批。

可行性研究报告批准后即国家、省、市（地、州）、县（市、区）同意该项目进行建设，何时列入年度计划，要根据其前期工作的进展情况，以及财力等因素进行综合平衡后决定。

3. 设计文件阶段

设计是对拟建工程的实施在技术上和经济上所进行的全面而详尽的安排，是基本建设计划的具体化，是把先进技术和科研成果引入建设的渠道，是整个工程的决定性环节，是组织施工的依据。根据建设项目的不同情况，设计过程一般划分为两个阶段，即初步设计和施工图设计，重大项目和技术复杂项目，可根据不同行业的特点和需要，增加技术设计阶段。

（1）初步设计阶段。初步设计是根据批准的可行性研究报告和必要而准确的设计基础资料，对设计对象进行通盘研究，阐明在指定的地点、时间和投资控制数内，拟建工程在技术上的可能性和经济上的合理性。通过对设计对象作出的基本技术规定，编制项目的总概算。

项目筹建单位或项目法人单位在委托原初步设计单位作施工图设计前，应到消防部门办理消防手续；初步设计文本完成后，项目筹建单位或项目法人单位应将初步设计文本上报原可行性研究审批部门审查批准。

初步设计文本经批准后，不得随意修改和变更。经过批准的初步设计，是设计部门进行施工图设计的重要依据。

（2）施工图设计阶段。施工图设计的主要内容是根据批准的初步设计，绘制出正确、完整和尽可能详尽的建筑安装图纸。其深度应满足以下要求：设备材料的安排和非标设备的制作、建筑工程施工要求、施工图预算的编制。

施工图设计完成后，项目筹建单位或项目法人单位一是应将施工图文本上报行业主管部门审查批准，经过有权审查部门审查通过后，才能投入使用；二是请有预算资质的单位编制施工图预算。

4. 建设准备阶段

项目在开工建设之前要切实做好各项准备工作，其主要内容包括：①拆迁和场地平整；②完成施工用水、电、路等工程；③组织设备、材料订货；④准备必要的施工图纸；⑤项目筹建单位或项目法人单位应委托有资质的招标代理机构在国家指定媒体上发布招标公告，组织施工招标投标、监理招标投标、设备招标投标，择优选定施工单位、监理单位和设备供货单位，签订施工合同、监理合同和设备供货合同。

项目在开工前，必须由审计机关对项目的有关内容进行审计证明。审计机关主要是对项目的资金来源是否正当、落实，项目开工前的各项支出是否符合国家的有关规定，资金是否存入规定的专业银行、是否在开户行设立了专户等进行审计，否则不能开工建设。

5. 建设实施阶段

建设项目开工建设，项目即进入了建设实施阶段。项目新开工时间，按统计部门规定，是指建设项目设计文件中规定的任何一项永久性工程（无论生产性或非生产性）第一次正式破土开槽开始施工的日期。不需要开槽的工程，以建筑物组成的正式打桩作为正式开工日期。城市道路、铁道、公路、水库等需要进行大量土方、石方工程的，以开始进行土方、石方工程作为正式开工日期。工程地质勘察、平整土地、旧有建筑物的拆除、临时建筑、施工用临时道路、水、电等施工不算正式开工。

生产准备是生产性施工项目投产前所要进行的一项重要工作。它是建设项目程序中的重要环节，是衔接基本建设和生产的桥梁，是建设阶段转入生产经营阶段的必要条件。

6. 投产试运行阶段

投产试运行主要包括编制投产方案和组织试运行。

7. 竣工验收阶段

竣工验收是工程建设过程中的最后一个环节，是全面考核基本建设成果、检验设计和工程质量的重要步骤，也是基本建设转入生产或使用的标志。通过竣工验收，一是检验设计和工程质量，保证项目按设计要求的技术经济指标正常；二是有关部门和单位可以总结经验教训；三是建设单位对经验收合格的项目可以及时移交固定资产，使其由基建系统转入生产系统或投入正式使用。

建设项目竣工验收、交付生产和使用，应达到下列标准：①生产性工程和辅助公用设施已按设计要求建完，能满足生产需要；②主要工艺设备已安装配套，经联动负荷试车合格，构成生产线，形成生产能力，能够生产出设计文件中规定的产品或使用标准；③其他必要的生产福利设施，能适应投产初期的需要；④生产准备工作能适应投产初期的需要。

建设单位应认真做好竣工验收的准备工作：①整理工程技术资料；②绘制竣工图纸，它与其他工程技术资料一样，是建设单位移交生产单位或使用单位的重要资料，是生产单位或使用单位必须长期保存的工程技术档案，也是国家的重要技术档案，竣工图必须准确、完整、符合归档要求，方能交付验收；③编制竣工决算，建设单位必须及时清理所有财产、物资和未用完的资金或应收回的资金，编制工程竣工决算，分析预（概）算执行情况，考核投资效益，报主管部门审查；④竣工审计，审计部门进行项目竣工审计并出具审计意见。

建设项目（工程）全部完成，经过各单项工程的验收，符合设计要求，并具备竣工图表、竣工决算、工程总结等必要文件资料，由项目主管部门或建设筹建单位或项目法人单位向负责验收的单位提出竣工验收申请报告。竣工验收要根据工程规模大小复杂程度组成验收委员会或验收组。验收委员会或验收组应由投资方、行业主管部门、建设、财政、审计、消防、环保、国土及其他有关部门等组成。建设单位、接管单位、施工单位、勘察设计单位、监理单位等参加验收工作。验收委员会或验收组负责审查工程建设的各个环节，听取各有关单位的工作总结，审阅工程档案并实地查验建筑工程和设备安装，并对工程设计、施工和设备质量等方面作出全面评价。不合格的工程不予验收；对遗留问题提出具体解决意见，限期落实完成。

8. 后评价阶段

建设项目后评价是建设项目竣工投产、生产运营一段时间后，在对项目的立项决策、设计施工、竣工投产、生产运营等全过程进行系统评价的一种技术经济活动。通过建设项目后评价以达到肯定成绩、总结经验、研究问题、吸取教训、提出建议、改进工作，不断提高项目决策水平。

10.2　可行性研究概述

10.2.1　可行性研究的定义与作用

1. 可行性研究的定义

建设项目的可行性研究是在投资决策前对拟建项目有关的社会、经济、技术等各方面进行深入细致的调查研究和全面的技术经济论证，对项目建成后的经济效益进行科学的预测和评价，为项目决策提供科学依据的一种科学分析方法。

在项目投资分析与决策过程中，可行性研究具体是指在项目投资决策之前，调查、研究与拟建项目有关的自然、社会、经济、技术资料，分析、比较可能的投资建设方案，预测、评价项目建成后的社会经济效益，并在此基础上，综合论证项目投资建设的必要性，财务上的盈利性和经济上的合理性，技术上的先进性、适用性，以及建设条件上的可能性和可行性，从而为投资决策提供科学依据的工作。一个完整的可行性研究报告至少应包括 3 个方面的内容：一是分析论证投资项目建设的“必要性”。这主要是通过市场预测工作（即通过市场预测分析项目所生产的产品的市场需求情况）来完成的。二是项目投资建设的可行性。这主要是通过技术分析和生产工艺论证来完成的。三是项目投资建设的合理性（财务上的盈利性和经济上的合理性）。这主要是通过项目的效益分析来完成的。其中，项目投资建设的合理性是可行性研究中最核心的问题。

2. 可行性研究的作用

可行性研究是保证项目建设以最小的投资耗费取得最佳的经济效果，是实现建设项目在技术上先进、经济上合理和建设上可行的科学方法。可行性研究的主要作用有以下几点：

（1）可行性研究作为建设项目投资决策和编制可行性研究报告的依据，是项目投资建设的首要环节。一项投资活动能否成功、效率如何，受到社会多方面因素的影响，包括经济的、技术的、政治法律的、管理的及自然的因素。如何对这些因素进行科学的调查与预测、分析与计算、比较与评价，是一项非常重要而又十分复杂的系统性工作，应该说是一种跨专业和资源的活动，其难度显然非常大。可行性研究对建设项目的各方面都进行了深入细致的调查研究，系统地论证了项目的可行性。项目投资与否，主要依据项目可行性研究所作出的定性和定量的技术经济分析。因此，可行性研究是投资决策的主要依据。

（2）可行性研究是作为筹集资金，向银行等金融组织、风险投资机构申请贷款的依据。对于需要申请银行贷款的项目，可行性研究提供了可参考的经济效益水平及偿还能力等评估结论。银行等金融机构在确认项目是否可以获得贷款前，要对可行性研究报告进行全面分析、评估，最终进行贷款决策。目前，我国的建设银行、国家开发银行和投资银行等，以及其他境内外的各类金融机构在接受项目建设贷款时，都会对贷款项目进行全面、细致的分析评估，银行等金融机构只有在确认项目具有偿还贷款的能力、不承担过大的风险情况下，才会同意贷款。

（3）可行性研究是作为项目主管部门商谈合同、签订协议的依据。根据可行性研究报告，建设项目主管部门可同国内有关部门签订项目所需原材料、能源资源和基础设施等方面的协议和合同，以便与国外厂商就引进技术和设备签约。

（4）可行性研究是作为项目进行工程设计、设备订货、施工准备等基本建设前期工作的依据。可行性研究报告是编制设计文件、进行建设准备工作的主要根据。

（5）可行性研究是作为项目拟采用的新技术、新设备的研制和进行地形、地质及工业性工作的依据。项目拟采用的新技术、新设备必须是经过技术经济论证认为是可行的，方能拟订研制计划。

（6）可行性研究是作为环保部门审查项目对环境影响的依据，也作为向项目建设所在地政府和规划部门申请施工许可证的依据。

10.2.2　可行性研究的工作程序

1. 签订委托协议

可行性研究报告编制单位与委托单位，就项目可行性研究报告编制工作的范围、重点、深度要求、完成时间、费用预算和质量要求交换意见，并签订委托协议，据以开展可行性研究各阶段的工作。

2. 组建工作小组

根据委托项目可行性研究的工作量、内容、范围、技术难度、时间要求等组建可行性研究报告编制小组。一般工业项目和交通运输项目可分为市场组、工艺技术组、设备组、工程组及公用工程组、环保组、技术经济组等专业组。为使各专业组协调工作，保证可行性研究报告总体质量，一般应由总工程师、总经济师负责统筹协调。

3. 制定工作计划

工作计划的内容包括研究工作的范围、重点、深度、进度安排、人员配置、费用预算及可行性研究报告编制大纲，并与委托单位交换意见。

4. 调查研究收集资料

各专业组根据可行性研究报告编制大纲进行实地调查，收集整理有关资料，包括项目市场和社会调查、行业主管部门调查、项目所在地区调查、项目涉及的有关企业、单位调查等，收集项目建设、生产运营等各方面所必需的信息资料和数据。

5. 方案设计与优选

在以上调查研究、收集资料的基础上，对项目的建设规模与产品方案、场（厂）址方案、技术方案、设备方案、工程方案、原材料供应方案、总图布置与运输方案、公用工程与辅助工程方案、环境保护方案、组织机构设置方案、实施进度方案及项目投资与资金筹措方案等，提出备选方案，进行论证比选优化，构造项目的整体推荐方案。

6. 项目评价

对推荐的建设方案进行环境评价、经济效果评价、国民经济评价、社会评价及风险分析，以判别项目的环境可行性、经济可行性、社会可行性和抗风险能力。当有关评价指标结论不足以支持项目方案成立时，应对原设计方案进行调整或重新设计。

7. 编写可行性研究报告

项目可行性研究的各专业方案经过技术经济论证和优化之后，由各专业组分工编写。经项目负责人衔接协调、综合汇总，提出可行性研究报告初稿。

8. 与委托单位交换意见

可行性研究报告初稿形成后，与委托单位交换意见，修改完善，形成正式可行性研究报告。

10.2.3　可行性研究的阶段

可行性研究是投资前期的重要工作，主要包括投资机会研究阶段、初步可行性研究阶段、详细可行性研究阶段、评价和决策阶段 4 个阶段。

1. 投资机会研究阶段

投资机会研究又称投资机会论证。投资机会研究是鉴别投资机会，寻求投资效益最大化，找到能使投资效益最大化的投资方向的研究。它的通常做法是对若干个投资机会或项目设想进行鉴别，以确定投资项目和投资建议与方向，并通过投资机会的鉴定，判断该项目的投资可能性和有无深入研究的价值和必要。所以，这一阶段的主要任务就是提出建设项目投资方向建议，即在一个确定的地区和部门内，根据自然资源、市场需求、国家产业政策和国际贸易情况，通过市场调研、市场预测和分析研究，选择建设项目，寻找投资的有利机会。

投资机会研究一般从以下几个方面着手开展工作：

（1）选择开发利用本地区的某一种丰富资源，谋求此项资源的投资机会。

（2）选择现有工业的拓展和产品深加工，通过增加现有企业的生产能力与生产工序等途径创造投资机会。

（3）以优越的地理位置、便利的交通运输条件作为依据，分析各种投资机会。

投资机会研究比较粗略，主要依靠笼统的估计而不是依靠详细的分析。该阶段投资估算的精确度为±30%，所需费用占投资总额的 0.2%～1.0%。

如果机会研究证明投资项目是可行的，就可以进行下一阶段的研究。

2. 初步可行性研究阶段

在项目建议书被国家发改部门批准后，对于投资规模较大、技术工艺又比较复杂的大中型骨干项目，不能马上进行详细可行性研究，需进一步的分析论证，也就是通常所说的初步可行性研究。初步可行性研究又称为预可行性研究，是详细可行性研究前的预备性研究阶段。初步可行性研究的主要任务是：

（1）投资机会研究或规划设想的效益前途是否可信，是否可以作出投资建议的决策。

（2）建设项目是否需要和值得进行可行性研究的详尽分析。

（3）确定哪些特定问题需要进行辅助性（专题）研究。

初步可行性研究阶段投资估算的精确度可达±20%，所需费用约占投资总额的 0.25%～1.5%。

3. 详细可行性研究阶段

详细可行性研究又称技术经济可行性研究，是可行性研究的主要阶段。它是在前一阶段研究的基础上，对项目商务、技术、财务、工程、经济和环境等方面进行精确系统、完整的分析，完成包括市场和销售、规模和产品、厂址、原材料供应、工艺技术、设备选择、人员组织、实施计划、投资与成本、效益及风险等的计算、论证和评价，选定最佳方案，为项目的具体实施提供科学依据。这一阶段的主要目标有：

（1）提出项目具体建设方案。

（2）项目效益分析和最终方案的确定。

（3）确定项目投资的可行与否和选择依据标准。

这一阶段对建设投资估算的精确度在±10%，所用费用，小型项目占总投资的 1.0%～3.0%，大型复杂的工程占 0.2%～1.0%。

4. 评价和决策阶段

评价和决策阶段是在详细可行性研究的基础上，对可行性研究报告的再审核和再评价。通常是由投资决策部门组织和授权有关咨询公司或有关专家，代表项目业主和出资人进行审核。其主要任务是对拟建项目的可行性研究报告提出评价意见，最终决策该项目投资是否可行，确定最佳投资方案。其主要内容包括：

（1）全面审核可行性研究报告中关于项目有关情况的描述是否属实。

（2）分析项目可行性研究报告中各项指标是否正确，包括各种参数、基础数据、定额费率的选择和计算结果的准确与否，是否存在不合理的误差等。

（3）从企业自身、国家和社会等角度综合分析和判断建设项目的经济效益和社会效益。

（4）对项目可行性研究报告的真实性、合理性作出判断，作出投资决策。

（5）编制项目评估报告。

10.3 可行性研究报告

建设项目的可行性研究的内容，是论证项目可行性所包含的各个方面，具体有建设项目在技术、财务、经济、商业、管理、环境维护等方面的可行性。可行性研究的最后成果是编制一份可行性研究报告作为正式文件。这份文件既是报审决策的依据，也是向银行贷款的依据，同时，还是向政府主管部门申请经营执照以及同有关部门或单位合作谈判、签订协议的依据。

阅读材料

项目申请报告是企业投资建设应报政府核准的项目时，为获得项目核准机关对拟建项目的行政许可，按核准要求报送的项目论证报告。项目申请报告应重点阐述项目的外部性、公共性等事项，包括维护经济安全、合理开发利用资源、保护生态环境、优化重大布局、保障公共利益、防止出现垄断等内容。编写项目申请报告时，应根据政府公共管理的要求，对拟建项目从规划布局、资源利用、征地移民、生态环境、经济和社会影响等方面进行综合论证，为有关部门对企业投资项目进行核准提供依据。至于项目的市场前景、经济效益、资金来源、产品技术方案等内容，不必在项目申请报告中进行详细分析和论证。

项目申请报告与可行性研究报告在分析论证的角度、包含的内容和发挥的作用等方面，都有着很大区别。

可行性研究报告主要是从微观角度对项目本身的可行性进行分析论证，侧重于项目的内部条件和技术分析，包括市场前景是否看好、投资回报是否理想、技术方案是否合理和先进、资金来源是否落实、项目建设和运行的外部配套条件是否有保障等主要内容，主要作用是帮助投资者进行正确的投资决策、选择科学合理的建设实施方案。

项目申请报告主要从宏观角度对项目的外部性影响进行论述，侧重于经济和社会分析，主要包括拟建项目的基本情况和该项目的外部影响。例如该项目对国家经济安全、地区重大布局、资源开发利用、生态环境保护、防止行业垄断和保护公共利益等方面会造成哪些有利或不利的影响。项目申请报告是政府对项目进行审查以决定是否允许其投资建设的重要依据。

10.3.1 可行性研究报告的结构

一般来讲，专业机构编写某一建设项目的可行性研究报告应包括封面、摘要、目录、正文、附件和附图等部分。

1. 封面

封面一般要反映可行性报告的名称、专业研究编写机构名称及编写报告的时间3个内容。

2. 摘要

摘要是用简洁明了的语言概要介绍项目的概况、市场情况可行性研究的结论及有关说明或假设条件，要突出重点，假设条件清楚，使阅读人员在短时间内能了解全报告的精要。也有专家主张不写摘要，因为可行性研究报告事关重大，阅读者理应仔细全面阅读。

3. 目录

由于一份可行性报告少则十余页，多则数十页，为了便于写作和阅读人员将报告的前后关系、假设条件及具体内容条理清楚地编写和掌握，必须编写目录。

4. 正文

正文是可行性报告的主体，一般来讲，应包括以下内容。

（1）项目概况。主要包括项目名称及背景，项目开发所具备的自然、经济、水文地质等基本条件，项目开发的宗旨、规模、功能和主要技术经济指标、委托方、受托方，可行性研究的目的，可行性研究报告的编写人员、编写的依据、编写的假设和说明。

（2）市场调查和分析。在深入调查和充分掌握各类资料的基础上，对拟开发项目的市场需求及市场供给状况进行科学的分析，并作出客观的预测，包括开发成本、市场售价、销售对象及开发周期、销售周期等。

（3）规划设计方案优选。在对可供选择的规划方案进行分析比较的基础上，优选出最为合理、可行的方案作为最后的方案，并对其进行详细的描述。包括选定方案的建筑布局、功能分区、市政基础设施分布、建筑物及项目的主要技术参数、技术经济指标和控制性规划技术指标等。

（4）开发进度安排。对开发进度进行合理的时间安排，可以按照前期工程、主体工程、附属工程、竣工验收等阶段安排好开发项目的进度。对于大型开发项目，由于建设期长、投资额大，一般需要进行分期开发，需要对各期的开发内容同时作出统筹安排。

（5）项目投资估算。对建设项目所涉及的成本费用进行分析评估。建设项目所涉及的建设费用主要包括土地费用、前期工程费用、建筑安装费用、市政基础设施费用、公共配套设施费用、期间费用及各种税费等。

（6）项目资金筹集方案及筹资成本估算。根据项目的投资估算和投资进度安排，合理估算资金需求量，拟订筹资方案，并对筹资成本进行计算和分析。建设项目投资巨大，必须在投资前做好对资金的安排，通过不同的方式筹措资金，减少筹资成本，保证项目的正常进行。

（7）项目经济效果评价。这是依据国家现行的财税制度、现行价格和有关法规，从项目的角度对项目的盈利能力、偿债能力和外汇平衡等项目从财务状况进行分析，并借以考察项目财务可行的一种方法。具体包括在项目的预售预测、成本预测基础上进行预计利润表、预计资产负债表、预计财务现金流量表的编制，借款还本付息表的编制，以及进行经济效果评价指标和偿债指标的计算，如财务净现值、财务内部收益率、投资回收期、借款偿还期、资产负债率等，据以分析投资的效果。

（8）不确定性分析和风险分析。主要包括盈亏平衡分析、敏感性分析和概率分析等内容。该分析通过对影响投资效果的社会、经济、环境、政策、市场等因素的分析，了解各种因素对项目的影响性质和程度，为项目运作过程中对关键因素进行控制提供可靠依据。同时，根据风险的可能性，为投资者了解项目的风险大小及风险来源提供参考。

（9）可行性研究的结论。根据对相关因素的分析和各项评价指标数值，对项目的可行与否作出明确的结论。

（10）研究人员对项目的建议。对项目中存在的风险和问题提出改善建议，以及对建议的效果作出估计。

5. 附件

附件包含可行性研究的主要依据，是可行性研究报告必不可少的部分。一般来讲，一个项目在做正式的可行性研究时，必须有政府有关部门的批准文件（如规划选址意见书、土地批租合同、土地证、建筑工程许可证等）。专业人员必须依照委托书和上述文件及相应的法律、法规方能编写项目可行性研究报告。

6. 附图

一份完整的可行性报告应包括以下附图：项目的位置图、地形图、规划红线图、设计方案的平面图，有时也包括项目所在地区或城市的总体规划图等。

10.3.2　可行性研究报告的内容

可行性研究的主要内容要以一定的格式反映在报告中。按照原国家计委审定发行的《投资项目可行性研究指南》的规定，可行性研究报告一般包括以下内容。

1. 总论

（1）项目提出的背景与概况。

（2）可行性研究报告编制的依据。

（3）项目建设条件。

（4）问题与建议。

2. 市场预测

（1）市场现状调查。

（2）产品供需预测。

（3）价格预测。

（4）竞争力与营销策略。

（5）市场风险分析。

3. 资源条件评价

（1）资源可利用量。

（2）资源品质情况。

（3）资源赋存条件。

（4）资源开发价值。

4. 建设规模与产品方案

（1）建设规模与产品方案构成。

（2）建设规模与产品方案的比选。

（3）推荐的建设规模与产品方案。

（4）技术改造项目推荐方案与原企业设施利用的合理性。

5. 场（厂）址选择

（1）场（厂）址现状及建设条件描述。

（2）场（厂）址方案比选。

（3）推荐的场（厂）址方案。

（4）技术改造项目场（厂）址与原企业的依托关系。

6. 技术设备工程方案

（1）技术方案选择。

（2）主要设备方案选择。

（3）工程方案选择。

（4）技术改造项目和技术设备方案与改造前比较。

7. 原材料燃料供应

（1）主要原材料供应方案选择。

（2）燃料供应方案选择。

8. 总图运输与公用辅助工程

（1）总图布置方案。

（2）场（厂）内外运输方案。

（3）公用工程与辅助工程方案。

（4）技术改造项目与原企业设施的协作配套。

9. 节能措施

（1）节能措施。

（2）能耗指标分析（技术改造项目应与原企业能耗比较）。

10. 节水措施

（1）节水措施。

（2）水耗指标分析（技术改造项目应与原企业水耗比较）。

11. 环境影响评价

（1）环境条件调查。

（2）影响环境因素分析。

（3）环境保护措施。

（4）技术改造项目与原企业环境状况比较。

12. 劳动安全卫生与消防

（1）危险因素和危害程度分析。

（2）安全防范措施。

（3）卫生保健措施。

（4）消防设施。

（5）技术改造项目与原企业的比较。

13. 组织机构与人力资源配置

（1）组织机构设置及其适应性分析。

（2）人力资源配置。

（3）员工培训。

14. 项目实施进度

（1）建设工期。

（2）实施进度安排。

（3）技术改造项目的建设与生产的衔接。

15. 投资估算

（1）投资估算范围与依据。

（2）建设投资估算。

（3）流动资金估算。

（4）总投资额及分年投资计划。

16. 融资方案

（1）融资组织形式选择。

（2）资本金筹措。

（3）债务资金筹措。

（4）融资方案分析。

17. 经济效果评价

（1）经济效果评价基础数据与参数选取。

（2）销售收入与成本费用估算。

（3）编制经济效果评价报表。

（4）盈利能力分析。

（5）偿债能力分析。

（6）不确定性分析。

（7）经济效果评价结论。

18. 国民经济评价

（1）影子价格及评价参数的选取。

（2）效益费用范围调整。

（3）效益费用数值调整。

（4）编制国民经济评价报表。

（5）计算国民经济评价指标。

（6）国民经济评价结论。

19. 社会评价

（1）项目对社会影响的分析。

（2）项目与所在地互适性分析。

（3）社会风险分析。

（4）社会评价结论。

20. 风险分析

（1）项目主要风险。

（2）风险程度分析。

（3）防范与降低风险对策。

21. 研究结论与建议

（1）推荐方案总体描述。

（2）推荐方案的优缺点描述。

（3）主要对比方案。

（4）结论与建议。

10.3.3 可行性研究报告的编制依据

对建设项目进行可行性研究，编制可行性研究报告的主要依据包括以下几个方面。

（1）项目建议书（初步可行性研究报告）及其批复文件。

（2）国家和地方的经济和社会发展规划、行业部门发展规划、国家经济建设的方针等。

（3）国家有关法律、法规和政策。

（4）对于大中型骨干项目，必须具有国家批准的资源报告、国土开发整治规划、区域规划、江河流域规划、工业基地规划等有关文件。

（5）有关机构发布的工程建设方面的标准、规范和定额。

（6）合资、合作项目各方签订的协议书或意向书。

（7）委托单位的委托合同。

（8）经国家统一颁布的有关项目评价的基本参数和指标。

（9）有关的基础数据。包括地理、气象、地质、环境等自然和社会经济等基础资料和数据。

10.3.4　可行性研究报告的编制要求

编制可行性研究报告的主要要求如下。

（1）编制单位必须具备承担可行性研究的条件。建设项目可行性研究报告的编写是一项专门性工作，技术要求很高，因此，编制可行性研究报告时，需要由具备一定的技术实力、技术装备、技术手段和丰富实践经验的工程咨询公司、工程技术顾问公司、建筑设计院等专门从事可行性研究的单位来承担，这些单位同时还要具备一定的社会信誉。

（2）确保可行性研究报告的真实性和科学性。可行性研究的技术难度大，编制单位必须保持独立性和公正性，遵循经济发展的客观规律和科学研究工作的客观规律，在充分调查研究的基础上，依照实事求是的原则进行技术经济论证，科学地遴选方案，保证可行性研究的严肃性、客观性、真实性、科学性和可靠性。

（3）可行性研究的深度要规范化和标准化。不同行业、不同性质、不同特点的建设项目，其可行性研究的内容和深度要求标准是不同的，因此研究深度及计算指标必须满足作为项目投资决策和进行设计的要求，具备一定的针对性和适用性。

（4）可行性研究报告必须经签证。可行性研究报告编制完成之后，应由编制单位的行政、技术、经济方面的负责人签字，并对研究报告的质量负责。

本 章 小 结

建设项目是一个建设单位在一个或几个建设区域内，根据上级下达的计划任务书和批准的总体设计和总概算书，经济上实行独立核算，行政上具有独立的组织形式，严格按基建程序实施的基本建设工程。建设项目一般进一步细分为单项工程、单位工程、分部工程及分项工程。建设项目按建设性质、建设规模大小、建设阶段、在国民经济中的用途分为不同的类别。建设项目从决策到投产运营，大致要经过的主要程序有投资决策时期、建设时期和交付使用时期，分为项目建议书阶段、可行性研究报告阶段、设计文件（初步设计、施工图设计）阶段、建设准备阶段、建设实施阶段、投产试运行阶段、竣工验收阶段、后评价阶段。

建设项目的可行性研究是在投资决策前对拟建项目有关的社会、经济、技术等各方面进行深入细致的调查研究和全面的技术经济论证，对项目建成后的经济效益进行科学的预测和评价，为项目决策提供科学依据的一种科学分析方法。可行性研究是投资前期的重要工作，主要包括投资机会研究阶段、初步可行性研究阶段、详细可行性研究阶段、评价和决策阶段4个阶段。

可行性研究报告的结构包括封面、摘要、目录、正文、附件和附图等。可行性研究报告的内容包括总论、市场预测等内容。可行性研究报告应保证科学、规范，并请相关部门进行签证。

思 考 题

1. 建设项目如何分类？
2. 建设项目可行性研究的作用是什么？
3. 可行性研究的阶段是怎样的？
4. 简述可行性研究报告的结构与内容。
5. 可行性研究报告的编制要求是什么？

练 习 题

某大专院校前身为某中专学校，2013 年 6 月，经批准升格为 WT 信息职业技术学院。WT 信息职业技术学院现有在校生 5679 人，现有在编职工 283 人，其中大学本科以上教师 130 人，具备副高级以上职称教师 50 人，博士、硕士研究生 36 人，市级有突出贡献的中青年专家 2 人，有 11 名教师担任省部级专业教学委员会、教学指导委员会、学术委员会的理事、常务理事、副理事长、主任委员等职务。

目前，该院校用地面积 8 公顷，现有用地已不能满足其功能布置的需要，已极大地制约了学校的发展，影响了办学效益的提高。为扩大校园用地，改善办学条件，适应发展需要，继续发挥该院在电子信息类职业技术院校中的作用，该院需扩建校区。根据 WT 市委、市政府提出的在 WT 兴办高等教育园区的要求，WT 信息职业技术学院决定在 WT 高等教育园区按 8000 人办学规模征地 60 公顷用于新校区的建设。

根据以上情况编写该校新校区建设可行性研究报告提纲，并结合本地区实际情况，详细论述该项目的必要性。

附录 复利系数表

附表 1 1%的复利系数表

年份	一次支付		等额系列			
	整付复本利系数	整付现值系数	年金复本利系数	年金现值系数	投资回收系数	基金年存系数
n	*F/P,i,n*	*P/F,i,n*	*F/A,i,n*	*P/A,i,n*	*A/P,i,n*	*A/F,i,n*
1	1.010	0.9901	1.000	0.9910	1.0100	1.0000
2	1.020	0.9803	2.010	1.9704	0.5075	0.4975
3	1.030	0.9706	3.030	2.9401	0.4300	0.3300
4	1.041	0.9610	4.060	3.9020	0.2563	0.2463
5	1.051	0.9515	5.101	4.8534	0.2060	0.1960
6	1.062	0.9421	6.152	5.7955	0.1726	0.1626
7	1.702	0.9327	7.214	6.7282	0.1486	0.1386
8	1.083	0.9235	8.286	7.6517	0.1307	0.1207
9	1.094	0.9143	9.369	8.5660	0.1168	0.1068
10	1.105	0.9053	10.426	9.4713	0.1056	0.0956
11	1.116	0.8963	11.567	10.3676	0.0965	0.0865
12	1.127	0.8875	12.683	11.2551	0.0889	0.0789
13	1.138	0.8787	13.809	12.1338	0.0824	0.0724
14	1.149	0.8700	14.974	13.0037	0.0769	0.0669
15	1.161	0.8614	16.097	13.8651	0.0721	0.0621
16	1.173	0.8528	17.258	14.7191	0.0680	0.0580
17	1.184	0.8444	18.430	15.5623	0.0634	0.0543
18	1.196	0.8360	19.615	16.3983	0.0610	0.0510
19	1.208	0.8277	20.811	17.2260	0.0581	0.0481
20	1.220	0.8196	22.019	18.0456	0.0554	0.0454
21	1.232	0.8114	23.239	18.8570	0.0530	0.0430
22	1.245	0.8034	24.472	19.6604	0.0509	0.0409
23	1.257	0.7955	25.716	20.4558	0.0489	0.0389
24	1.270	0.7876	26.973	21.2434	0.0471	0.0371
25	1.282	0.7798	28.243	22.0232	0.0454	0.0354
26	1.295	0.7721	29.526	22.7952	0.0439	0.0339
27	1.308	0.7644	30.821	23.5596	0.0425	0.0325
28	1.321	0.7568	32.129	24.3165	0.0411	0.0311
29	1.335	0.7494	33.450	25.0658	0.0399	0.0299
30	1.348	0.7419	34.785	25.8077	0.0388	0.0288
31	1.361	0.7346	36.133	26.5423	0.0377	0.0277
32	1.375	0.7273	37.494	27.2696	0.0367	0.0267
33	1.389	0.7201	38.869	27.9897	0.0357	0.0257
34	1.403	0.7130	40.258	28.7027	0.0348	0.0248
35	1.417	0.7050	41.660	29.4086	0.0340	0.0240

附表 2 **3%的复利系数表**

年份	一次支付		等额系列			
	整付复本利系数	整付现值系数	年金复本利系数	年金现值系数	投资回收系数	基金年存系数
n	*F*/*P*,*i*,*n*	*P*/*F*,*i*,*n*	*F*/*A*,*i*,*n*	*P*/*A*,*i*,*n*	*A*/*P*,*i*,*n*	*A*/*F*,*i*,*n*
1	1.030	0.9709	1.000	0.9709	1.0300	1.0000
2	1.061	0.9426	2.030	1.9135	0.5226	0.4926
3	1.093	0.9152	3.091	2.8286	0.3535	0.3235
4	1.126	0.8885	4.184	3.7171	0.2690	0.2390
5	1.159	0.8626	5.309	4.5797	0.2184	0.1884
6	1.194	0.8375	6.468	5.4172	0.1846	0.1546
7	1.230	0.8131	7.662	6.2303	0.1605	0.1305
8	1.267	0.7894	8.892	7.0197	0.1425	0.1125
9	1.305	0.7664	10.159	7.7861	0.1284	0.0984
10	1.344	0.7441	11.464	8.5302	0.1172	0.0872
11	1.384	0.7224	12.808	9.2526	0.1081	0.0781
12	1.426	0.7014	14.192	9.9540	0.1005	0.0705
13	1.469	0.6810	15.618	10.6450	0.0940	0.0640
14	1.513	0.6611	17.086	11.2961	0.0885	0.0585
15	1.558	0.6419	18.599	11.9379	0.0838	0.0538
16	1.605	0.6232	20.157	12.5611	0.0796	0.0496
17	1.653	0.6050	21.762	13.1661	0.0760	0.0460
18	1.702	0.5874	23.414	13.7535	0.0727	0.0427
19	1.754	0.5703	25.117	14.3238	0.0698	0.0398
20	1.806	0.5537	26.870	14.8775	0.0672	0.0372
21	1.860	0.5376	28.676	15.4150	0.0649	0.0349
22	1.916	0.5219	30.537	15.9369	0.0628	0.0328
23	1.974	0.5067	32.453	16.4436	0.0608	0.0308
24	2.033	0.4919	34.426	16.9356	0.0591	0.0291
25	2.094	0.4776	36.495	17.4132	0.0574	0.0274
26	2.157	0.4637	38.553	17.8769	0.0559	0.0259
27	2.221	0.4502	40.710	18.3270	0.0546	0.0246
28	2.288	0.4371	42.931	18.7641	0.0533	0.0233
29	2.357	0.4244	45.219	19.1885	0.0521	0.0221
30	2.427	0.4120	47.575	19.6005	0.0510	0.0210
31	2.500	0.4000	50.003	20.0004	0.0500	0.0200
32	2.575	0.3883	52.503	20.3888	0.0491	0.0191
33	2.652	0.3770	55.078	20.7658	0.0482	0.0182
34	2.732	0.3661	57.730	21.1318	0.0473	0.0173
35	2.814	0.3554	60.462	21.4872	0.0465	0.0165

附表 3 **4%的复利系数表**

年份	一次支付		等额系列			
	整付复本利系数	整付现值系数	年金复本利系数	年金现值系数	投资回收系数	基金年存系数
n	*F/P,i,n*	*P/F,i,n*	*F/A,i,n*	*P/A,i,n*	*A/P,i,n*	*A/F,i,n*
1	1.040	0.9615	1.000	0.9615	1.0400	1.0000
2	1.082	0.9246	2.040	1.8861	0.5302	0.4902
3	1.125	0.8890	3.122	2.7751	0.3604	0.3204
4	1.170	0.8548	4.246	3.6199	0.2755	0.2355
5	1.217	0.8219	5.416	4.4518	0.2246	0.1846
6	1.265	0.7903	6.633	5.2421	0.1908	0.1508
7	1.316	0.7599	7.898	6.0021	0.1666	0.1266
8	1.396	0.7307	9.214	6.7382	0.1485	0.1085
9	1.423	0.7026	10.583	7.4351	0.1345	0.0945
10	1.480	0.6756	12.006	8.1109	0.1233	0.0833
11	1.539	0.6496	13.486	8.7605	0.1142	0.0742
12	1.601	0.6246	15.036	9.3851	0.1066	0.0666
13	1.665	0.6006	16.627	9.9857	0.1002	0.0602
14	1.732	0.5775	18.292	10.5631	0.0947	0.0547
15	1.801	0.5553	20.024	11.1184	0.0900	0.0500
16	1.873	0.5339	21.825	11.6523	0.0858	0.0458
17	1.948	0.5134	23.698	12.1657	0.0822	0.0422
18	2.026	0.4936	25.645	12.6593	0.0790	0.0390
19	2.107	0.4747	27.671	13.1339	0.0761	0.0361
20	2.191	0.4564	29.778	13.5093	0.0736	0.0336
21	2.279	0.4388	31.969	14.0292	0.0713	0.0313
22	2.370	0.4220	34.248	14.4511	0.0692	0.0292
23	2.465	0.4057	36.618	14.8569	0.0673	0.0273
24	2.563	0.3901	39.083	15.2470	0.0656	0.0256
25	2.666	0.3751	41.646	15.6221	0.0640	0.0240
26	2.772	0.3067	44.312	15.9828	0.0626	0.0226
27	2.883	0.3468	47.084	16.3296	0.0612	0.0212
28	2.999	0.3335	49.968	16.6631	0.0600	0.0200
29	3.119	0.3207	52.966	16.9873	0.0589	0.0189
30	3.243	0.3083	56.085	17.2920	0.0578	0.0178
31	3.373	0.2965	59.328	17.5885	0.0569	0.0169
32	3.508	0.2851	62.701	17.8736	0.0560	0.0160
33	3.648	0.2741	66.210	18.1477	0.0551	0.0151
34	3.794	0.2636	69.858	18.4112	0.0543	0.0143
35	3.946	0.2534	73.652	18.6646	0.036	0.0136

附表 4　　**5%的复利系数表**

年份	一次支付		等额系列			
	整付复本利系数	整付现值系数	年金复本利系数	年金现值系数	投资回收系数	基金年存系数
n	*F/P,i,n*	*P/F,i,n*	*F/A,i,n*	*P/A,i,n*	*A/P,i,n*	*A/F,i,n*
1	1.050	0.9524	1.000	0.9524	1.0500	1.0000
2	1.103	0.9070	2.050	1.8594	0.5378	0.4878
3	1.158	0.8638	3.153	2.7233	0.3672	0.3172
4	1.216	0.8227	4.310	3.5460	0.2820	0.2320
5	1.276	0.7835	5.526	4.3295	0.2310	0.1810
6	1.340	0.7462	6.802	5.0757	0.1970	0.1470
7	1.407	0.7107	8.142	5.7864	0.1728	0.1228
8	1.477	0.6768	9.549	6.4632	0.1547	0.1047
9	1.551	0.6446	11.027	7.1078	0.1407	0.0907
10	1.629	0.6139	12.587	7.7217	0.1295	0.0795
11	1.710	0.5847	14.207	8.3064	0.1204	0.0704
12	1.796	0.5568	15.917	8.8633	0.1128	0.0628
13	1.886	0.5303	17.713	9.3936	0.1065	0.0565
14	1.980	0.5051	19.599	9.8987	0.1010	0.0510
15	2.079	0.4810	21.597	10.3797	0.0964	0.0464
16	2.183	0.4581	23.658	10.8373	0.0932	0.0432
17	2.292	0.4363	25.840	11.2741	0.0887	0.0387
18	2.407	0.4155	28.132	11.6896	0.0856	0.0356
19	2.527	0.3957	30.539	12.0853	0.0828	0.0328
20	2.653	0.3769	33.066	12.4622	0.0803	0.0303
21	2.786	0.3590	35.719	12.8212	0.0780	0.0280
22	2.925	0.3419	38.505	13.1630	0.0760	0.0260
23	3.072	0.3256	41.430	13.4886	0.0741	0.0241
24	3.225	0.3101	44.502	13.7987	0.0725	0.0225
25	3.386	0.2953	47.727	14.0940	0.0710	0.0210
26	3.556	0.2813	51.113	14.3753	0.0696	0.0196
27	3.733	0.2679	54.669	14.6340	0.0683	0.0183
28	3.920	0.2551	58.403	14.8981	0.0671	0.0171
29	4.116	0.2430	62.323	15.1411	0.0661	0.0161
30	4.322	0.2314	66.439	15.3725	0.0651	0.0151
31	4.538	0.2204	70.761	15.5928	0.0641	0.0141
32	4.765	0.2099	75.299	15.8027	0.0633	0.0133
33	5.003	0.1999	80.064	16.0026	0.0625	0.0125
34	5.253	0.1904	85.067	16.1929	0.0618	0.0118
35	5.516	0.1813	90.320	16.3742	0.0611	0.0111

附表 5 **6%的复利系数表**

年份	一次支付		等额系列			
	整付复本利系数	整付现值系数	年金复本利系数	年金现值系数	投资回收系数	基金年存系数
n	*F/P,i,n*	*P/F,i,n*	*F/A,i,n*	*P/A,i,n*	*A/P,i,n*	*A/F,i,n*
1	1.060	0.9434	1.000	0.9434	1.0600	1.0000
2	1.124	0.8900	2.060	1.8334	0.5454	0.4854
3	1.191	0.8396	3.184	2.6704	0.3741	0.3141
4	1.262	0.7291	4.375	3.4561	0.2886	0.2286
5	1.338	0.7473	5.637	4.2124	0.2374	0.1774
6	1.419	0.7050	6.975	4.9173	0.2034	0.1434
7	1.504	0.6651	8.394	5.5824	0.1791	0.1191
8	1.594	0.6274	9.897	6.2098	0.1610	0.1010
9	1.689	0.5919	11.491	6.8071	0.1470	0.0870
10	1.791	0.5584	13.181	7.3601	0.1359	0.0759
11	1.898	0.5268	14.972	7.8869	0.1268	0.0668
12	2.012	0.4970	16.870	8.3839	0.1193	0.0593
13	2.133	0.4688	18.882	8.8527	0.1130	0.0530
14	2.261	0.4423	21.015	9.2956	0.1076	0.0476
15	2.397	0.4173	23.276	9.7123	0.1030	0.0430
16	2.540	0.3937	25.673	10.1059	0.0990	0.0390
17	2.693	0.3714	28.213	10.4773	0.0955	0.0355
18	2.854	0.3504	30.906	10.8276	0.0924	0.0324
19	3.026	0.3305	33.760	11.1581	0.0896	0.0296
20	3.207	0.3118	36.786	11.4699	0.0872	0.0272
21	3.400	0.2942	39.993	11.7641	0.0850	0.0250
22	3.604	0.2775	43.329	12.0461	0.0831	0.0231
23	3.820	0.2618	46.996	12.3034	0.0813	0.0213
24	4.049	0.2470	50.816	12.5504	0.0797	0.0197
25	4.292	0.2330	54.865	12.7834	0.0782	0.0182
26	4.549	0.2198	59.156	13.0032	0.0769	0.0169
27	4.822	0.2074	63.706	13.2105	0.0757	0.0157
28	5.112	0.1956	68.528	13.4062	0.0746	0.0146
29	5.418	0.1846	73.640	13.5907	0.0736	0.0136
30	5.744	0.1741	79.058	13.7648	0.0727	0.0127
31	6.088	0.1643	84.802	13.9291	0.0718	0.0118
32	6.453	0.1550	90.890	14.0841	0.0710	0.0110
33	6.841	0.1462	97.343	14.2302	0.0703	0.0103
34	7.251	0.1379	104.184	14.3682	0.0696	0.0096
35	7.686	0.1301	111.435	14.4983	0.0690	0.0090

附表 6 **7%的复利系数表**

年份	一次支付		等额系列			
	整付复本利系数	整付现值系数	年金复本利系数	年金现值系数	投资回收系数	基金年存系数
n	*F/P,i,n*	*P/F,i,n*	*F/A,i,n*	*P/A,i,n*	*A/P,i,n*	*A/F,i,n*
1	1.070	0.9346	1.000	0.9346	1.0700	1.0000
2	1.145	0.8734	2.070	1.8080	0.5531	0.4831
3	1.225	0.8163	3.215	2.6234	0.3811	0.3111
4	1.311	0.7629	4.440	3.3872	0.2952	0.2252
5	1.403	0.7130	5.751	4.1002	0.2439	0.1739
6	1.501	0.6664	7.153	4.7665	0.2098	0.1398
7	1.606	0.6228	8.645	5.3893	0.1856	0.1156
8	1.718	0.5280	10.260	5.9713	0.1675	0.0975
9	1.838	0.5439	11.978	6.5152	0.1535	0.0835
10	1.967	0.5084	13.816	7.0236	0.1424	0.0724
11	2.105	0.4751	15.784	7.4987	0.1334	0.0634
12	2.252	0.4440	17.888	7.9427	0.1259	0.0559
13	2.410	0.4150	20.141	8.3577	0.1197	0.0497
14	2.597	0.3878	22.550	8.7455	0.1144	0.0444
15	2.759	0.3625	25.129	9.1079	0.1098	0.0398
16	2.952	0.3387	27.888	9.4467	0.1059	0.0359
17	3.159	0.3166	30.840	9.7632	0.1024	0.0324
18	3.380	0.2959	33.999	10.0591	0.0994	0.0294
19	3.617	0.2765	37.379	10.3356	0.0968	0.0268
20	3.870	0.2584	40.996	10.5940	0.0944	0.0244
21	4.141	0.2415	44.865	10.8355	0.0923	0.0223
22	4.430	0.2257	49.006	11.0613	0.0904	0.0204
23	4.741	0.2110	53.436	11.2722	0.0887	0.0187
24	5.072	0.1972	58.177	11.4693	0.0872	0.0172
25	5.427	0.1843	63.249	11.6536	0.0858	0.0158
26	5.807	0.1722	68.676	11.8258	0.0846	0.0146
27	6.214	0.1609	74.484	11.9867	0.0834	0.0134
28	6.649	0.1504	80.698	12.1371	0.0824	0.0124
29	7.114	0.1406	87.347	12.2777	0.0815	0.0115
30	7.612	0.1314	94.461	12.4091	0.0806	0.0106
31	8.145	0.1228	102.073	12.5318	0.0798	0.0098
32	8.715	0.1148	110.218	12.6466	0.0791	0.0091
33	9.325	0.1072	118.933	12.7538	0.0784	0.0084
34	9.978	0.1002	128.259	12.8540	0.0778	0.0078
35	10.677	0.0937	138.237	12.9477	0.0772	0.0072

附表 7 **8%的复利系数表**

年份	一次支付		等额系列			
	整付复本利系数	整付现值系数	年金复本利系数	年金现值系数	投资回收系数	基金年存系数
n	*F/P,i,n*	*P/F,i,n*	*F/A,i,n*	*P/A,i,n*	*A/P,i,n*	*A/F,i,n*
1	1.080	0.9259	1.000	0.9259	1.0800	1.0000
2	1.166	0.8573	2.080	1.7833	0.5608	0.4080
3	1.260	0.7938	3.246	2.5771	0.3880	0.3080
4	1.360	0.7350	4.506	3.3121	0.3019	0.2219
5	1.496	0.6806	5.867	3.9927	0.2505	0.1705
6	1.587	0.6302	7.336	4.6229	0.2163	0.1363
7	1.714	0.5835	8.923	5.2064	0.1921	0.1121
8	1.851	0.5403	10.637	5.7466	0.1740	0.0940
9	1.999	0.5003	12.488	6.2469	0.1601	0.0801
10	2.159	0.4632	14.487	6.7101	0.1490	0.0690
11	2.332	0.4289	16.645	7.1390	0.1401	0.0601
12	2.518	0.3971	18.977	7.5361	0.1327	0.0527
13	2.720	0.3677	21.459	7.8038	0.1265	0.0465
14	2.937	0.3405	24.215	8.2442	0.1213	0.0413
15	3.172	0.3153	27.152	8.5595	0.1168	0.0368
16	3.426	0.2919	30.324	8.8514	0.1130	0.0330
17	3.700	0.2703	33.750	9.1216	0.1096	0.0296
18	3.996	0.2503	37.450	9.3719	0.1067	0.0267
19	4.316	0.2317	41.446	9.6036	0.1041	0.0214
20	4.661	0.2146	45.762	9.8182	0.1019	0.0219
21	5.034	0.1987	50.423	10.0168	0.0998	0.0198
22	5.437	0.1840	55.457	10.2008	0.0980	0.0180
23	5.871	0.1703	60.893	10.3711	0.0964	0.0164
24	6.341	0.1577	66.765	10.5288	0.0950	0.0150
25	6.848	0.1460	73.106	10.6748	0.937	0.0137
26	7.396	0.1352	79.954	10.8100	0.0925	0.0125
27	7.988	0.1252	87.351	10.9352	0.0915	0.0115
28	8.627	0.1159	95.339	11.0511	0.0905	0.0105
29	9.317	0.1073	103.966	11.1584	0.0896	0.0096
30	10.063	0.0994	113.283	11.2578	0.0888	0.0088
31	10.868	0.0920	123.346	11.3498	0.0881	0.0081
32	11.737	0.0852	134.214	11.4350	0.0875	0.0075
33	12.676	0.0789	145.951	11.5139	0.0869	0.0069
34	13.690	0.0731	158.627	11.5869	0.0863	0.0063
35	14.785	0.0676	172.317	11.6546	0.0858	0.0058

附表 8 **9%的复利系数表**

年份	一次支付		等额系列			
	整付复本利系数	整付现值系数	年金复本利系数	年金现值系数	投资回收系数	基金年存系数
n	*F*/*P*,*i*,*n*	*P*/*F*,*i*,*n*	*F*/*A*,*i*,*n*	*P*/*A*,*i*,*n*	*A*/*P*,*i*,*n*	*A*/*F*,*i*,*n*
1	1.090	0.9174	1.000	0.9174	1.0900	1.0000
2	1.188	0.8417	2.090	1.7591	0.5685	0.4785
3	1.295	0.7722	3.278	2.5313	0.3951	0.3051
4	1.412	0.7084	4.573	3.2397	0.3087	0.2187
5	1.539	0.6499	5.985	3.8897	0.2571	0.1671
6	1.677	0.5963	7.523	4.4859	0.2229	0.1329
7	1.828	0.5470	9.200	5.0330	0.1987	0.1087
8	1.993	0.5019	11.028	5.5348	0.1807	0.0907
9	2.172	0.4604	13.021	5.9953	0.1668	0.0768
10	2.367	0.4224	15.193	6.4177	0.1558	0.0658
11	2.580	0.3875	17.560	6.8052	0.1470	0.0570
12	2.813	0.3555	20.141	7.1607	0.1397	0.0497
13	3.066	0.3262	22.953	7.4869	0.1336	0.0436
14	3.342	0.2993	26.019	7.7862	0.1284	0.0384
15	3.642	0.2745	29.361	8.0607	0.1241	0.0341
16	3.970	0.2519	33.003	8.3126	0.1203	0.0303
17	4.328	0.2311	36.974	8.5436	0.1171	0.0271
18	4.717	0.2120	41.301	8.7556	0.1142	0.0242
19	5.142	0.1945	46.018	8.9501	0.1117	0.0217
20	5.604	0.1784	51.160	9.1286	0.1096	0.0196
21	6.109	0.1637	56.765	9.2023	0.1076	0.0176
22	6.659	0.1502	62.873	9.4424	0.1059	0.0159
23	7.258	0.1378	69.532	9.5802	0.1044	0.0144
24	7.911	0.1264	76.790	9.7066	0.1030	0.0130
25	8.623	0.1160	84.701	9.8226	0.1018	0.0118
26	9.399	0.1064	93.324	9.9290	0.1007	0.0107
27	10.245	0.0976	102.723	10.0266	0.0997	0.0097
28	11.167	0.0896	112.968	10.1161	0.0989	0.0089
29	12.172	0.0822	124.135	10.1983	0.0981	0.0081
30	13.268	0.0754	136.308	10.2737	0.0973	0.0073
31	14.462	0.0692	149.575	10.3428	0.0967	0.0067
32	15.763	0.0634	164.037	10.4063	0.0961	0.0061
33	17.182	0.0582	179.800	10.4645	0.0956	0.0056
34	18.728	0.0534	196.982	10.5178	0.0951	0.0051
35	20.414	0.0490	215.711	10.5680	0.0946	0.0046

附表 9 **10%的复利系数表**

年份	一次支付		等额系列			
	整付复本利系数	整付现值系数	年金复本利系数	年金现值系数	投资回收系数	基金年存系数
n	*F*/*P*,*i*,*n*	*P*/*F*,*i*,*n*	*F*/*A*,*i*,*n*	*P*/*A*,*i*,*n*	*A*/*P*,*i*,*n*	*A*/*F*,*i*,*n*
1	1.100	0.9091	1.000	0.9091	1.1000	1.0000
2	1.210	0.8265	2.100	1.7355	0.5762	0.4762
3	1.331	0.7513	3.310	2.4869	0.4021	0.3021
4	1.464	0.6880	4.641	3.1699	0.3155	0.2155
5	1.611	0.6299	6.105	3.7908	0.2638	0.1638
6	1.772	0.5645	7.716	4.3553	0.2296	0.1296
7	1.949	0.5132	9.487	4.8684	0.2054	0.1054
8	2.144	0.4665	11.436	5.3349	0.1875	0.0875
9	2.358	0.4241	13.579	5.7590	0.1737	0.0737
10	2.594	0.3856	15.937	6.1446	0.1628	0.0628
11	2.853	0.3505	18.531	6.4951	0.1540	0.0540
12	3.138	0.3186	21.384	6.8137	0.1468	0.0468
13	3.452	0.2897	24.523	7.1034	0.1408	0.0408
14	3.798	0.2633	27.975	7.3667	0.1358	0.0358
15	4.177	0.2394	31.772	7.6061	0.1315	0.0315
16	4.595	0.2176	35.950	7.8237	0.1278	0.0278
17	5.054	0.1979	40.545	8.0216	0.1247	0.0247
18	5.560	0.1799	45.599	8.2014	0.1219	0.0219
19	6,116	0.1635	51.159	8.3649	0.1196	0.0196
20	6.728	0.1487	57.275	8.5136	0.1175	0.0175
21	7.400	0.1351	64.003	8.6487	0.1156	0.0156
22	8.140	0.1229	71.403	8.7716	0.1140	0.0140
23	8.954	0.1117	79.543	8.8832	0.1126	0.0126
24	9.850	0.1015	88.497	8.9848	0.1113	0.0113
25	10.835	0.0923	98.347	9.0771	0.1102	0.0102
26	11.918	0.0839	109.182	9.1610	0.1092	0.0092
27	13.110	0.0763	121.100	9.2372	0.1083	0.0083
28	14.421	0.0694	134.210	9.3066	0.1075	0.0075
29	15.863	0.0630	148.631	9.3696	0.1067	0.0067
30	17.449	0.0573	164.494	9.4269	0.1061	0.0061
31	19.194	0.0521	181.943	9.4790	0.1055	0.0055
32	21.114	0.0474	201.138	9.5264	0.1050	0.0050
33	23.225	0.0431	222.252	9.5694	0.1045	0.0045
34	25.548	0.0392	245.477	9.6086	0.1041	0.0041
35	28.102	0.0356	271.024	9.6442	0.1037	0.0037

附表 10 **12%的复利系数表**

年份	一次支付		等额系列			
	整付复本利系数	整付现值系数	年金复本利系数	年金现值系数	投资回收系数	基金年存系数
n	*F/P,i,n*	*P/F,i,n*	*F/A,i,n*	*P/A,i,n*	*A/P,i,n*	*A/F,i,n*
1	1.120	0.8929	1.000	0.8929	1.1200	1.0000
2	1.254	0.7972	2.120	1.6901	0.5917	0.4717
3	1.405	0.7118	3.374	2.4018	0.4164	0.2964
4	1.574	0.6355	4.779	3.0374	0.3292	0.2092
5	1.762	0.5674	6.353	3.6048	0.2774	0.1574
6	1.974	0.5066	8.115	4.1114	0.2432	0.1232
7	2.211	0.4524	10.089	4.5638	0.2191	0.0991
8	2.476	0.4039	12.300	4.9676	0.2013	0.0813
9	2.773	0.3606	14.776	5.3283	0.1877	0.0677
10	3.106	0.3220	17.549	5.6502	0.1770	0.0570
11	3.479	0.2875	20.655	5.9377	0.1684	0.0484
12	3.896	0.2567	24.133	6.1944	0.1614	0.0414
13	4.364	0.2292	28.029	6.4236	0.1557	0.0357
14	4.887	0.2046	32.393	6.6282	0.1509	0.0309
15	5.474	0.1827	37.280	6.8109	0.1468	0.0268
16	6.130	0.1631	42.752	6.9740	0.1434	0.0234
17	6.866	0.1457	48.884	7.1196	0.1405	0.0205
18	7.690	0.1300	55.750	7.2497	0.1379	0.0179
19	8.613	0.1161	63.440	7.3658	0.1358	0.0158
20	9.646	0.1037	72.052	7.4695	0.1339	0.0139
21	10.804	0.0926	81.699	7.5620	0.1323	0.0123
22	12.100	0.0827	92.503	7.6447	0.1308	0.0108
23	13.552	0.0738	104.603	7.7184	0.1296	0.0096
24	15.179	0.0659	118.155	7.7843	0.1285	0.0085
25	17.000	0.0588	133.334	7.8431	0.1275	0.0075
26	19.040	0.0525	150.334	7.8957	0.1267	0.0067
27	21.325	0.0469	169.374	7.9426	0.1259	0.0059
28	23.884	0.0419	190.699	7.9844	0.1253	0.0053
29	26.750	0.0374	214.583	8.0218	0.1247	0.0047
30	29.960	0.0334	421.333	8.0552	0.1242	0.0042
31	33.555	0.0298	271.293	8.0850	0.1237	0.0037
32	37.582	0.0266	304.848	8.1116	0.1233	0.0033
33	42.092	0.0238	342.429	8.1354	0.1229	0.0029
34	47.143	0.0212	384.521	8.1566	0.1226	0.0026
35	52.800	0.0189	431.664	8.1755	0.1223	0.0023

附表 11 **15%的复利系数表**

年份	一次支付		等额系列			
	整付复本利系数	整付现值系数	年金复本利系数	年金现值系数	投资回收系数	基金年存系数
n	*F/P,i,n*	*P/F,i,n*	*F/A,i,n*	*P/A,i,n*	*A/P,i,n*	*A/F,i,n*
1	1.150	0.8696	1.000	0.8696	1.1500	1.0000
2	1.323	0.7562	2.150	1.6257	0.6151	0.4651
3	1.521	0.6575	3.473	2.2832	0.4380	0.2880
4	1.749	0.5718	4.993	2.8550	0.3503	0.2003
5	2.011	0.4972	6.742	3.3522	0.2983	0.1483
6	2.313	0.4323	8.754	3.7845	0.2642	0.1142
7	2.660	0.3759	11.067	4.1604	0.2404	0.0904
8	3.059	0.3269	13.727	4.4873	0.2229	0.0729
9	3.518	0.2843	16.786	4.7716	0.2096	0.0596
10	4.046	0.2472	20.304	5.0188	0.1993	0.0493
11	4.652	0.2150	24.349	5.2337	0.1911	0.0411
12	5.350	0.1869	29.002	5.4206	0.1845	0.0345
13	6.153	0.1652	34.352	5.5832	0.1791	0.0291
14	7.076	0.1413	40.505	5.7245	0.1747	0.0247
15	8.137	0.1229	47.580	5.8474	0.1710	0.0210
16	9.358	0.1069	55.717	5.9542	0.1680	0.0180
17	10.761	0.0929	65.075	6.0472	0.1654	0.0154
18	12.375	0.0808	75.836	6.1280	0.1632	0.0123
19	14.232	0.0703	88.212	6.1982	0.1613	0.0113
20	16.367	0.0611	102.444	6.2593	0.1598	0.0098
21	18.822	0.0531	118.810	6.3125	0.1584	0.0084
22	21.645	0.0462	137.632	6.3587	0.1573	0.0073
23	24.891	0.0402	159.276	6.3988	0.1563	0.0063
24	28.625	0.0349	184.168	6.4338	0.1554	0.0054
25	32.919	0.0304	212.793	6.4642	0.1547	0.0047
26	37.857	0.0264	245.712	6.4906	0.1541	0.0041
27	43.535	0.0230	283.569	6.5135	0.1535	0.0035
28	50.066	0.0200	327.104	6.5335	0.1531	0.0031
29	57.575	0.0174	377.170	6.5509	0.1527	0.0027
30	66.212	0.0151	434.745	6.5660	0.1523	0.0023
31	76.144	0.0131	500.957	6.5791	0.1520	0.0020
32	87.565	0.0114	577.100	6.5905	0.1517	0.0017
33	100.700	0.0099	664.666	6.6005	0.1515	0.0015
34	115.805	0.0086	765.365	6.6091	0.1513	0.0013
35	133.176	0.0075	881.170	6.6166	0.1511	0.0011

附表 12　　20%的复利系数表

年份	一次支付		等额系列			
	整付复本利系数	整付现值系数	年金复本利系数	年金现值系数	投资回收系数	基金年存系数
n	*F/P,i,n*	*P/F,i,n*	*F/A,i,n*	*P/A,i,n*	*A/P,i,n*	*A/F,i,n*
1	1.200	0.8333	1.000	0.8333	1.2000	1.0000
2	1.440	0.6845	2.200	1.5278	0.6546	0.4546
3	1.728	0.5787	3.640	2.1065	0.4747	0.2747
4	2.074	0.4823	5.368	2.5887	0.3863	0.1963
5	2.488	0.4019	7.442	2.9906	0.3344	0.1344
6	2.986	0.3349	9.930	3.3255	0.3007	0.1007
7	3.583	0.2791	12.916	3.6046	0.2774	0.0774
8	4.300	0.2326	16.499	3.8372	0.2606	0.0606
9	5.160	0.1938	20.799	4.0310	0.2481	0.0481
10	6.192	0.1615	25.959	4.1925	0.2385	0.0385
11	7.430	0.1346	32.150	4.3271	0.2311	0.0311
12	8.916	0.1122	39.581	4.4392	0.2253	0.0253
13	10.699	0.0935	48.497	4.5327	0.2206	0.0206
14	12.839	0.0779	59.196	4.6106	0.2169	0.0169
15	15.407	0.0649	72.035	4.7655	0.2139	0.0139
16	18.488	0.0541	87.442	4.7296	0.2114	0.0114
17	22.186	0.0451	105.931	4.7746	0.2095	0.0095
18	26.623	0.0376	128.117	4.8122	0.2078	0.0078
19	31.948	0.0313	154.740	4.8435	0.2065	0.0065
20	38.338	0.0261	186.688	4.8696	0.2054	0.0054
21	46.005	0.0217	225.026	4.8913	0.2045	0.0045
22	55.206	0.0181	271.031	4.9094	0.2037	0.0037
23	66.247	0.0151	326.237	4.9245	0.2031	0.0031
24	79.497	0.0126	392.484	4.9371	0.2026	0.0026
25	95.396	0.0105	471.981	4.9476	0.2021	0.0021
26	114.475	0.0087	567.377	4.9563	0.2018	0.0018
27	137.371	0.0073	681.853	4.9636	0.2015	0.0015
28	164.845	0.0061	819.223	4.9697	0.2012	0.0012
29	197.814	0.0051	984.068	4.9747	0.2010	0.0010
30	237.376	0.0042	1181.882	4.9789	0.2009	0.0009
31	284.852	0.0035	1419.258	4.9825	0.2007	0.0007
32	341.822	0.0029	1704.109	4.9854	0.2006	0.0006
33	410.186	0.0024	2045.931	4.9878	0.2005	0.0005
34	492.224	0.0020	2456.118	4.9899	0.2004	0.0004
35	590.668	0.0017	2948.341	4.9915	0.2003	0.0003

附表 13 **25%的复利系数表**

年份	一次支付		等额系列			
	整付复本利系数	整付现值系数	年金复本利系数	年金现值系数	投资回收系数	基金年存系数
n	*F/P,i,n*	*P/F,i,n*	*F/A,i,n*	*P/A,i,n*	*A/P,i,n*	*A/F,i,n*
1	1.250	0.8000	1.000	0.8000	1.2500	1.0000
2	1.156	0.6400	2.250	1.4400	0.6945	0.4445
3	1.953	0.5120	3.813	1.9520	0.5123	0.2623
4	2.441	0.4096	5.766	2.3616	0.4235	0.1735
5	3.052	0.3277	8.207	2.6893	0.3719	0.1219
6	3.815	0.2622	11.259	2.9514	0.3388	0.0888
7	4.678	0.2097	15.073	3.1611	0.3164	0.0664
8	5.960	0.1678	19.842	3.3289	0.3004	0.0504
9	7.451	0.1342	25.802	3.4631	0.2888	0.0388
10	9.313	0.1074	33.253	3.5705	0.2801	0.0301
11	11.642	0.0859	42.566	3.6564	0.2735	0.0235
12	14.552	0.0687	54.208	3.7251	0.2685	0.0185
13	18.190	0.0550	68.760	3.7801	0.2646	0.0146
14	22.737	0.0440	86.949	3.8241	0.2615	0.0115
15	28.422	0.0352	109.687	3.8593	0.2591	0.0091
16	35.527	0.0282	138.109	3.8874	0.2573	0.0073
17	44.409	0.0225	173.636	3.9099	0.2558	0.0058
18	55.511	0.0180	218.045	3.9280	0.2546	0.0046
19	69.389	0.0144	273.556	3.9424	0.2537	0.0037
20	86.736	0.0115	342.945	3.9539	0.2529	0.0029
21	108.420	0.0092	429.681	3.9631	0.2523	0.0023
22	135.525	0.0074	538.101	3.9705	0.2519	0.0019
23	169.407	0.0059	673.626	3.9764	0.2515	0.0015
24	211.758	0.0047	843.033	3.9811	0.2511	0.0012
25	264.698	0.0038	1054.791	3.9849	0.2510	0.0010
26	330.872	0.0030	1319.489	3.9879	0.2508	0.0008
27	413.590	0.0024	1650.361	3.9903	0.2506	0.0006
28	516.988	0.0019	2063.952	3.9923	0.2505	0.0005
29	646.235	0.0016	2580.939	3.9938	0.2504	0.0004
30	807.794	0.0012	3227.174	3.9951	0.2503	0.0003
31	1009.742	0.0010	4034.968	3.9960	0.2503	0.0003
32	1262.177	0.0008	5044.710	3.9968	0.2502	0.0002
33	1577.722	0.0006	6306.887	3.9975	0.2502	0.0002
34	1972.152	0.0005	7884.609	3.9980	0.2501	0.0001
35	2465.190	0.0004	9856.761	3.9984	0.2501	0.0001

附表 14 **30%的复利系数表**

年份	一次支付		等额系列			
	整付复本利系数	整付现值系数	年金复本利系数	年金现值系数	投资回收系数	基金年存系数
n	*F/P,i,n*	*P/F,i,n*	*F/A,i,n*	*P/A,i,n*	*A/P,i,n*	*A/F,i,n*
1	1.300	0.7692	1.000	0.7692	1.3000	1.0000
2	1.690	0.5917	2.300	1.3610	0.7348	0.4348
3	2.197	0.4552	3.990	1.8161	0.5506	0.2506
4	2.856	0.3501	6.187	2.1663	0.4616	0.1616
5	3.713	0.2693	9.043	2.4356	0.4106	0.1106
6	4.827	0.2072	12.756	2.6428	0.3784	0.0784
7	6.275	0.1594	17.583	2.8021	0.3569	0.0569
8	8.157	0.1226	23.858	2.9247	0.3419	0.0419
9	10.605	0.0943	32.015	3.0190	0.3321	0.0312
10	13.786	0.0725	42.620	3.0915	0.3235	0.0235
11	17.922	0.0558	65.405	3.1473	0.3177	0.0177
12	23.298	0.0429	74.327	3.1903	0.3135	0.0135
13	30.288	0.0330	97.625	3.2233	0.3103	0.0103
14	39.374	0.0254	127.913	3.2487	0.3078	0.0078
15	51.186	0.0195	167.286	3.2682	0.3060	0.0060
16	66.542	0.0150	218.472	3.2832	0.3046	0.0046
17	86.504	0.0116	285.014	3.2948	0.3035	0.0035
18	112.455	0.0089	371.518	3.3037	0.3027	0.0027
19	146.192	0.0069	483.973	3.3105	0.3021	0.0021
20	190.050	0.0053	630.165	3.3158	0.3016	0.0016
21	247.065	0.0041	820.215	3.3199	0.3012	0.0012
22	321.184	0.0031	1067.280	3.3230	0.3009	0.0009
23	417.539	0.0024	1388.464	3.3254	0.3007	0.0007
24	542.801	0.0019	1806.003	3.3272	0.3006	0.0006
25	705.641	0.0014	2348.803	3.3286	0.3004	0.0004
26	917.333	0.0011	3054.444	3.3297	0.3003	0.0003
27	1192.533	0.0008	3971.778	3.3305	0.3003	0.0003
28	1550.293	0.0007	5164.311	3.3312	0.3002	0.0002
29	2015.381	0.0005	6714.604	3.3317	0.3002	0.0002
30	2619.996	0.0004	8729.985	3.3321	0.3001	0.0001
31	3405.994	0.0003	11 349.981	3.3324	0.3001	0.0001
32	4427.793	0.0002	14 755.975	3.3326	0.3001	0.0001
33	5756.130	0.0002	19 183.768	3.3328	0.3001	0.0001
34	7482.970	0.0001	24 939.899	3.3329	0.3001	0.0001
35	9727.860	0.0001	32 422.868	3.3330	0.3000	0.0000

附表 15 **35%的复利系数表**

年份	一次支付		等额系列			
	整付复本利系数	整付现值系数	年金复本利系数	年金现值系数	投资回收系数	基金年存系数
n	*F/P,i,n*	*P/F,i,n*	*F/A,i,n*	*P/A,i,n*	*A/P,i,n*	*A/F,i,n*
1	1.3500	0.7407	1.0000	0.7404	1.3500	1.0000
2	1.8225	0.5487	2.3500	1.2894	0.7755	0.4255
3	2.4604	0.4064	4.1725	1.6959	0.5897	0.2397
4	3.3215	0.3011	6.6329	1.9969	0.5008	0.1508
5	4.4840	0.2230	9.9544	2.2200	0.4505	0.1005
6	6.0534	0.1652	14.4384	2.3852	0.4193	0.0693
7	8.1722	0.1224	20.4919	2.5075	0.3988	0.0488
8	11.0324	0.0906	28.6640	2.5982	0.3849	0.0349
9	14.8937	0.0671	39.6964	2.6653	0.3752	0.0252
10	20.1066	0.0497	54.5902	2.7150	0.3683	0.0183
11	27.1493	0.0368	74.6976	2.7519	0.3634	0.0134
12	36.6442	0.0273	101.8406	2.7792	0.3598	0.0098
13	49.4697	0.0202	138.4848	2.7994	0.3572	0.0072
14	66.7841	0.0150	187.9544	2.8144	0.3553	0.0053
15	90.1585	0.0111	254.7385	2.8255	0.3539	0.0039
16	121.7139	0.0082	344.8970	2.8337	0.3529	0.0029
17	164.3138	0.0061	466.6109	2.8398	0.3521	0.0021
18	221.8236	0.0045	630.9247	2.8443	0.3516	0.0016
19	299.4619	0.0033	852.7483	2.8476	0.3512	0.0012
20	404.2736	0.0025	1152.2103	2.8501	0.3509	0.0009
21	545.7693	0.0018	1556.4838	2.8519	0.3506	0.0006
22	736.7886	0.0014	2102.2532	2.8533	0.3505	0.0005
23	994.6646	0.0010	2839.0418	2.8543	0.3504	0.0004
24	1342.797	0.0007	3833.7064	2.8550	0.3503	0.0003
25	1812.776	0.0006	5176.5037	2.8556	0.3502	0.0002
26	2447.248	0.0004	6989.2800	2.8560	0.3501	0.0001
27	3303.785	0.0003	9436.5280	2.8563	0.3501	0.0001
28	4460.110	0.0002	12 740.313	2.8565	0.3501	0.0001
29	6021.148	0.0002	17 200.422	2.8567	0.3501	0.0001
30	8128.550	0.0001	23 221.570	2.8568	0.3500	0.0000
31	10 973.54	0.0001	31 350.120	2.8569	0.3500	0.0000
32	14 814.28	0.0001	42 323.661	2.8569	0.3500	0.0000
33	19 999.28	0.0001	57 137.943	2.8570	0.3500	0.0000
34	26 999.03	0.0000	77 137.223	2.8570	0.3500	0.0000
35	36 448.69	0.0000	104 136.25	2.8571	0.3500	0.0000

附表 16 **40%的复利系数表**

年份	一次支付		等额系列			
	整付复本利系数	整付现值系数	年金复本利系数	年金现值系数	投资回收系数	基金年存系数
n	*F/P,i,n*	*P/F,i,n*	*F/A,i,n*	*P/A,i,n*	*A/P,i,n*	*A/F,i,n*
1	1.400	0.7143	1.000	0.7143	1.4001	1.0001
2	1.960	0.5103	2.400	1.2245	0.8167	0.4167
3	2.744	0.3654	4.360	1.5890	0.6294	0.2294
4	3.842	0.2604	7.104	1.8493	0.5408	0.1408
5	5.378	0.1860	10.946	2.0352	0.4914	0.0914
6	7.530	0.1329	16.324	2.1680	0.4613	0.0613
7	10.541	0.0949	23.853	2.2629	0.4420	0.0420
8	14.758	0.0678	34.395	2.3306	0.4291	0.0291
9	20.661	0.0485	49.153	2.3790	0.4204	0.0204
10	28.925	0.0346	69.814	2.4136	0.4144	0.0144
11	40.496	0.0247	98.739	2.4383	0.4102	0.0102
12	56.694	0.0177	139.234	2.4560	0.4072	0.0072
13	79.371	0.0126	195.928	2.4686	0.4052	0.0052
14	111.120	0.0090	275.299	2.4775	0.4037	0.0037
15	155.568	0.0065	386.419	2.4840	0.4026	0.0026
16	217.794	0.0046	541.986	2.4886	0.4019	0.0019
17	304.912	0.0033	759.780	2.4918	0.4014	0.0014
18	426.877	0.0024	104.691	2.4942	0.4010	0.0010
19	597.627	0.0017	1491.567	2.4959	0.4007	0.0007
20	836.678	0.0012	2089.195	2.4971	0.4005	0.0005
21	1171.348	0.0009	2925.871	2.4979	0.4004	0.0004
22	1639.887	0.0007	4097.218	2.4985	0.4003	0.0003
23	2295.842	0.0005	5373.105	2.4990	0.4002	0.0002
24	3214.178	0.0004	8032.945	2.4993	0.4002	0.0002
25	4499.847	0.0003	11 247.110	2.4995	0.4001	0.0001
26	6299.785	0.0002	15 746.960	2.4997	0.4001	0.0001
27	8819.695	0.0002	22 046.730	2.4998	0.4001	0.0001
28	12 347.570	0.0001	30 866.430	2.4998	0.4001	0.0001
29	17 286.590	0.0001	43 213.990	2.4999	0.4001	0.0001
30	24 201.230	0.0001	60 500.580	2.4999	0.4001	0.0001

附表 17 **45%的复利系数表**

年份	一次支付		等额系列			
	整付复本利系数	整付现值系数	年金复本利系数	年金现值系数	投资回收系数	基金年存系数
n	*F*/*P*,*i*,*n*	*P*/*F*,*i*,*n*	*F*/*A*,*i*,*n*	*P*/*A*,*i*,*n*	*A*/*P*,*i*,*n*	*A*/*F*,*i*,*n*
1	1.4500	0.6897	1.0000	0.690	1.450 00	1.000 00
2	2.1025	0.4756	2.450	1.165	0.858 16	0.408 16
3	3.0486	0.3280	4.552	1.493	0.669 66	0.219 66
4	4.4205	0.2262	7.601	1.720	0.581 56	0.131 56
5	6.4097	0.1560	12.022	1.867	0.533 18	0.083 18
6	9.2941	0.1076	18.431	1.983	0.504 26	0.054 26
7	13.4765	0.0742	27.725	2.057	0.486 07	0.036 07
8	19.5409	0.0512	41.202	2.109	0.474 27	0.024 27
9	28.3343	0.0353	60.743	2.144	0.466 46	0.016 46
10	41.0847	0.0243	89.077	2.168	0.461 23	0.011 23
11	59.5728	0.0168	130.162	2.158	0.457 68	0.007 68
12	86.3806	0.0116	189.735	2.196	0.455 27	0.005 27
13	125.2518	0.0080	267.115	2.024	0.453 26	0.003 62
14	181.6151	0.0055	401.367	2.210	0.452 49	0.002 49
15	263.3419	0.0038	582.982	2.214	0.451 72	0.001 72
16	381.8458	0.0026	846.324	2.216	0.451 18	0.001 18
17	553.6764	0.0018	1228.170	2.218	0.450 81	0.000 81
18	802.8308	0.0012	1781.846	2.219	0.450 56	0.000 56
19	1164.1047	0.0009	2584.677	2.220	0.450 39	0.000 39
20	1687.9518	0.0006	3748.782	2.221	0.450 27	0.000 27
21	2447.5301	0.0004	5436.743	2.221	0.450 18	0.000 18
22	3548.9187	0.0003	7884.246	2.222	0.450 13	0.000 13
23	5145.9321	0.0002	11 433.182	2.222	0.450 09	0.000 09
24	7461.6015	0.0001	16 579.115	2.222	0.450 06	0.000 06
25	10 819.322	0.0001	24 040.716	2.222	0.450 04	0.000 04
26	15 688.017	0.0001	34 860.038	2.222	0.450 03	0.000 03
27	22 747.625	0.0000	50 548.056	2.222	0.450 02	0.000 02
28	32 984.056		73 295.681	2.222	0.450 01	0.000 01
29	47 826.882		10 6279.74	2.222	0.450 01	0.000 01
30	69 348.978		15 4106.62	2.222	0.450 01	0.000 01

附表 18 **50%的复利系数表**

年份	一次支付		等额系列			
	整付复本利系数	整付现值系数	年金复本利系数	年金现值系数	投资回收系数	基金年存系数
n	*F/P,i,n*	*P/F,i,n*	*F/A,i,n*	*P/A,i,n*	*A/P,i,n*	*A/F,i,n*
1	1.5000	0.6667	1.000	0.667	1.500 00	1.000 00
2	2.2500	0.4444	2.500	1.111	0.900 00	0.400 00
3	3.3750	0.2963	4.750	1.407	0.710 53	0.210 53
4	5.0625	0.1975	8.125	1.605	0.623 03	0.123 08
5	7.5938	0.1317	13.188	1.737	0.575 83	0.075 83
6	11.3906	0.0878	20.781	1.824	0.548 12	0.048 12
7	17.0859	0.0585	32.172	1.883	0.531 08	0.031 08
8	25.6289	0.0390	49.258	1.922	0.520 30	0.020 30
9	38.4434	0.0260	74.887	1.948	0.513 35	0.013 35
10	57.6650	0.0173	113.330	1.965	0.508 82	0.008 82
11	86.4976	0.0116	170.995	1.977	0.505 85	0.005 85
12	129.7463	0.0077	257.493	1.985	0.503 88	0.003 88
13	194.6195	0.0051	387.239	1.990	0.502 58	0.002 58
14	291.9293	0.0034	581.859	1.993	0.501 72	0.001 72
15	437.8939	0.0023	873.788	1.995	0.501 14	0.001 14
16	656.8408	0.0015	1311.682	1.997	0.500 76	0.000 76
17	985.2613	0.0010	1968.523	1.998	0.500 51	0.000 51
18	1477.8919	0.0007	2953.784	1.999	0.500 34	0.000 34
19	2216.8378	0.0005	4431.676	1.999	0.500 23	0.000 23
20	3325.2567	0.0003	6648.513	1.999	0.500 15	0.000 15
21	4987.8851	0.0002	9973.770	2.000	0.500 10	0.000 10
22	7481.8276	0.0001	14 961.655	2.000	0.500 07	0.000 07
23	11 222.742	0.0001	22 443.483	2.000	0.500 04	0.000 04
24	16 834.112	0.0001	33 666.224	2.000	0.500 03	0.000 03
25	25 251.168	0.0000	50 500.337	2.000	0.500 02	0.000 02

参 考 文 献

[1] 渠晓伟．建筑工程经济[M]．北京：机械工业工业出版社，2007．

[2] 康峰．建筑工程经济[M]．2 版．北京：中国电力出版社，2014．

[3] 全国一级建造师执业资格考试用书编写委员会．建设工程经济[M]．北京：中国建筑工业出版社，2011．

[4] 全国注册咨询工程师资格考试教材编委．项目决策分析与评价[M]．北京：中国计划出版社，2008．

[5] 全国造价工程师执业资格考试培训教材编审委员会．建设工程造价管理（2013 版）[M]．北京：中国计划出版社，2013．

[6] 邵颖红．工程经济学概论[M]．2 版．北京：电子工业出版社，2009．

[7] 何亚伯．建筑工程经济与企业管理[M]．2 版．武汉：武汉大学出版社，2009．

[8] 斯庆，宋显锐．工程造价控制[M]．北京：北京大学出版社，2009．

[9] 国家发展改革委、建设部．建设项目经济评价方法与参数[M]．3 版．北京：中国计划出版社，2006．

[10] 黄有亮，等．工程经济学[M]．南京：东南大学出版社，2005．

[11] 建设部标准定额研究所．建设项目经济评价参数研究[M]．北京：中国计划出版社，2004．

[12] 周惠珍．投资项目评估学[M]．大连：东北财经大学出版社，2002．

[13] 秦寿康．综合评价原理与应用[M]．北京：电子工业出版社，2003．

[14] 全国造价工程师执业资格考试培训教材编审委员会．建设工程计价[M]．北京：中国计划出版社，2013．

[15] 丛培经．工程项目管理[M]．北京：中国建筑工业出版社，2012．